JEAN-PIERRE DUFREIGNE

Jean-Pierre Dufreigne se partage entre son métier d'éditorialiste culturel à *L'Express* et ses activités d'écrivain : il est l'auteur de nombreux ouvrages dont des romans historiques, notamment *Le dernier amour d'Aramis*, pour lequel il a reçu le prix Interallié en 1993, des essais, comme le *Bref traité de la colère* (2000) ou plus récemment une trilogie, *Louis XIV*, et deux tomes d'une biographie consacrée à *Napoléon III*, publiés chez Plon.

NAPOLÉON III

DU MÊME AUTEUR
CHEZ POCKET

Louis XIV

1. Le lever du Soleil
2. Les passions et la gloire
3. Du temps où j'étais roi

Napoléon III

1. Un si charmant jeune homme…
2. Un empereur qui rêvait…

JEAN-PIERRE DUFREIGNE

NAPOLÉON III

**

« Un empereur qui rêvait… »

PLON

Le papier de cet ouvrage est composé de fibres naturelles, renouvelables, recyclables et fabriquées à partir de bois provenant de forêts plantées et cultivées expressément pour la fabrication de pâte à papier.

ISBN : 978-2-266-18298-0

A Noëlle

Je tenais le neveu du grand Napoléon
pour le bandit, le voleur de nuit,
qui […] a allumé sa lanterne
au soleil d'Austerlitz.

Emile Zola.

L'Empereur est un brave homme,
hanté de rêves généreux,
incapable d'une action méchante,
très sincère dans l'inébranlable conviction
qui le porte à travers les événements de sa vie
et qui est celle d'un homme prédestiné,
à la mission absolument déterminée,
inéluctable, l'héritier du nom de Napoléon
et de ses destinées.

Emile Zola.

AVERTISSEMENT

en forme de résumé des chapitres précédents

Lectrices,
Lecteurs,

Voici donc le second tome de notre chronique romanesque du dernier empereur des Français.

L'auteur remercie d'abord les lectrices et lecteurs qui se sont penchés, à nuit tombée, sur le premier volume. On y a vu un jeune homme qui ne connaît rien de la France ni de Paris devenir par l'ironie du Destin et une patience surhumaine le premier président de la République française. Il se nomme Bonaparte, mais a le physique des Beauharnais, fils d'Hortense, petit-fils de Joséphine…

Séducteur plus que séduisant, secret mais obstiné, comploteur-né mais comploteur nul, aimant l'amour pour l'amour et n'ayant découvert sans doute la vérité de ce sentiment que vers trente ans. Et ce, avec une courtisane, anglaise, bien sûr.

Constable de la police de Londres, capitaine de l'artillerie suisse, révolutionnaire en Italie, cet exilé au long cours n'a connu de la France que la cour impériale de son oncle pendant ses six premières années. Et aussi, pendant cinq ans, une éternité en prison au fort de Ham, dans le nord du pays.

Et pourtant, cet enfant du siècle va devenir le « père » d'un siècle qui a tout inventé de notre monde moderne. Celui qu'on présente souvent comme un « dictateur » va permettre les syndicats, libéraliser son pays.

Mais n'anticipons pas. Pour l'instant, il est président depuis trois ans, accepte encore de passer pour « le crétin que l'on mènera », selon M. Thiers, et prépare quelque chose qui étonnera son pays et inquiétera d'abord le monde.

Dans quelques pages, Louis Napoléon Bonaparte, président de la Deuxième République française, aura vécu, et fera place à Napoléon III, empereur des Français.

Il aura fallu que la République en soit à sa cinquième édition pour que Napoléon III recouvre auprès des historiens et des hommes politiques une certaine dignité.

La République est chose fragile, née à Valmy sans le savoir, dessalée sous le Directoire, blessée par un coup d'Etat, béquillée par le Consulat, avalée dans le Premier Empire, oubliée sous la Restauration, elle remonte sur les barricades pour s'effacer devant la monarchie de Juillet. Et resurgit enfin, pour élire un prince-président avant un nouveau coup d'Etat qui donnera le Second Empire jusqu'à l'effondrement de Sedan. Elle essuiera ensuite deux guerres mondiales, le régime de Vichy, la décolonisation et ses putschs nostalgiques plus ou moins avortés, avant de se stabiliser.

Aussi cette République honnit-elle Napoléon III qui fut son prince-président, avant d'en devenir l'empereur. Aussi le talent vitupérant d'Hugo fit-il du neveu de Bonaparte (« après Napoléon le Grand, voici Nabot Léon ») l'homme que l'histoire future devait abattre à jamais jusque dans les livres d'école.

Pourtant, des hommes comme Zola le défendirent, du moins sous certains de ses aspects, pourtant les régimes républicains qui lui succédèrent gardèrent tous la modernité qu'il avait imposée à un pays de paysans.

Enfin, avec MM. Philippe Séguin, homme politique, ministre de la République, président de la cour des Comptes et historien, et Pierre Milza, historien et biographe, Louis Napoléon Bonaparte fut débarrassé de la gangue de haine et de mépris dans laquelle la tradition le maintenait. MM. Alain Decaux et André Castelot avaient déjà déblayé cette voie.

Instinctivement, un enfant du siècle, ou un mal-aimé, un être double ou triple ou plus, exilé, comploteur, proscrit, prisonnier, discret, amoureux, secret, volontaire, velléitaire aimant les femmes et le peuple, attire le romancier.

Il s'agit donc là d'un roman et non d'un essai historique.

Le véritable héros en est un siècle que notre héros a personnifié et façonné comme il fut lui-même façonné par son temps. Le comprendre et le faire vivre était le seul but de ce roman.

Roman aussi parce que le XIXe siècle est le grand siècle de ce genre littéraire qui explose dans l'Europe entière, allant du chef-d'œuvre au feuilleton, ce bas de page des feuilles à cinq sous. Tout devient roman, social, libertin, d'aventures, de cape et d'épée, divertissement ahurissant *(Rocambole)*. Et les chefs-d'œuvre eux-mêmes paraissent en feuilleton.

Paris est éventré, mais Paris se refait une santé, ce Paris-là, nous y vivons encore. De plus, les puissantes banques d'affaires naissent, les grands journaux comme *La Presse*, *Le National*, déjà *Le Figaro*, ainsi que les feuilles caustiques, humoristiques tel *Le Charivari*. Le tout orchestré par la musique d'Offenbach.

Avouez qu'il y a là de quoi inspirer un auteur hésitant entre les Atrides et *Violettes impériales*.

A vous de voir, lectrices et lecteurs, s'il a fait les bons choix.

Quant aux historiens, nous les supplions de nous accorder leur indulgence.

J.-P. D.

TOME SECOND

UN EMPEREUR QUI RÊVAIT…

Premiere Partie

Un coup d'Etat, un coup d'éclat

« Voyez, Messieurs, voici Napoléon le Petit,
par Victor Hugo le Grand ! »

Louis Napoléon Bonaparte.

Le dossier Rubicon

Au soir de la journée de la Saint-Eloi, qui ouvre le mois de décembre, nuageuse et froide, les curés, chanoines et archiprêtres, ainsi que leurs bedeaux, des paroisses de Saint-Sulpice, Saint-Eustache, Saint-Leu-Saint-Gilles et ceux de toutes les églises du nord de Paris, quartiers chauds où à la moindre contrariété on dépave pour dresser des barricades, virent avec surprise des hommes en noir entrer dans leurs sanctuaires après vêpres et décrocher ou plus radicalement couper les cordes de leurs cloches. Ils agissaient sur ordre de la préfecture de police et ne donnèrent aucune raison.

Cette raison tue était fort simple : les cloches ne sonneraient pas l'alarme. Dans les casernes intramuros, cinquante mille hommes étaient sous les armes et sur le pied de guerre. A l'Assemblée nationale, on débattait de la taxe sur les boissons, nouvelle décision fort impopulaire.

Ce soir du 1er décembre 1851, comme chaque lundi, le président de la République reçoit dans son palais de l'Elysée. La fête est brillante bien que boudée par les orléanistes du faubourg Saint-Honoré et les légitimistes du faubourg Saint-Germain qui formaient, alliés de circonstance, ce fameux parti de l'ordre qui avait poussé Louis Napoléon au poste suprême. Depuis, « le crétin que l'on mènera », selon M. Thiers, les avait roulés dans la farine.

Malgré cette défection mondaine attendue, les invités sont nombreux à remplir les salons : tout le corps diplomatique, une nuée de militaires, des députés, des financiers, des notables, tous accompagnés de jolies femmes en crinolines aux tons clairs. Parmi elles, la princesse Mathilde, cousine du président – qui faillit l'épouser, il y a longtemps –, faisant fonction de première dame de France, miss Elizabeth Ann Haryett, dite miss Howard, qu'elle déteste, maîtresse dudit président depuis son exil londonien, et la comtesse Le Hon, maîtresse du comte de Morny, demi-frère (bâtard) du président.

Le prince Louis Napoléon accueille tout le monde avec son amabilité coutumière. Il est dans la force de l'âge, quarante-trois ans. Certes, sa silhouette commence à s'alourdir, ses jambes sont un peu courtes pour le buste, si bien qu'il paraît de taille moyenne, mais il ne manque pas de prestance. Ce soir, il porte l'habit avec le grand cordon et la plaque de la Légion d'honneur. Son regard voilé intrigue, mais l'ensemble de sa personne diffuse un charme certain. Il est tout sourires en allant de groupe en groupe; il parle peu et écoute complaisamment ce qui se dit, comme à son habitude.

Une réception normale, hebdomadaire, dans les salons et la galerie du rez-de-chaussée de l'Elysée. Seul changement à ce rite mondain qu'aimaient tant les échotiers, la pièce du fond, qui servait de salle du Conseil, était soigneusement fermée. Qui le remarquerait quand le prince-président, entouré de diplomates et de dames, conserve une attitude pleine d'aisance, bien qu'un bon observateur pourrait s'étonner que ses traits paraissent plus fatigués que de coutume ?

Les traits du prince étaient visiblement altérés, soit par la lassitude, soit par une émotion contenue ; mais son aisance extérieure et la liberté d'esprit avec laquelle il entretenait son entourage faisaient attribuer à la fatigue seule l'altération de son visage, plus pâle qu'à l'ordinaire.

Ne disait-on pas que l'Assemblée envisageait de le destituer… Cela peut créer quelque souci, même chez un Bonaparte.

Vers neuf heures du soir, le prince rejoignit son secrétaire, M. Mocquard, dans son cabinet, et lui dit avec un fin sourire :

– C'est sûr, personne ne se doute de rien.

Il demanda à Mocquard de rédiger une circulaire pour tous les ministres qui n'étaient point dans le secret. Cette lettre très brève les prévenait qu'on les instruirait le lendemain matin des mesures prises. Il fut d'ailleurs convenu qu'elle ne serait portée à domicile qu'à une heure fort avancée de la nuit. Le prince retourna ensuite dans les salons.

M. Vieyra, ancien chef du 2e bataillon de la 1re légion, fait colonel d'état-major de la garde nationale de Paris depuis le 28 novembre 1851, arrivait. Le prince-président s'avança vers lui en souriant et susurra :

– Colonel, êtes-vous assez maître de votre visage pour n'y laisser rien paraître d'une grande émotion ?

– Je le crois, mon prince.

– Fort bien, alors… c'est pour cette nuit… Vous couchez à l'état-major de la garde nationale, aux Tuileries.

– Prince, mon prédécesseur, le général Foltz, y étant encore installé avec sa femme et ses enfants, je loge chez moi.

– Mais il faut que vous couchiez ce soir à l'état-major.

– Si l'on me voyait passer la nuit sur un fauteuil à l'état-major, cela paraîtrait extraordinaire.

– Vous avez raison. Mais soyez-y à six heures du matin ; je vous enverrai mes décisions. Allez ! mais pas tout de suite, on saurait que je vous ai donné un ordre.

Et le président prit le bras de l'ambassadeur d'Espagne qui s'approchait, et le colonel Vieyra s'en alla saluer les dames.

L'ambassadeur de Sa Majesté Catholique la reine Marie-Christine, dont il était l'ancien Premier ministre, était le maréchal Narváez, duc de Valence, incarnation même de la tradition militaire des Habsbourg. Il avait fourni des fonds pour ce qui se préparait.

– Demain, lui dit seulement le prince dans un grand sourire, comme s'il faisait un bon mot.

– Demain est donc bien un autre jour... pour un autre monde, répondit Narváez, dans un autre sourire.

Et il alla baiser les mains de la princesse Mathilde qui, elle, avait engagé ses bijoux au mont-de-piété pour fournir quatre mille francs aux conjurés.

Vers dix heures, le président de la République entra de nouveau dans le cabinet où travaillait M. Mocquard :

– Savez-vous ce qui se passe ? lui dit le prince. On parle beaucoup dans les salons d'un coup d'Etat, mais ce n'est pas du nôtre. C'est du coup d'Etat que l'Assemblée nationale veut faire contre moi.

A cet instant même, dans les salons, deux hommes évoquaient cependant l'autre éventualité, sur le mode plaisant, il est vrai. Un député méridional, M. Denjoy, rencontrant un éditorialiste son compatriote lui dit tout haut :

– Eh bien ! quand nous mettrez-vous à la porte ?

Le journaliste répondit :

– J'espère que cela ne tardera guère.

Partout, désormais, on détestait les « bavards » de l'Assemblée, qui avaient enlevé le suffrage universel au peuple.

Dans son bureau, Louis Napoléon ouvre une millième fois un dossier de simple carton sur lequel est écrit un seul mot au crayon bleu : « Rubicon ». Mocquard lui montre une millième fois le texte des affiches : appel au peuple, à l'armée, aux Parisiens. Persigny doit les faire imprimer cette nuit pour qu'elles soient placardées avant l'aube. Mocquard précise encore que M. Saint-Georges, le directeur de l'Imprimerie nationale, en est avisé. Louis Napoléon revoit à voix basse le rôle de chacun : le préfet de police Maupas aura une grosse partie à jouer cette nuit puisqu'il est chargé des arrestations, seize députés, deux questeurs, et une soixantaine d'agitateurs de gauche, meneurs, membres de sociétés secrètes, journalistes, capables de provoquer un soulèvement. Saint-Arnaud doit donner ses ordres au général Magnan : au début, celui-ci n'aura qu'à fournir quelques détachements pour seconder la police ; mais il doit être prêt à intervenir plus tard si les choses tournent mal ; de toute façon, il peut compter sur l'armée, entièrement acquise à Bonaparte. Morny, dès son retour du Jockey Club où, à cette heure, après son passage à l'Opéra-Comique, il doit boire des punchs et donner le change à tout le monde avec son élégance coutumière, prendra le décret le nommant ministre de l'Intérieur en remplacement de Thorigny. A chaque point, Mocquard opine.

– Parfait, dit simplement Louis Napoléon, nous avons bien travaillé.

Après un bon travail, le prince-président connaît la meilleure formule de délassement, depuis sa jeunesse au château d'Arenenberg dans le canton suisse de Thurgovie, près du lac de Constance : le sexe.

Aussi, quand les salons se vident, que les invités saluent la princesse Mathilde, spirituelle hôtesse, un peu empâtée par l'âge mais aux yeux fascinants, divorcée du prince russe Demidoff et amante d'un comte batave, Nieuwekerke, amie des arts et des lettres, et des artistes et des écrivains, le président va à son tour la remercier de cette soirée, réussie comme à l'habitude, et jette un regard en coin à miss Howard.

Entre eux, il n'est pas besoin de mots pour se comprendre… Mathilde aussi comprend, elle est fine et connaît bien ce cousin dont elle crut à seize ans être amoureuse. Elle déteste Elizabeth Ann, mais ce soir celle-ci avait le droit de paraître à l'Elysée. Elle était du complot. Comme, ce soir, son cousin président a le droit de quitter subrepticement le palais par la petite porte de côté, sans que Mathilde plisse le nez, elle lui sourit même, et de courir vers l'hôtel particulier de la courtisane richissime.

Splendide bâtiment qui deviendra le Meurice.

Mathilde se trompe : cette nuit pas comme les autres, cette nuit qu'ils attendent depuis trois ans, depuis l'élection de Louis Napoléon, ce n'est pas à Paris que les amants ont rendez-vous, mais à Saint-Cloud, dans le domaine de Beauregard que la belle Anglaise vient d'acheter.

Elle le méritait ; l'ancienne courtisane, l'ancienne théâtreuse, fine financière, avait débloqué, pour la réussite de l'affaire Rubicon, deux cent mille francs (or) de son compte de la banque Baring de Londres, *via* la banque de M. de Rothschild.

Le domaine de Beauregard était bien délabré... Mais Elizabeth Ann tenait à ce que ce soir, cette nuit, se passât ici. Dans son nouveau royaume qu'elle avait hâte d'unir au futur Empire. Les travaux déjà avaient commencé. Louis Napoléon savait que son amante en ferait un chef-d'œuvre, elle en avait le goût et les moyens.

Et le jardin lui avait plu, à leur arrivée. Vaste, des gloriettes, un petit bois de saules et de peupliers, des fleurs partout poussant à la sauvage. Elle avait aménagé une pièce pour eux, un grand lit, des bougies sur le rebord des fenêtres, sur le parquet, sur les tapis, sur deux tables, entourés de tentures fixées au mur à la diable au-dessus d'un vaste et profond sofa rouge. Ce sofa est vaste et douillet, aussi douillet que le corps enfin nu d'Elizabeth Ann qui aime à s'y prélasser.

Quand quatre heures sonnèrent à l'église de La Celle-Saint-Cloud, Louis Napoléon s'éveilla en sursaut. Il était temps.

Elizabeth Ann avait-elle dormi ? Elle le regardait en souriant.

– Oui, Louis, il est temps.

Elle le baisa doucement.

Il était temps pour Louis Napoléon de regagner l'Elysée. Etre sur place et non, comme Charles X, hors de Paris. Pour surveiller, se méfier, occupation qu'il menait avec maestria, et triompher. Il embrassa Elizabeth Ann sur le front.

– Il est l'heure, mon chéri, soupira-t-elle.

– Il est l'heure. Déjà Paris doit se couvrir d'affiches et M. Thiers ne va pas tarder à être tiré de son lit.

Elle rit.

– Ce soir, vous serez empereur…

– Ne soyez pas si pressée… Les choses ne vont pas si vite et ne vous ai-je pas appris la patience ?

Il souriait sous sa moustache alors que tout son être était tendu et que sa respiration menaçait de s'affoler.

– Et dire…

– Quoi donc, mon ami chéri ?

– Rien, je pensais à Louis-Philippe… En février 1848, il déclarait à ses conseillers, en brisant son œuf à la coque du petit déjeuner : « On ne fait pas la révolution en hiver. » Or nous sommes en décembre.

– D'abord, c'est toujours l'automne, ensuite vous ne faites pas la révolution, chéri ami, mais un coup d'Etat.

– Finement observé.

Il lui baisa la main.

– Persigny doit m'attendre…

– Il est fidèle mais nul en complot… rappelez-vous Boulogne, Strasbourg.

– Vous l'avez dit : il ne s'agit pas d'un complot mais d'un coup d'Etat !

– Curieux coup d'Etat qui a tout d'une invasion étrangère…

Quand elle souriait ainsi, mutine, les coins de sa bouche se relevaient de manière enfantine et on ne pensait qu'à y poser un baiser. Et à se remettre au lit.

– Que voulez-vous dire ?

– Eh bien, mon ami, j'ai mis deux cent mille francs dans le projet Rubicon, et je suis anglaise.

Notre amie, la marquise Campana, née Emily Rowles, anglaise de naissance et italienne par mariage, en a mis trente-trois mille, le duc Narváez, à peu près autant et il est espagnol… Le futur empereur des Français obtiendra la couronne grâce à l'argent de trois étrangers…

– C'est cela l'Europe, ma belle amie. Vous oubliez que je suis également citoyen suisse…

Et il sortit.

Bien sûr que le vicomte (autoproclamé) Fialin de Persigny attendait son prince-président. Fidèle Persigny, de toutes les aventures, de tous les échecs, avec un certain génie pour éviter la prison, grâce à son art de sauter par les fenêtres, sans remords, sans regrets et allant toujours de l'avant. Louis Napoléon Bonaparte laissait penser à son complice de vingt ans qu'il organisait jusqu'à ce qu'il ignorait, car un coup d'Etat nécessite le plus grand secret, quand le maître d'œuvre n'était autre que le comte de Morny, né Auguste Charles Demorny, du comte de Flahaut et de la reine Hortense, maman chérie et regrettée de Louis Napoléon. Demi-frères, mais unis comme majeur et index sur une poignée de fleuret.

Et aujourd'hui nous ferons mouche !

Morny avait la tête bien faite et disposait de trois millions et demi par sa maîtresse, Fanny Le Hon, qui avait poussé son père, le banquier Mosselmann, à accorder ce prêt, quand elle-même mettait dans l'affaire un million en accord avec son mari aussi cocu que comploteur.

L'affaire est belle, l'affaire est belle !

Louis Napoléon en rugirait de plaisir dans la berline qui galope vers Paris, si cela n'était pas contre sa nature même. A-t-il jamais jubilé en public ?

Même le jour de son élection comme premier président de la République française une et indivisible et premier chef d'Etat au monde élu par le suffrage universel. Moins les femmes, bien entendu.

En homme bien élevé, en ancien exilé réfugié en Suisse, pays au calvinisme peu expansif, proscrit à Londres, où l'on sait se tenir en public, Louis Napoléon Bonaparte, bourgeois du canton de Thurgovie, capitaine de l'artillerie suisse, gentleman anglais et apatride pendant trente-cinq ans, né d'une Beauharnais, aristocrate d'Ancien Régime, aurait trouvé du dernier ridicule d'exprimer ce qu'il ressentait. Toujours, il camouflait ce qu'il pensait derrière un regard bleu vif, virant volontairement au terne.

Il était sûr de n'avoir rien laissé paraître à la réception de la veille.

Dans sa berline filant vers l'Elysée, il bavarda peu avec Persigny, qui de toute façon n'avait nul besoin de répondant pour ergoter et conter ses hauts faits récents.

– Ah ! les affiches, monseigneur ! Quelles superbes affiches ! Elles vont tourneboulер les Parisiens dès leur réveil… Les protes de l'Imprimerie nationale ont travaillé toute la nuit. Cela nous a coûté deux mille francs. Et chaque colleur est entouré de gardes du corps pour que nul ne songe à les arracher. Cela a coûté…

Persigny parlait en consultant fébrilement son carnet à couverture noire de moleskine et aux feuillets barrés de mots écrits n'importe comment (car souvent écrits alors qu'il courait d'un point à un autre dans Paris).

– C'est bien, Persigny, c'est bien.

– L'Assemblée dissoute, le suffrage universel restauré ! Merveilleux, monseigneur ! Et ces bavards de députés qui ignorent tout encore, disputant et dormant sur leurs bancs…

– Ils dorment chez eux, Persigny…

– Croyez-vous ? A deux heures du matin ils siégeaient encore. Sous prétexte de la taxe sur les boissons, ils vous critiquaient.

Louis Napoléon regardait Paris qui s'éveillait… Il n'était pas cinq heures.

– Raison de plus, Persigny. Ils ont tant à dire à mon sujet que tout cela les a épuisés.

Curieuse ville encore médiévale, songeait-il de ce Paris si longtemps inconnu pour lui qui savait tout de Londres, des beaux quartiers jusqu'aux docks et aux galetas de l'East Side. Il avait conquis ce Paris comme président, grâce à la province, et il allait en faire une capitale impériale aujourd'hui, ou demain, ou dans cette semaine, selon les résistances rencontrées, avec l'armée.

Mais en cette fin de longue nuit, et bien avant l'aube, la ville lui semblait encore plus mystérieuse, sombre, tortueuse… sale en un mot. Les derniers rois, Louis-Philippe excepté, n'aimaient pas Paris. Les Bourbons s'en méfiaient, depuis leur grand ancêtre Louis XIV, enfant contraint par les émeutes de la Fronde de la fuir un soir de janvier pendant la nuit des Rois, et depuis Louis XVI guillotiné sur cette place qui devint, ironie historique, dernière gifle à une tête tranchée, la place de la Concorde.

Dans sa berline noire et sans armoiries, au côté d'un Persigny bavard exalté, le prince-président contemplait la Seine aux reflets plombés dans le tumulte de ses eaux sales, un fleuve-égout traversant des villages agglomérés l'un à l'autre, un puzzle de bicoques et d'hôtels particuliers, d'échoppes de charlatans vivotant tant bien que mal et craignant pour leurs pièces de cinq francs, et d'établissements bancaires, vastes immeubles-lingots aux façades discrètes et dont la discrétion même dissimulait leur rôle de places fortes du nouveau pouvoir. Louis Napoléon avait pour lui ces places fortes, il leur devait tant d'argent, sa liste civile de président n'étant en rien suffisante, bien qu'il ait réussi ce tour de force de la faire porter de six cent mille francs à deux millions cent mille, mais il en avait réclamé deux millions et demi et l'Assemblée des bavards, comme disait Persigny, avait pris un malin plaisir à rogner son souhait.

Il ferma la fenêtre de la berline, non à cause du froid mais parce que Paris puait.

Il changerait tout cela. De ce Paris trop longtemps interdit, il ferait la ville la plus moderne d'Europe, donc du monde. Une ville à son image… en plus grand, car il se savait court sur pattes.

Ils arrivaient à Chaillot, second rare « village » pimpant depuis Auteuil, quand il s'interrogeait : « Commet-on un coup d'Etat pour annuler ses dettes ? » L'argent entrait en ligne de compte, puisqu'il faisait tourner l'industrie, qui s'éveillait un peu, enfin attirée par la modernité. Un argent qui ne bougeait pas des coffres et voyageait sous forme de papiers, lettres de change et *banknotes* (influence de ses exils londoniens), et avait créé et adoubé les nouveaux grands de ce pays, qui ne se nommaient plus Condé, Guise ou Mortemart, mais Rothschild, Pereire ou Mosselmann, à Paris, et Baring, dans son Londres tant aimé.

L'argent payait les affiches des proclamations, si chères à ce bon Persigny, mais aussi les généraux les plus aventuriers, pas forcément les meilleurs, comme ce Le Roy de Saint-Arnaud, baroudeur qui, jeune sous-lieutenant, fut enfermé pour dettes à Sainte-Pélagie. Brillant et vaillant officier en Algérie sous Bugeaud, il avait été jeté à bas de son cheval pendant février 1848 devant la préfecture de

Le palais présidentiel lui-même semblait encore endormi. Pourtant, il était depuis hier soir transformé en quartier général du coup de force.

On était le 2 décembre au matin, le jour poindrait dans plus de deux heures. Serait-ce le soleil d'Austerlitz dont c'était la date anniversaire ? Hier, il avait fait froid avec une petite pluie fine et glacée. Aujourd'hui, la petite pluie venait puis disparaissait. Mais ce 2 décembre était aussi la date anniversaire du sacre de l'Oncle en 1804…

La berline noire franchit le portail, un bourgeois affairé – clerc de notaire, journaliste peut-être, il en était qui rôdaient à des heures indues par ici – salua la voiture et ses occupants qu'il ne pouvait voir. Mais il était de notoriété publique que la maîtresse du prince-président n'entrait jamais à l'Elysée, par respect envers la République, et que par pudeur le prince allait chez elle. Il en revenait aux petites heures du matin, montrant par là son souci du bien de l'Etat et son goût pour le travail au service de tous.

Qu'il ait une maîtresse, très belle et très riche, plaisait au peuple. Qu'elle soit anglaise ne gênait personne ; on y voyait curieusement une revanche sur Waterloo ! Les Parisiens sont de grands enfants. Un coureur de jupons obtient toujours la faveur populaire. Après un roi triste, bourgeois, grippe-sou, un président portant beau sans être beau, ayant du succès auprès des dames, aristocrates, lingères ou chanteuses, danseuses célèbres, ayant rapporté d'Angleterre les deux plus belles pouliches, sa jument Lizzie et sa maîtresse Elizabeth Ann, avait vite conquis les cœurs, parisiens et provinciaux.

Louis Napoléon était calme, ne montrait aucun des sentiments sans doute aussi nombreux que contradictoires qui ne pouvaient manquer de l'agiter en ce matin, tandis qu'à ses côtés Persigny exultait, vendait la peau de douze ours alors qu'on n'avait pas encore armé les fusils.

Persigny, vieil ami et complice, agitateur agité, pérorait et déjà entrevoyait la gloire et la réussite, mais le véritable organisateur était Morny. De son demi-frère, Morny possédait le calme, le sens du secret et la permanence du dessein décidé. Leur côté Beauharnais. Bâtard d'une reine et d'un aristocrate, Morny n'avait pas dans ses gènes le virus Bonaparte, ses grandes idées populaires et populistes (avant la lettre), le sentimentalisme en faveur du peuple, et le désir effréné de gloire ni la nostalgie de cette gloire même. Dans deux heures il serait ministre de l'Intérieur (« voleur devenu policier », clamera la presse), il demeurait froid et ferme comme marbre.

A l'aise de si bon matin dans le grand salon de l'Elysée, Morny buvait un café brûlant et fumait un toscani, ces cigares italiens torturés et à forte odeur. Son pantalon à sous-pieds, sa chemise, son gilet, sa redingote, rien ne dénonçait en lui qu'il était debout depuis des heures, n'avait pas dormi, ou si peu, étendu habillé sur un canapé. Son visage était rasé de frais entre moustache et rouflaquettes en côtelettes sur les joues, ses yeux bleu Beauharnais plus que bleu Flahaut étaient vifs et clairs comme s'il avait dormi tout son soûl, et son crâne doté déjà d'une élégante calvitie digne d'un professeur au Collège de France luisait de netteté, le tout dans un parfum discret de frangipane. Un bel homme du monde, ou, comme dira bientôt Victor Hugo, « un homme qui a les manières du monde et les mœurs de la roulette ».

Il n'y a pas six heures, il était encore dans sa loge à l'Opéra-Comique, où il rencontrait le général Cavaignac, dont le mariage avec la fille d'un riche banquier, M. Odier, devait avoir lieu quelques jours plus tard. Une dame vint, avec son mari, saluer M. de Morny dans sa loge :

– Vous vous occupez sans cesse de votre Assemblée, lui dit-elle, mais on dit qu'on va lui donner du balai. Que ferez-vous, monsieur de Morny ?

– Je ne sais si cela arrivera, répondit-il, mais s'il y a un coup de balai, soyez sûre, madame, que je tâcherai de me mettre du côté du manche.

Dans la matinée du même jour, on avait demandé à M. de Morny deux billets d'entrée pour la séance de l'Assemblée du 2 décembre. M. de Morny remit les deux billets et ajouta en souriant :

– Si on vous fait des difficultés pour entrer, vous m'enverrez prévenir.

Il n'y avait pas trois heures, il sortait du Jockey Club… Et cinq heures sonnaient. M. de Morny, le préfet de police, M. de Maupas, le général Saint-Arnaud étaient réunis pour une ultime conférence avec le président. Chacun d'eux avait son rôle bien déterminé : le général Saint-Arnaud la direction des troupes, M. de Maupas celle de la police, M. de Morny le ministère de l'Intérieur. On n'avait point voulu constituer de cabinet définitif pour ne pas énerver l'action en la compliquant.

La veille au soir, avant son départ pour Saint-Cloud et ses réconforts charnels, Louis Napoléon avait mandé M. de Biéville, lieutenant-colonel d'état-major et officier d'ordonnance du prince. Le président lui remit les pièces destinées à être publiées, et lui ordonna de les porter à l'Imprimerie nationale, de les faire composer et mettre sous presse sous ses yeux et de les livrer, aussitôt le travail achevé, au préfet de police qui se chargeait de les faire afficher.

L'heure de gloire de Persigny, ancien journaliste, toujours féru de « proclamations ». Une grande beauté. Persigny avait raison.

Morny les avait sous les yeux.

« Au nom du Peuple français, le Président de la République décrète :

« Art. 1er. – L'Assemblée nationale est dissoute.

« Art. 2. – Le suffrage universel est rétabli. La loi du 31 mai est abrogée.

« Art. 3. – Le peuple français est convoqué dans ses comices à partir du 14 décembre jusqu'au 21 décembre suivant.

« Art. 4. – L'état de siège est décrété dans l'étendue de la 1re division militaire.

« Art. 5. – Le ministre de l'Intérieur est chargé de l'exécution du présent décret.

« Fait au palais de l'Elysée, le 2 décembre 1851.

« Louis Napoléon Bonaparte.

« Le ministre de l'Intérieur, de Morny. »

Suivaient les deux proclamations qu'on avait lues, relues, amendées, corrigées, apprises par cœur.

« Français !

« La situation actuelle ne peut durer plus longtemps. Chaque jour qui s'écoule aggrave les dangers du pays. L'Assemblée, qui devait être le plus ferme appui de l'ordre, est devenue un foyer de complots. Le patriotisme de trois cents de ses membres n'a pu arrêter ses fatales tendances. Au lieu de faire des lois dans l'intérêt général, elle forge des armes pour la guerre civile; elle attente au pouvoir que je tiens directement du peuple; elle encourage toutes les mauvaises passions, elle compromet le repos de la France : je l'ai dissoute, et je rends le peuple entier juge entre elle et moi.

« La Constitution, vous le savez, avait été faite dans le but d'affaiblir d'avance le pouvoir que vous alliez me confier. Six millions de suffrages furent une éclatante protestation contre elle, et cependant je l'ai fidèlement observée. Les provocations, les calomnies, les outrages m'ont trouvé impassible. Mais aujourd'hui que le pacte fondamental n'est plus respecté de ceux-là mêmes qui l'invoquent sans cesse, et que les hommes qui ont déjà perdu deux monarchies veulent me lier les mains, afin de renverser la République, mon devoir est de déjouer leurs perfides projets, de maintenir la République et de sauver le pays en invoquant le jugement solennel du seul souverain que je reconnaisse en France : le peuple.

« Je fais un loyal appel à la nation tout entière, et je vous dis : si vous voulez continuer cet état de malaise qui nous dégrade et compromet notre avenir, choisissez un autre à ma place, car je ne veux plus d'un pouvoir qui est impuissant à faire le bien, me rend responsable d'actes que je ne puis empêcher, et m'enchaîne au gouvernail quand je vois le vaisseau courir vers l'abîme.

« Si, au contraire, vous avez encore confiance en moi, donnez-moi les moyens d'accomplir la grande mission que je tiens de vous.

« Cette mission consiste à fermer l'ère des révolutions en satisfaisant les besoins légitimes du peuple et en le protégeant contre les passions subversives. Elle consiste surtout à créer des institutions qui survivent aux hommes et qui soient enfin des fondations sur lesquelles on puisse asseoir quelque chose de durable.

« Persuadé que l'instabilité du pouvoir et la prépondérance d'une seule Assemblée sont des causes permanentes de trouble et de discorde, je soumets à vos suffrages les bases fondamentales suivantes d'une constitution que les assemblées développeront plus tard :

« 1° Un chef responsable nommé pour dix ans ;

« 2° Des ministres dépendants du pouvoir exécutif seul ;

« 3° Un Conseil d'Etat formé des hommes les plus distingués préparant les lois, et en soutenant la discussion devant le Corps législatif ;

« 4° Un Corps législatif discutant et votant les lois, nommé par le suffrage universel, sans scrutin de liste qui fausse l'élection ;

« 5° Une seconde Assemblée, formée de toutes les illustrations du pays, pouvoir pondérateur, gardien du pouvoir fondamental et des libertés publiques.

« Ce système, créé par le Premier Consul au commencement du siècle, a déjà donné à la France le repos et la prospérité ; il les lui garantirait encore.

« Telle est ma conviction profonde. Si vous la partagez, déclarez-le par vos suffrages. Si, au contraire, vous préférez un gouvernement sans force, monarchique ou républicain, emprunté à je ne sais quel passé ou à quel avenir chimérique, répondez négativement. Ainsi donc pour la première fois depuis 1804, vous voterez en connaissance de cause, en sachant bien pour qui et pour quoi.

« Si je n'obtiens pas la majorité de vos suffrages, alors je provoquerai la réunion d'une nouvelle Assemblée, et je lui remettrai le mandat que j'ai reçu de vous. Mais si vous croyez que la cause dont mon nom est le symbole, c'est-à-dire la France régénérée par la révolution de 89 et organisée par l'Empereur, est toujours la vôtre, proclamez-le en consacrant les pouvoirs que je demande. Alors la France et l'Europe seront préservées de l'anarchie, les obstacles s'aplaniront, les rivalités auront disparu, car tous respecteront, dans l'arrêt du peuple, le décret de la Providence.

« Louis Napoléon Bonaparte,

« Président de la République française. »

A l'armée, le président écrivait :

« Soldats,

« Soyez fiers de votre mission, vous sauverez la patrie, car je compte sur vous, non pour violer les lois, mais pour faire respecter la première loi du pays, la souveraineté nationale, dont je suis le légitime représentant. Depuis longtemps, vous souffriez comme moi des obstacles qui s'opposaient, et au bien que je voulais vous faire, et aux démonstrations de votre sympathie en ma faveur. Ces obstacles sont brisés. L'Assemblée a essayé d'attenter à l'autorité que je tiens de la nation ; elle a cessé d'exister.

« En 1830 comme en 1848, on vous a traités en vaincus. Après avoir flétri votre désintéressement héroïque, on a dédaigné de consulter vos sympathies et vos vœux, et cependant vous êtes l'élite de la nation. Aujourd'hui en ce moment solennel je veux que l'armée fasse entendre sa voix. Votez donc comme citoyens.

« Soldats, je ne vous parle pas des souvenirs que mon nom rappelle. Ils sont gravés dans vos cœurs. Nous sommes unis par des liens indissolubles. Il y a entre nous, dans le passé, communauté de gloire et de malheurs ; il y aura dans l'avenir communauté de sentiments et de résolutions pour le repos et la grandeur de la France.

« Prince Louis Napoléon Bonaparte. »

Après le départ de M. de Béville, MM. de Morny, de Maupas et de Saint-Arnaud avaient résumé et récapitulé toutes les mesures qui devaient s'exécuter simultanément, ou se succéder. Alors le prince Louis Napoléon ouvrit avec une clef qu'il portait à la chaîne de sa montre une cassette où se trouvaient quarante mille francs en billets et vingt mille en pièces d'or… tout ce qui restait de « l'argent de l'étranger » comme eût dit Elizabeth Ann. A chacun selon sa mission, cela fut distribué. Il en tira aussi, sous plis cachetés, ses recommandations et ses instructions précises, les remit à ceux auxquels elles étaient destinées et leva la séance. M. de Morny, s'adressant à ses collègues, leur dit simplement :

– Il est bien entendu, messieurs, que chacun de nous y laisse sa peau.

Les concierges des théâtres de l'Ambigu, de la Porte-Saint-Martin et de la Gaîté avaient dû être bien étonnés, quand, vers trois heures – alors que les spectacles étaient terminés, que les actrices avaient fini de recevoir les gandins dans leurs loges, avec brassées de fleurs, champagne et souvent bijoux, que les gens de l'entretien avaient nettoyé la salle et la scène, que tous étaient partis, sauf les concierges, leur bonnet à pompon, leurs mitaines et leurs chaudes écharpes tricotées –, par l'entrée des artistes, avaient pénétré dans les lieux des officiers, sous-officiers et soldats de régiments d'infanterie, par compagnies entières. Ils agissaient, disaient-ils, sur ordre du commandant de la place de Paris et du ministère de la Guerre.

Ces théâtres se situaient dans les quartiers chauds, « rouges », et les troupes chargées de les « pacifier » au cas où ne devaient pas être vues de la population.

Un demi-frère est un être double

Charles-Auguste de Morny a besoin d'une troisième tasse de café, d'un autre toscani et d'une bonne marche à pied dans le froid de décembre pour éloigner le manque de sommeil et les dernières fumées des punchs bus au Jockey Club. Il jette sur ses épaules son manteau doublé de renard et s'engage pédestrement dans le faubourg Saint-Honoré pour remonter jusqu'au ministère de l'Intérieur, où dort paisiblement, un bonnet sur la tête – les palais nationaux sont souvent inchauffables par temps froid –, le tenant du titre, M. René Thorigny.

Le ministère de l'Intérieur n'était pas alors place Beauvau, mais rue de Grenelle. La promenade aux petites heures sous un crachin hésitant le réveilla tout à fait. Il était suivi par une berline qui allait avoir son utilité dès les Champs-Elysées. Le comte de Morny était un bon fils doté d'un véritable esprit de famille qu'il élargissait à ses alliances adultères. Ainsi M. de Morny désirait-il prendre son père naturel, le général comte de Flahaut, au passage, en son logement de la rue de la Charte. La berline était destinée à papa. La berline était également destinée au fils de sa maîtresse, le jeune Léopold Le

Hon, dix-neuf ans, dont il allait faire séance tenante son chef de cabinet. Lui-même avait bien été fait comte à cet âge, par Louis-Philippe, pour avoir, polytechnicien et armé de deux pistolets, tenu tête sur une barricade, avec ses condisciples, aux troupes de Charles X.

Alors, il monta lui aussi dans la voiture, embrassa son vieux père sur les deux joues, et donna l'ordre de les mener rue de Grenelle.

Au ministère de l'Intérieur, René Thorigny dormait. L'huissier d'abord ne voulut pas le réveiller. Morny lui sourit :

– Il le faut pourtant, mon ami, je suis le nouveau ministre par décret du président de la République et cet excellent M. Thorigny occupe mon lit.

Thorigny eut le temps de passer une robe de chambre, assez seyante d'ailleurs, bordée d'une légère fourrure et aux brandebourgs habilement tressés.

– Je dois m'habiller, messieurs, avant qu'on m'emmè…

Morny demanda à l'ancien ministre :

– Vous emmener, Thorigny ? Mais où donc ? Prenez ma berline dans la cour pour rentrer chez vous, car il fait frais.

– Je ne suis pas arrêté ?

– Cher ami, vous êtes simplement remplacé.

Avec un énorme soupir dont la force tenait à sa parfaite sincérité, Thorigny s'en déclara ravi.

Lui ayant serré la main, Morny alla prendre possession du bureau. Où il savait qu'était installé un télégraphe électrique, merveilleuse invention qui aidait tout conjuré dans un coup d'Etat. Et tout pouvoir contre un coup d'Etat, si ledit pouvoir était réveillé évidemment. Il songea qu'on devrait enseigner aux « rouges » comment un gentleman prend d'assaut un ministère. Sans effusion de sang.

Mais un gentleman envisage aussi le pire. Dans les vastes poches de son manteau doublé de renard, il tient au chaud un pistolet chargé et un flacon d'acide prussique soigneusement fermé, car il ne compte pas survivre à l'aventure en cas d'échec. Ainsi est Morny, petit-fils par la main gauche à la fois de Joséphine de Beauharnais et de Talleyrand.

Son Elégance M. de Morny mériterait un portrait en pied. Les peintres de l'époque ne s'en sont pas privés.

On a vu dans le premier tome de quelle manière romantique et passionnée fut engendré le jeune Charles-Auguste, dont le bulletin de naissance est merveilleusement faux. Il ne s'appelle nullement de Morny ni Demorny, comme son père putatif, vieux commandant de Napoléon Ier, qui rafla six cents francs au passage pour endosser cette paternité. La seule vérité de cet acte, voulu par le comte de Flahaut, lui-même bâtard de Talleyrand et accepté par la maman, la reine Hortense, fille du premier mariage de Joséphine de Beauharnais, en est la date, septembre 1811. Quant au jour indiqué, le 17… il y aurait à dire. Quant au lieu, Paris, il est également faux. M. de Morny poussa son premier vagissement d'arrivée dans notre monde cruel au cœur des Alpes. Vers Saint-Moritz.

Il ne vit pas souvent sa mère, deux fois en tout, en vitesse et à Paris ; aussi, quand il se rend à l'Elysée, il ne manque pas de s'arrêter devant son portrait qui orne le salon du rez-de-chaussée, après la grande galerie. Il en admire chaque fois la beauté. Et le prince-président lui-même respecte ce silence et partage, Morny le sent bien, cette adoration. Quelle chance a eu ce Louis Napoléon de vivre si longtemps avec une telle mère, plus de vingt-cinq ans ! Comment ne pas l'aimer ? Et pourquoi lui Morny n'en fut-il pas aimé ?

Bah ! son père, lui, le fut et passionnément. Il sourit à papa Flahaut, comte et héros, qui en parut quelque peu étonné.

Morny fut élevé par sa grand-mère. Délicieuse et grassouillette personne lorsqu'il la connut. Il avait appris depuis que, jeune épousée d'un vieux comte Flahaut, elle en fut débarrassée sous la Terreur par sainte Guillotine, alors qu'elle avait mis au monde un joli poupon dont le géniteur à défaut d'être le père était un bel abbé au nom ronflant, Charles de Talleyrand-Périgord.

Les destins sont taquins. Mais cette grand-mère avait épousé en secondes noces, après avoir épuisé bien des amants, dont M. de Noailles, un noble ambassadeur portugais, le marquis de Souza. Il en avait reçu une bonne et charmante éducation. Morny n'était pas peu fier de porter en lui le sang des Tascher de la Pagerie Beauharnais et celui du plus grand diplomate du temps !

Morny en avait hérité l'intelligence et le calme absolu. Après de brillantes études au collège de Bourbon, il se destina d'abord à l'armée. En 1832, il sortait de l'Ecole d'état-major, sous-lieutenant au 1er régiment de lanciers. Il tint garnison à Clermont-Ferrand et à Fontainebleau. À Clermont, il réussit dans les salons, où on le recherchait vivement pour sa grâce et pour son esprit. A Fontainebleau, il fréquentait surtout la bibliothèque.

– Quels livres, disait un jour Mme de Souza à M. Sainte-Beuve, quels livres croyez-vous qu'il choisisse pour ses lectures ? Vous pensez qu'il lit des romans, des poésies légères, des Mémoires agréables, des contes de Voltaire : à tout cela il préfère des livres de métaphysique et de théologie. Et savez-vous la raison qu'il m'en donne ? « J'étudie d'abord les livres de religion, dit-il, parce que je veux tout de suite couler à fond cette question-là. »

Peu de temps après, Morny embarquait pour l'Algérie et le duc d'Orléans écrivait à un de ses amis : « Paris abonde en femmes éplorées, Morny part pour l'Afrique. »

Il y resta peu, mais assez pour se distinguer ; à Mascara d'abord, où il traversa avec un autre capitaine toute l'armée d'Abd el-Kader pour rejoindre l'avant-garde de l'armée française, ensuite au siège de Constantine, où il reçut quatre balles dans son képi en s'efforçant de sauver le général Trézel. Il fut à cette occasion nommé chevalier de la Légion d'honneur. En Algérie, le beau Morny fit la connaissance de M. Changarnier, avec lequel il devait se rencontrer plus tard dans des circonstances différentes, dont lui-même déplorait la triste nécessité.

Ce matin, le général Changarnier, du parti de l'ordre, allait être arrêté. Soupir. Ainsi va la vie.

A l'époque, Morny, officier d'ordonnance du général Oudinot, malade, grelottant de froid, venait de se coucher, enveloppé de son manteau, sur le bord d'une rivière. Un officier qu'il ne connaissait point passa :

– Monsieur le comte de Morny, lui dit-il, vous avez la fièvre, voulez-vous me permettre de vous offrir une orange ?

– Grand merci ! A qui dois-je cette gracieuseté ?

– Au capitaine Changarnier.

Plus tard, au siège de Constantine, M. de Morny remarqua la bonne tenue du bataillon du commandant Changarnier. Il en fit un tel éloge au général Trézel que celui-ci désigna Changarnier pour former l'arrière-garde, où il montra une grande intrépidité. La politique avait donc créé un fossé entre deux hommes qui n'avaient jamais rivalisé que de courage. Il lui en coûtait aujourd'hui de faire arrêter le général Changarnier.

A vingt-sept ans, après deux campagnes en Afrique, une belle perspective s'ouvrait devant Morny, mais tout à coup, en 1838, sur le refus qu'on lui fait d'un congé demandé pour rétablir sa santé, il donne sa démission et se tourne vers l'industrie, la grande préoccupation du siècle. Attiré à Clermont par l'excellent accueil qu'il y avait reçu naguère, il y achète des propriétés et y fonde une entreprise de sucre de betterave. En 1842, une vacance se produit dans la députation du Puy-de-Dôme : ses amis le déterminent à se porter candidat. Ballottage défavorable au premier tour de scrutin. Morny tient bon. Il se multiplie et retourne la situation en sa faveur. Le ministre de l'Intérieur, M. Duchâtel, avait ri de cette candidature : « De Morny n'aura pas dix voix », répétait-il à tout le monde. Il existe diverses anecdotes au sujet de cette élection. Morny s'était présenté aux trois cercles de Clermont. A son entrée au cercle du Commerce, un membre lui dit :

– Savez-vous que vous êtes le premier comte qui mette le pied dans les salons de notre cercle ?

M. de Morny lui répondit en riant et en lui tendant la main :

– Vous devez savoir que les bons comtes font les bons amis.

Dans une réunion électorale, un de ses concurrents l'apostrophe :

– Monsieur de Morny, qu'avez-vous donc promis aux électeurs de la campagne ? Je les ai trouvés très froids pour moi et très sympathiques pour vous !

Une éclipse devait avoir lieu le 10 juillet de cette année-là.

– Je leur ai promis, répond gaiement M. de Morny, une éclipse de soleil pour le 10 de ce mois. Toutefois, en loyal concurrent, j'ai ajouté que vous aussi, vous pourriez leur en promettre une autre, mais que votre jour n'était pas encore arrêté.

Il avait mis les rieurs de son côté.

A la Chambre, Morny se distingua comme il l'avait fait dans le monde, dans l'armée, dans l'industrie. Réservé et prudent, il se bornait aux discussions financières et économiques, mais y tenait tête aux orateurs les plus éprouvés. Guizot pensa même plus d'une fois lui confier un portefeuille. Dans les dernières années du règne de Louis-Philippe, Morny ne se mêla point aux luttes ardentes de l'opposition. Mais il ne cessait de donner les plus sages conseils au gouvernement et, un mois avant la révolution de Février, il publiait dans la *Revue des Deux Mondes* un article où il prévoyait, avec une belle sûreté de coup d'œil, la crise imminente, montrait les progrès du socialisme et indiquait le remède. La révolution de février 1848 lui donna raison.

Il partage avec Louis Napoléon le fait que, sans y participer, cette révolution leur ouvrait l'avenir. Et aujourd'hui, ils œuvraient de concert. Pourtant, il n'y avait pas trois ans…

Louis Napoléon s'interrogeait sur ce frère inconnu… En souvenir de sa mère. Morny avait été un enfant de l'amour d'Hortense pour Flahaut, lui un enfant du dégoût d'Hortense pour son mari, Louis Bonaparte, frère cadet de l'Empereur, hypocondriaque et maladivement jaloux. Chacun d'eux avait donc un manque… Le prince-président invita Morny à l'Elysée, à dix heures, le soir du 24 janvier 1849.

Quand on annonça le visiteur, Louis Napoléon se leva, alla l'accueillir, lui prit les mains et resta ainsi à le contempler sans un mot. Il cherche notre mère dans mon visage, pensa Morny. Le futur empereur n'était pas homme à laisser entrevoir ses émotions,

Morny non plus, ils ne parlèrent donc pas d'Hortense mais du clan élyséen qui se formait au détriment des royalistes, orléanistes ou légitimistes, qui possédaient la majorité à l'Assemblée et voulaient, Thiers en tête, se débarrasser de l'idiot qu'ils ne pouvaient pas « mener ».

« Si je n'avais suivi que mon goût, écrira Morny dans ses Mémoires, je n'y serais jamais retourné. Je trouvais ce demi-frère imbu de préjugés, de faux systèmes et de défiance. Il avait les idées qu'on prend dans un exil prolongé, une espèce de libéralisme sentimental naturel aux proscrits, et avec lequel on ne saurait conduire un gouvernement. Son entourage se composait d'une collection de niais ayant passé leur vie dans l'opposition ou en prison, et incapables de conseiller un prince. »

Ce qui était bien vu. Mais Morny souffrait de la crise. Il avait dû mettre aux enchères à Londres ses Greuze, son Rembrandt, ses Watteau… Lui, collectionneur et amateur d'art par goût et non par spéculation. En trente secondes, dépité de ce président, il se déclara néanmoins bonapartiste depuis toujours… C'était là le moyen de se renflouer. Il allait supplanter l'équipe de « niais » ! Aujourd'hui c'était fait. Les tableaux étaient toujours aux murs de son hôtel particulier des Champs-Elysées. La faillite ne menaçait plus. Et il voyait le prince « au libéralisme sentimental » chaque jour…

Ce 2 décembre se jouait le banco de cette gigantesque partie de baccara. Et Morny en distribuait les cartes.

Morny se surprit à tirer de son manteau le pistolet et le flacon d'acide prussique, qu'il glissa dédaigneusement dans le tiroir de son bureau de ministre. L'évocation du faux romantisme de son demi-frère l'avait guéri de l'idée funeste qui avait inspiré la possession de ces deux objets. Pas d'échec ! On n'était pas dans *Hernani* !

Et il jeta un œil aux soixante-quatre noms de la liste des arrestations. Oui, il était bien là, Victor Hugo. Que faire ? l'arrêter ou non ? Emprisonne-t-on Voltaire ? Surtout quand ce Voltaire-là est cocu !

Et le comte de Morny sourit.

Petit journal d'un chef-d'œuvre

Le vrai confort du roman historique est que l'auteur sait comment tout ça se termine. Le lecteur ou la lectrice aussi. Ce qui crée une complicité tacite. L'ennui est que l'auteur ne peut rouler le lecteur dans la farine. Où est en effet le suspense ? Chez les personnages, bien sûr ! Eux, ils vivent l'action, et en ignorent la fin, comme ils ignorent souvent comment tout cela a commencé. N'ont pas fait attention, ont oublié.

Y eut-il un vrai suspense dans ce coup d'Etat du 2 décembre 1851 ? Nous ne pensons pas. L'affaire fut préparée de main de maître, exécutée avec une précision millimétrique. Les perdants peut-être ont connu le suspense. Rien n'est moins sûr. Il leur suffisait de regarder Paris s'éveiller, Paris vivre cette journée puis les deux suivantes. Les commerces étaient ouverts et le chaland les fréquentait, les banques (important les banques) accueillaient leurs clients avec élégance et componction, et l'on pouvait y retirer son or aux guichets, les théâtres maintenaient leur programmation. Les omnibus et les fiacres sillonnaient la capitale, à peine s'ils firent quelque détour, les 3 et 4, pour éviter une barricade ou un régiment prêt à l'assaut. Il n'y eut pas de suspense, mais une vaste indifférence. On s'attendait à un coup d'Etat depuis l'été. La seule question avait été : qui commencerait, le président ou le Parlement ? Maintenant Paris savait, et grâce au télégraphe électrique qui remplaçait avantageusement celui à sémaphores placés sur des hauteurs de M. Chiappe, trop tributaire du mauvais temps, la France entière sut avec très peu de décalage horaire. Ce fut à peine si elle éternua par-ci, par-là.

Aussi, l'auteur, dans un souci de simplicité qui l'honore, et pour une meilleure compréhension de l'affaire, s'en tiendra-t-il à une nette recension des faits. Quelle journée que ce 2 Décembre capital, comme l'écrira Victor Hugo, lui donnant ainsi, et sans doute à son corps défendant, une dimension historique, fût-ce celle de l'ignominie.

Narrons.

Le lieutenant-colonel Charles de Béville, officier d'ordonnance du Président, était chargé de faire imprimer les décrets et proclamations. Vers dix heures du soir, il jeta un large manteau sur son uniforme, se munit de deux pistolets, monta dans un fiacre et se fit conduire en toute hâte à l'Imprimerie nationale, rue Vieille-du-Temple. Le directeur de cet établissement, M. de Saint-Georges, assistait ce soir-là même, à l'Opéra-Comique, à la première représentation d'une pièce de son frère, fertile auteur de livrets d'opéra. On l'avait prévenu dans la journée qu'on comptait sur lui pour un travail confié à son « honneur et à sa délicatesse ». Il avait retenu les ouvriers, habitués à passer la nuit pour des besognes urgentes, et, vers onze heures, il se promenait dans sa cour, attendant le messager qu'on lui avait annoncé. Le fiacre de M. de Béville ne fut pas long à arriver : on dételа les chevaux, on mit la voiture sous la remise, on enferma le cocher dans une salle basse avec quelques bouteilles et un généreux pourboire, et celui-ci ne tarda pas à s'endormir en disant : « Voilà des bourgeois qui payent trop bien. »

Au même instant entrait dans la cour la 4e compagnie du 1er bataillon de gendarmerie mobile. Le capitaine avait reçu du ministre de la Guerre l'ordre d'obéir au directeur de l'Imprimerie. Il fit charger les armes et plaça ses soldats aux portes, dans les corridors, dans les ateliers. Aucun ouvrier ne pouvait ni sortir ni même s'approcher d'une fenêtre. Le directeur leur annonça qu'ils devaient composer au plus vite les pièces qu'on leur apportait : le décret de dissolution de l'Assemblée, l'appel au peuple, l'appel à l'armée, le décret de convocation des comices, la proclamation du préfet et sa lettre aux commissaires de police. A quatre heures, les placards étaient prêts ; le directeur et M. de Béville, pour juger de leur effet, les lurent aux soldats dont il fallut calmer l'enthousiasme.

On attela le fiacre, on réveilla le cocher et M. de Béville partit avec M. de Saint-Georges pour la préfecture de police où ils remirent à M. de Maupas les placards imprimés. De son côté, celui-ci était chargé de l'opération la plus délicate, les arrestations, pour lesquelles il avait besoin d'un personnel nombreux et sûr. Le soir du 1er décembre, il avait, à onze heures, consigné tous les sergents de ville dans leurs postes et convoqué les commissaires à la préfecture. A chacun d'eux Maupas donna un mandat d'amener contre les personnes désignées. Seize commissaires étaient chargés de s'assurer des personnages les plus considérables et de le faire avec le plus de ménagements possible. Les arrestations des chefs de sociétés secrètes et de barricades furent confiées aux autres commissaires et aux autres agents, qui reçurent l'ordre d'opérer des razzias dans les lieux de réunions clandestines, les garnis suspects, les cafés et cabarets socialistes.

En même temps, le ministre de la Guerre envoyait chercher à trois heures du matin le général Magnan, préparé à l'événement, mais qui avait demandé à n'être prévenu qu'au moment de « monter à cheval ». Le général Magnan prit aussitôt ses dispositions pour masser les troupes sur les points qu'elles devaient occuper.

Un capitaine, dont le régiment était en garnison à Courbevoie, et qui était couché à Paris, fut réveillé par l'ordre de prendre les armes. Ce capitaine eut la pensée d'en prévenir le général Changarnier. Il alla jusqu'à sa porte cochère, frappa ; comme on tardait à ouvrir, il songea qu'il dérangeait le général pour une fausse alarme, que l'ordre était peut-être particulier à son régiment et qu'on se moquerait de lui. Il se rendit à Courbevoie et personne ne fut prévenu. Averti, le général Changarnier, en échappant à l'arrestation qui le menaçait, aurait nui au plan.

Entre cinq et six heures du matin, les troupes se mirent en mouvement pour prendre position et appuyer les arrestations. Il fallait que les personnages dangereux soient enlevés en même temps qu'un cercle de fer envelopperait la capitale, pour rendre inutile tout essai de résistance. La réussite du coup d'Etat dépendait de la simultanéité des opérations accomplies avec une étonnante précision.

Les commissaires de police sortaient de la préfecture quand une partie des troupes de la garnison quittait silencieusement ses casernes. Les arrestations, ayant lieu dans des quartiers différents, ne devaient nullement se contrarier ni exciter le tumulte. La plus importante était celle du général

Changarnier, celui qui aurait pu servir de chef aux parlementaires. Le général habitait au 3 rue du Faubourg-Saint-Honoré. On s'attendait de la part d'un homme aussi énergique à quelque résistance. Aussi M. Lerat, commissaire de police, était-il accompagné du capitaine Baudinet, de la garde républicaine et d'agents déterminés.

Au coup de sonnette du commissaire, le concierge refuse d'ouvrir. Le commissaire commande à l'épicier qui tient boutique au rez-de-chaussée de lui ouvrir la porte de communication avec la cour, et entre, suivi de ses agents. Déjà le général avait été averti. De sa loge, le concierge pouvait sonner à son appartement, ce qu'il avait fait. Sur le palier du premier, le commissaire trouve le domestique du général. On lui arrache la clef de l'appartement qu'il avait à la main. Deux portes sont ouvertes en même temps : celle d'entrée, par le commissaire ; celle d'une chambre à coucher, par M. Changarnier lui-même, qui, sautant à bas du lit, a saisi une paire de pistolets. D'un bond, le commissaire Lerat lui abat les deux bras.

– Général, lui dit-il, ne résistez pas, votre vie n'est pas menacée.

M. Changarnier jeta ses armes, ordonna à son domestique de l'habiller, et dit au commissaire :

– M. de Maupas est un homme de bonne compagnie ; dites-lui de ne pas m'ôter mon domestique, je ne puis me passer de ses services.

Le commissaire se fit un plaisir d'accéder à cette demande. En voiture, M. Changarnier commenta l'événement :

– Le président était sûr de sa réélection, c'est se donner inutilement la peine d'un coup d'Etat : quand l'étranger lui fera la guerre, il sera content de me mettre à la tête d'une armée.

L'arrestation de M. Thiers fut plus facile.

Le commissaire Hubaud arriva, avec quatre agents, à cinq heures et demie à l'élégant hôtel de la place Saint-Georges habité par l'ancien ministre de Louis-Philippe. Un valet de chambre les conduisit au premier étage et, leur montrant du doigt une porte au bout d'un long couloir, leur dit : « Monsieur est là. » Un bon feu brûlait dans la chambre et une petite lampe donnait en plein sur le visage de l'illustre orateur, encadré par d'épais rideaux de soie rouge. Il semblait dormir. Son domestique le toucha à l'épaule et lui dit :

– Voilà des messieurs qui désirent vous parler.

Thiers se souleva brusquement et porta la main à sa tête :

– De quoi s'agit-il ?

– D'une perquisition chez vous, dit le commissaire. Mais ne craignez rien, nul n'en veut à votre sûreté.

– Mais encore, qu'entendez-vous faire, messieurs ? Savez-vous que je suis représentant, et que ce que vous accomplissez à cette heure peut porter votre tête sur l'échafaud ?

– Je le sais, dit gravement Hubaud, mais cette perspective même ne peut empêcher un fonctionnaire de faire son devoir.

– C'est donc un coup d'Etat ! Suis-je le seul, au moins, qu'on exécute de la sorte ?

Le commissaire ne voulait pas plus instruire M. Thiers que discuter avec lui, et se borna à lui réitérer l'ordre de se lever et de le suivre. L'ancien président du Conseil obéit, s'habilla en silence, prit sa montre qu'il regarda attentivement et, tout à coup saisi d'un mouvement fébrile :

– Si je vous brûlais la cervelle, monsieur ? Connaissez-vous la loi ? Savez-vous que vous violez la Constitution ?

Le commissaire sourit :

– Je n'ai pas à vous répondre, monsieur, j'exécute les ordres du préfet de police, comme j'exécutais les vôtres quand vous étiez ministre de l'Intérieur.

On ne trouva chez M. Thiers que les manuscrits de ses travaux historiques, une paire de pistolets chargés et capsulés, et six lettres politiques, dont une, écrite par un ami inconnu, lui offrait un asile en cas de coup d'Etat. En quittant le cabinet de travail, merveille d'art et de bon goût, le prisonnier demanda à embrasser sa femme. Mme Thiers arriva au bout de cinq minutes, vêtue de noir et décoiffée :

– Qu'y a-t-il, mon ami ?

– Rien, ma chère Elisa, c'est M. le préfet de police qui me mande. Faites en sorte que votre mère, qui est malade, ne sache rien de tout ceci.

On descendit et, en s'asseyant dans le fiacre qui prit la direction de la Bastille, l'homme d'Etat retrouva toutes ses facultés d'improvisation et gronda ses accompagnateurs au nom de la violation des lois, des dangers de la situation, du revirement possible des affaires... Mais ses talents d'orateur s'adressaient à des sourds souriants.

La cour de la prison du boulevard Mazas était pleine de troupes. Au greffe, Thiers remercia le commissaire qu'il chargea d'une lettre pour sa femme, demanda qu'on lui servît du café au lait, et refusa de signer au procès-verbal d'arrestation, parce que c'eût été, disait-il, reconnaître la légalité de la violation commise à son égard.

Le général Cavaignac, qui demeurait rue du Helder, ne perdit rien de sa dignité. Il demanda seulement à écrire à son futur beau-père, M. Odier, et à n'être conduit à destination que par le commissaire.

Le général Lamoricière eut moins de calme. Il habitait rue Las Cases, et le concierge ne voulut ni indiquer son appartement, ni donner de lumière. Le domestique alerté par le bruit, sitôt qu'il aperçut le commissaire, se sauva en criant « au voleur »; mais il tomba au milieu des sergents de ville qui le saisirent, et il guida les agents vers la chambre du général. Celui-ci se mit en devoir de s'habiller; puis tout à coup il demanda à son domestique si l'argent qu'il avait mis sur la cheminée y était encore.

– Monsieur, dit le commissaire Blanchet, cette question est injurieuse.

– Pourquoi cela? répondit le général. Est-ce que je vous connais ? Qui me prouve que vous n'êtes pas des malfaiteurs?

On lui lut le mandat et on le pria de ne point essayer de fuir.

– Je ne promets rien, dit-il.

Dans le fiacre il ne dit rien, mais en passant devant le poste de la Légion d'honneur il mit la tête à la portière et voulut haranguer les soldats, ce qu'on empêcha.

M. Roger du Nord se conduisit en grand seigneur. C'était le comte de Morny, son ami, qui avait voulu qu'on l'arrêtât pour n'avoir pas à sévir plus rigoureusement contre lui. M. Roger, apprenant qu'on venait l'arrêter :

– Ah! ah! fit-il en se frottant les yeux, je suis arrêté! Joseph, servez du xérès à ces messieurs, et habillez-moi.

Puis, toujours avec gaieté, il ajouta :

– Je m'y attendais, depuis deux jours j'étais prévenu, car on a des amis partout. Ma foi, j'aime encore mieux cela que le rôle stupide que nous jouions à la Chambre. Napoléon va réussir, c'est incontestable! Il a été plus adroit que nous.

Chez M. Greppo, farouche républicain, rue de Ponthieu, la scène prit un ton de comédie. On trouva chez ce disciple de Proudhon une hache d'armes fraîchement aiguisée, des poignards et un superbe bonnet rouge. M. Greppo expliqua la présence du bonnet rouge par son goût pour la marine. Il tomba ensuite dans un tel état de prostration morale et physique que sa femme obtint la permission de l'accompagner à la prison Mazas. Le commissaire la lui donna, oubliant les injures que Mme Greppo, pour sauver sans doute la dignité de son mari, avait cru devoir lui adresser.

Quelques jours après, elle se présentait au ministère de l'Intérieur et hurlait :

– Ce n'est pas de tout ça, j'ai un enfant, il faut que je le nourrisse, et je viens savoir quand on nous payera le mois de novembre.

Les autres arrestations n'offrirent rien de remarquable, et à sept heures du matin elles étaient exécutées. Celles du général Le Flô et de M. Baze, questeurs de l'Assemblée, bien qu'elles eussent été difficiles, étaient également terminées. Tous deux habitaient le Palais-Bourbon et leur arrestation coïncida avec l'occupation de ce palais par les troupes chargées d'empêcher l'Assemblée de se réunir.

Le général Le Flô, surpris, exhala toute sa colère :

– Napoléon veut faire son coup d'Etat ! Eh bien, nous le fusillerons à Vincennes, et vous, dit-il au commissaire, nous vous fusillerons avec lui.

Le général voulut haranguer les soldats. Au moment de monter en voiture il criait encore, mais les grenadiers croisèrent la baïonnette et il garda le silence jusqu'à Mazas. Là ses violences recommencèrent, et un autre prisonnier lui dit :

– Qu'avez-vous donc à être si fort en colère, général ? Nous voulions mettre le président de la

République dedans, et c'est lui qui nous y met. Bien joué, ma foi ! Quant à moi, je ne lui en veux pas le moins du monde.

La résistance du second questeur, Jean-Didier Baze, eut un caractère comique. Baze parut sur l'escalier vêtu d'un caleçon et d'une robe de chambre, et coiffé d'un foulard. Il commença par argumenter, puis décréta le commissaire hors la loi, enfin il se débattit, aidé par ses domestiques. Les agents l'emportèrent jusqu'à l'étage inférieur où il essaya de haranguer la troupe, mais son costume, son accent méridional excitèrent l'hilarité des soldats et détruisirent tout l'effet de son éloquence. Il consentit alors à s'habiller et à monter en voiture.

Quelques instants après l'arrestation de M. Baze, Persigny, qui avait l'œil à tout, allait prévenir Louis Napoléon de l'occupation du palais législatif.

Les troupes prenaient position. La brigade Ripert enveloppait le Palais-Bourbon ; la brigade Forey se dirigeait vers le quai d'Orsay ; la brigade Dulac vers le jardin des Tuileries ; la brigade de Cotte se massait sur la place de la Concorde ; la brigade Canrobert sur l'avenue de Marigny. Dans les Champs-Elysées se tenaient la brigade de cavalerie du général Reybell et la division de grosse cavalerie de Versailles. Ce déploiement n'avait pour objet que de montrer les sentiments de l'armée à laquelle on avait lu la proclamation du président, et d'instruire ceux qui auraient voulu tenter une résistance. Il n'y en eut point.

A sept heures, les commissaires rentraient à leurs postes, les agents de police se ralliaient à la préfecture, les afficheurs se répandaient dans toutes les rues et tout était fini quand la capitale sortit enfin de son sommeil. La grande nouvelle circula bientôt de tous côtés ; la population matinale la commenta en allant à ses affaires. Bientôt les rues se remplirent d'une foule qui n'était qu'à moitié étonnée et se pressait devant les affiches qui tranchaient la question depuis si longtemps agitée. Le peuple se montrait satisfait du rétablissement du suffrage universel et de l'appel fait par le président à la volonté nationale. L'arrestation des chefs monarchistes le rassurait contre la réaction tant annoncée et tant redoutée. L'arrestation des chefs socialistes rassurait la bourgeoisie.

A dix heures et demie, le prince-président monta à cheval et sortit de l'Elysée par la grille du Coq. Le 12ᵉ régiment de dragons se gardait si bien que son avant-garde empêcha un instant le prince et son état-major de passer outre. Le prince Louis Napoléon traversa la cour du Carrousel. Le colonel Vieyra se rendit près de lui et marcha ainsi à côté du cheval du prince jusqu'au guichet du Carrousel donnant sur la rue de Rivoli : le prince insista de nouveau pour qu'aucun garde national ne sortît en uniforme. Le président de la République était accompagné de ses aides de camp et officiers d'ordonnance, de Fleury et Edgar Ney, du général Roguet, du lieutenant-colonel de Béville, du capitaine Lepic, des généraux Vast-Vimeux, Le Pays de Bourjolly, du comte de Flahaut, du colonel Murat. Son oncle, le roi Jérôme, père de la princesse Mathilde et dernier frère encore vivant de Napoléon, était à ses côtés. La famille était disloquée ou disparue, le nom était acclamé.

Les représentants des partis monarchiques et de la Montagne ne se tenaient pas pour battus. Ils cherchèrent à se réunir. Soixante-dix d'entre eux réussirent à entrer au Palais-Bourbon par la petite porte de la rue de Bourgogne et à pénétrer dans la salle des séances. Un commandant les pria poliment de se retirer mais ils insistèrent pour qu'on fît venir M. Dupin, le président de l'Assemblée.

M. Dupin se présenta et leur dit :

– Messieurs, il est évident qu'on viole la Constitution. Le droit est de notre côté ; mais n'étant pas les plus forts, il ne nous reste qu'une chose à faire : je vous invite à vous retirer. J'ai l'honneur de vous saluer.

Et il rentra chez lui, car il avait faim.

C'est tout ? A peu près. Ce coup d'Etat en devenait presque ennuyeux. Il n'y avait donc personne pour défendre une république ? Pas grand monde. Surtout pas le peuple. La république ne l'avait ni défendu ni aimé. Et comme le soleil perçait enfin les nuages, comme il se doit pour l'anniversaire d'Austerlitz, les bourgeois préférèrent, ce 2 décembre, les terrasses des cafés aux barricades.

Louis Napoléon était calme, ayant retiré son uniforme de général pour enfiler une de ses redingotes. Calme et reposé. Il s'était permis une sieste. Personne ne braillait devant l'Elysée.

A l'Intérieur, le télégraphe de Morny ne cliquetait plus. La fumée de son toscani s'élevait, bleutée, étoilée de mille poussières dans un rayon de soleil pâle. Il redemanda un café, et se posa une question importante : où allait-il dîner et avec qui ?

Il remarqua qu'il avait barré le nom de Victor Hugo sur la liste des arrestations. Mais ne se souvenait plus s'il en avait informé le préfet. Bah… il verrait demain. Pour l'instant, il avait faim.

Le petit théâtre des « bavards »

Où l'auteur refuse que l'Histoire soit toujours écrite par les vainqueurs (1. A droite, le parti de l'ordre)

Ainsi la mort d'une république ne tient pas de l'épopée. Vous en voyez l'auteur navré. Mais parfois, même dans un roman historique, il faut bien s'en tenir à la réalité. Celle du moment, comme si l'on était un envoyé spécial dans le passé. Pas de mort, pas de sang, pas de grandes et lyriques déclarations, où est passé Hugo Victor ? On ne sait. On n'a sous la main qu'un prince-président qui a fait la sieste, et un ministre de l'Intérieur qui a une petite faim. Le 18 Brumaire était plus agité ! Et en Vendémiaire, au moins le canon tonnait.

Le président de l'Assemblée, André Dupin, est en train de dîner, chez lui, en bon bourgeois, et se moque bien de ses collègues députés. N'est-il pas du parti de l'ordre et l'ordre ne règne-t-il pas dans Paris ? Il reprend du gigot et deux cuillères de flageolets. Alors qu'il s'empiffre, il se sent curieusement léger… et trouve tout à coup sa femme très belle. Elle l'est, mais ces derniers temps, il ne songeait pas à le remarquer.

Il rit.

Il imagine le grand homme et petit bonhomme, M. Thiers et sa faconde, M. Thiers et son talent déclamatoire, inaugurant du haut de sa petite taille la prison toute neuve du boulevard Mazas, qu'il n'aurait jamais songé lui être destinée. Ah ! Dieu est taquin !

– Si nous allions au théâtre ?

– Mon ami, y songez-vous ?

Mme Dupin est plus sérieuse que son président de mari, troisième personnage d'une république à l'agonie.

– Eh bien ! si nous n'allons pas au théâtre, allons vite au lit !

M. Dupin se sent des ardeurs. Mme Dupin en est aussi flattée qu'étonnée.

Si M. Dupin était resté avec ses collègues, il participerait à une dernière pièce, une représentation gratuite dont il serait un des acteurs. De plus, il ne serait pas voué aux gémonies ; mais à l'heure actuelle, dans sa chambre et dans son lit, il se moque bien de leur mépris.

Les députés cherchaient une salle pour se réunir. Ils trouvèrent une mairie encore ouverte, car on devait y célébrer un mariage, celle du Xe arrondissement, rue de Grenelle.

L'appui des partis monarchiques était, sur la rive gauche, le faubourg Saint-Germain, ils se sentaient donc chez eux. Ils avaient même été applaudis par des passants bien mis, ce qui leur avait rendu courage.

Mais pas la sérénité. D'après le procès-verbal de la séance, tel qu'il a été rédigé et approuvé par les représentants eux-mêmes, voici comment cela s'est passé. Ce fut leur dernière séance.

Le bureau était composé de MM. Benoist d'Azy, Vitet, vice-présidents, Chapot, Moulin, Grimault, secrétaires; M. Benoist d'Azy préside la séance. Une vive agitation règne dans la salle[1] :

Le président (M. Benoist d'Azy) : « La séance est ouverte. »

Plusieurs membres : « Ne perdons pas de temps. »

M. le président Benoist d'Azy : « Une protestation a été signée par plusieurs de mes collègues; en voici le texte. »

M. Berryer : « Je crois qu'il ne convient pas à l'Assemblée de faire des protestations. L'Assemblée nationale ne peut se rendre dans le lieu ordinaire de ses séances; elle se réunit ici : elle doit faire un acte d'Assemblée et non une protestation. *(Très bien! Marques d'assentiment.)* Je demande que nous procédions comme Assemblée libre, au nom de la Constitution. »

M. Vitet : « Comme nous pouvons être expulsés par la force, n'est-il pas utile que nous convenions immédiatement d'un autre lieu de réunion, soit à Paris, soit hors Paris ? »

Voix nombreuses : « Dans Paris! dans Paris! »

M. Bixio : « J'ai offert ma maison. »

M. Berryer : « Ce sera le second objet de notre délibération; mais la première chose à faire par l'Assemblée, c'est de statuer par un décret; je demande la parole sur le décret. »

M. Berryer : « Donnez un ordre écrit. »

Plusieurs membres : « Qu'on batte le rappel. »

Une altercation a lieu dans le fond de la salle entre des représentants et quelques citoyens qu'on veut obliger à se retirer.

Un des citoyens s'écrie : « Messieurs, dans une heure peut-être, nous nous ferons tuer pour vous! »

1. La relation du corps d'Etat et de cette assemblée est librement inspirée des dossiers de *L'Histoire contemporaine et populaire de la France*, dirigée par Charles Lehure (1865).

M. Piscatory : « Un mot. Nous ne pouvons *(Bruits. Ecoutez donc, écoutez !)*, nous ne devons pas, nous ne pouvons pas exclure les auditeurs. Ceux qui voudront venir seront très bien venus. Il vient de se prononcer un mot que j'ai recueilli : "Dans une heure peut-être, nous nous ferons tuer pour l'Assemblée." Nous ne pouvons recevoir beaucoup de personnes, mais celles qui peuvent tenir ici doivent y rester. *(Bien ! bien !)* La tribune est publique de par la Constitution. »

M. Berryer : « Je supplie l'Assemblée de garder le silence. Le bureau qui rédige en ce moment les décrets et à qui je propose de remettre tous les pouvoirs pour les différentes mesures à prendre a besoin de calme. Ceux qui auront des motions à faire les feront ensuite, mais si tout le monde parle, il sera impossible de s'entendre. »

Le silence se rétablit.

Un membre : « Je demande que l'Assemblée reste en permanence jusqu'à ce qu'on envoie des forces. Si nous nous séparons avant que les forces viennent, nous ne pourrons plus nous réunir. »

M. Legros-Devot : « Oui, oui, la permanence. »

Le vice-président Vitet : « Voici le décret de réquisition : "L'Assemblée nationale, conformément à l'article 32 de la Constitution, requiert la 10e légion pour défendre le lieu des séances de l'Assemblée." Je consulte l'Assemblée. » (Le décret est voté à l'unanimité, une certaine agitation succède à ce vote ; plusieurs membres parlent en même temps.)

MM. Odilon Barrot et de Nagle arrivent dans la salle et apposent leur signature sur le décret de déchéance. M. le président donne mission à M. Howyn-Tranchère de faire entrer des représentants qui sont retenus à la porte.

M. Piscatory : « Je demande à l'Assemblée de lui rendre compte d'un fait qui me paraît important. Je suis allé faire reconnaître plusieurs de mes collègues qui ne pouvaient entrer. Les officiers de paix m'ont dit que le maire avait donné l'ordre de ne laisser entrer personne. Je me suis transporté immédiatement chez le maire, qui m'a dit : "Je représente le pouvoir exécutif et je ne puis laisser entrer les représentants." Je lui ai fait connaître le décret que l'Assemblée avait rendu et lui ai dit qu'il n'y avait pas d'autre pouvoir exécutif que l'Assemblée nationale *(Très bien !)* et je me suis retiré. J'ai cru faire cette déclaration au nom de l'Assemblée. *(Oui, oui. Très bien !)* Quelqu'un m'a dit en passant : "Dépêchez-vous, dans peu de moments la troupe sera ici." »

M. Berryer : « Je demande provisoirement qu'un décret ordonne au maire de laisser les abords de la place libres. »

M. de Falloux : « Il me semble que nous ne prévoyons pas deux choses qui me paraissent très vraisemblables ; la première, que vos ordres ne seront pas exécutés ; la seconde, que nous serons expulsés d'ici. Il faut convenir d'un autre lieu de réunion. »

M. Berryer : « Avec les personnes étrangères qui se trouvent présentes, nous ferions une chose peu utile ; nous saurons bien nous faire avertir du lieu où nous devrons nous réunir. » *(Non, non ! Un décret provisoire.)*

M. le président Benoist d'Azy : « M. Dufaure a la parole. Silence, messieurs, les minutes sont des heures. »

M. Dufaure : « L'observation qui vient d'être faite est juste ; nous ne pouvons désigner hautement le lieu de notre réunion. Mais je demande que l'Assemblée confère à son bureau le droit de choisir. Il avertira chacun des membres du lieu de la réunion, afin que chacun de nous puisse s'y rendre. Messieurs, nous sommes maintenant les seuls défenseurs de la Constitution, du droit, de la République, du pays. *(Oui, oui, très bien. Des cris de Vive la République se font entendre.)* Ne nous manquons pas à nous-mêmes, et s'il faut succomber devant la force brutale, l'Histoire nous tiendra compte de ce que, jusqu'au dernier moment, nous avons résisté par tous les moyens qui étaient en notre pouvoir. » *(Bravos et applaudissements.)*

M. Berryer : « Je demande que, par un décret, l'Assemblée nationale ordonne à tous les directeurs de maisons de force ou d'arrêt de délivrer, sous peine de forfaiture, les représentants qui ont été arrêtés. » Ce décret est mis aux voix par le président et adopté à l'unanimité.

Un représentant arrive et s'écrie : « Dépêchons-nous, voilà la force qui arrive. » Il est midi et demi.

Antony Thouret entre et signe le décret de déchéance en disant : « Ceux qui ne signent pas sont des lâches. »

Au moment où l'on annonce l'arrivée de la force armée, un profond silence s'établit. Tous les membres du bureau montent sur leurs sièges pour être vus de l'Assemblée et des chefs de la troupe.

Plusieurs membres, dans le fond de la salle : « On monte ! On monte ! » Profond silence.

M. le président Benoist d'Azy : « Pas un mot, messieurs, pas un mot ! Silence absolu ! C'est plus qu'une invitation, permettez-moi de dire que c'est un ordre. »

Plusieurs membres : « C'est un sergent, c'est un sergent qu'on envoie. »

M. le président Benoist d'Azy : « Un sergent est le représentant de la force publique. »

M. de Falloux : « Si nous n'avons pas la force, ayons au moins la dignité. »

Un membre : « Nous aurons l'une et l'autre. »

Le président : « Restez à vos places. Songez que l'Europe entière nous regarde. »

M. le vice-président Vitet et M. Chapot, l'un des secrétaires, se dirigent vers la porte par laquelle la troupe va pénétrer et s'avancent jusque sur le palier. Un sergent et une douzaine de chasseurs du 6e bataillon de Vincennes occupent les dernières marches de l'escalier. MM. Grévy et de Charencey ont suivi MM. Vitet et Chapot, quelques personnes étrangères à l'Assemblée se trouvent aussi sur le palier.

M. le vice-président Vitet, s'adressant au sergent : « Que voulez-vous ? Nous sommes réunis en vertu de la Constitution. »

Le sergent : « J'exécute les ordres que j'ai reçus. »

M. le vice-président Vitet : « Allez parler à votre chef. »

M. Chapot : « Dites à votre chef de bataillon de monter ici. »

Un capitaine se présente en haut de l'escalier.

M. le président Benoist d'Azy : « L'Assemblée nationale est ici réunie. C'est au nom de la loi, au nom de la Constitution que nous vous sommons de vous retirer. »

Le capitaine : « J'ai des ordres. »

M. Vitet : « Un décret vient d'être rendu par l'Assemblée qui déclare qu'en vertu de la Constitution, attendu que le président de la République porte obstacle à l'exercice du droit de l'Assemblée, le président est déchu de ses fonctions, que tous les fonctionnaires et dépositaires de la force et de l'autorité publique sont tenus d'obéir à l'Assemblée nationale. Je vous somme de vous retirer. »

Le capitaine : « Je ne puis me retirer. »

M. Grévy : « N'oubliez pas que vous devez obéissance à la Constitution et à l'article 68. »

Le capitaine : « L'article 68 n'est pas fait pour moi. »

M. Berryer : « Je demande que ce ne soit pas seulement par un acte du bureau, mais par un décret de l'Assemblée, qu'il soit immédiatement déclaré que l'armée de Paris est chargée de veiller à la défense de l'Assemblée nationale, et qu'il soit enjoint au général Magnan, sous peine de forfaiture, de mettre les troupes à la disposition de l'Assemblée. »

L'Assemblée consultée vote le décret à l'unanimité.

M. Monet : « Je demande qu'il soit envoyé au président de l'Assemblée un double du décret qui a été rendu prononçant la déchéance. »

Plusieurs membres : « Il n'y en a plus, il n'y en a plus de président ! » *(Agitation.)*

M. Pascal Duprat : « Puisqu'il faut dire le mot, M. Dupin s'est conduit lâchement, je demande qu'on ne prononce pas son nom. » *(Vives rumeurs.)*

M. Monet : « J'ai voulu dire le président de la Haute Cour. C'est au président de la Haute Cour qu'il faut envoyer le décret. »

M. le président Benoist d'Azy : « M. Monet propose que le décret soit envoyé au président de la Haute Cour. Je consulte l'Assemblée. »

L'Assemblée consultée adopte le décret.

M. Jules de Lasteyrie : « Je vous proposerai, messieurs, de rendre un décret qui ordonne au commandant de Paris et à tous les colonels de la légion de garde nationale d'obéir au président de l'Assemblée nationale, sous peine de forfaiture, afin qu'il n'y ait pas un homme qui ne sache dans la capitale quel est son devoir, et que s'il y manque, c'est une trahison envers le pays. » *(Très bien! très bien!)*

M. le général Oudinot : « Jamais nous n'avons éprouvé le besoin d'entourer notre président de plus de déférence et de considération que dans ce moment. Il est bien qu'il soit investi d'une sorte de dictature, passez-moi l'expression. *(Réclamations de la part de quelques membres.)* Je retire l'expression si elle peut éveiller la moindre susceptibilité; je veux dire que sa parole doit obtenir immédiatement respect et silence. Notre force, notre dignité sont précisément dans l'unité. Nous sommes unis, il n'y a plus dans l'Assemblée de côté droit ni de côté gauche. *(Très bien! très bien!)* Nous avons tous des fibres au cœur; c'est la France entière qui est blessée en ce moment. » *(Très bien!)*

M. le président Benoist d'Azy : « Je crois que la force de l'Assemblée consiste à conserver une parfaite union. Je propose, conformément à l'avis qui vient de m'être exprimé par plusieurs membres, que le général Oudinot, notre collègue, soit investi du commandement des troupes. » *(Très bien! Très bien! Bravo!)*

M. Tamisier : « Sans doute M. le général Oudinot, comme tous nos collègues, ferait son devoir; mais vous devez vous rappeler l'expédition romaine qu'il a commandée. » *(Vives rumeurs. Réclamations nombreuses.)*

M. Tamisier : « Laissez-moi achever, vous ne me comprenez pas. »

M. le président Benoist d'Azy : « S'il y a des divisions parmi nous, nous sommes perdus. »

M. Tamisier : « Ce n'est pas une division, mais quelle autorité aura-t-il sur le peuple ? »

M. Berryer : « Mettez la proposition aux voix, monsieur le président. »

De toutes parts : « Aux voix ! aux voix ! »

L'Assemblée consultée rend un décret qui nomme le général Oudinot commandant en chef des troupes.

Pendant qu'on rédige le décret, M. le général Oudinot s'approche de M. Tamisier, et échange avec lui quelques paroles.

Le général Oudinot : « Messieurs, je viens de proposer à M. Tamisier de me servir de chef d'état-major. *(Bravo !)* Il accepte. » *(Très bien ! Bravos enthousiastes.)*

A ce moment, les membres qui se trouvent auprès de la porte annoncent qu'un officier du 6e bataillon de chasseurs arrive avec de nouveaux ordres. Le général Oudinot s'avance vers lui, accompagné de M. Tamisier.

M. Tamisier donne lecture à l'officier du décret qui nomme le général Oudinot général en chef de l'armée de Paris.

Le général Oudinot, à l'officier : « Nous sommes ici en vertu de la Constitution. Vous voyez que l'Assemblée nationale vient de me nommer commandant en chef. Je suis le général Oudinot, vous devez reconnaître mon autorité. Vous me devez obéissance. Si vous résistez à mes ordres, vous encourrez les punitions les plus rigoureuses. Immédiatement vous seriez traduit devant les tribunaux. Je vous donne l'ordre de vous retirer. »

L'officier (sous-lieutenant au 6e chasseurs) : « Mon général, vous savez notre position ; j'ai reçu des ordres. »

Le général Oudinot, à l'officier : « Vous déclarez donc que vous avez reçu des ordres et que vous attendrez des instructions du chef qui vous a donné la consigne ? »

Le sous-lieutenant : « Oui, mon général. »

Le général Oudinot : « C'est la seule chose que vous ayez à faire. »

M. le général Oudinot et M. Tamisier rentrent dans la salle. Il est une heure un quart.

M. Berryer, rentrant dans la salle avec plusieurs de ses collègues : « Messieurs, une fenêtre était ouverte. Il y avait beaucoup de monde dans la rue. J'ai crié par la fenêtre que l'Assemblée nationale, régulièrement réunie en nombre plus que suffisant pour la validité de ses décrets, avait prononcé la déchéance du président de la République, que le commandement supérieur de l'armée et de la garde nationale était confié au général Oudinot, et que son chef d'état-major était M. Tamisier. » Il y a eu acclamations et bravos.

A ce moment, deux commissaires de police se présentent à la porte de la salle, et sur l'ordre du président s'avancent auprès du bureau.

Un des commissaires (le plus âgé) : « Nous avons ordre de faire évacuer les salles de la mairie ; êtes-vous disposés à obtempérer à cet ordre ? Nous sommes les mandataires du préfet de police. »

Plusieurs membres : « On n'a pas entendu. »

M. le président Benoist d'Azy : « M. le commissaire nous dit qu'il a ordre de faire évacuer la salle. J'adresse à M. le commissaire cette question. Connaît-il l'article 68 de la Constitution ; sait-il quelles en sont les conséquences ? »

Le commissaire : « Sans doute nous connaissons la Constitution ; mais dans la position où nous nous trouvons, nous sommes obligés d'exécuter les ordres de nos supérieurs. »

M. le président Benoist d'Azy : « Au nom de l'Assemblée, je vais faire donner lecture de l'article 68 de la Constitution. »

M. le vice-président Vitet fait cette lecture.

M. le président Benoist d'Azy, au commissaire : « C'est conformément à l'article 68 de la Constitution, dont vous venez d'entendre la lecture, que l'Assemblée, empêchée de siéger dans le lieu ordinaire de ses séances, s'est réunie dans cette enceinte. Elle a rendu un décret dont il va vous être donné lecture. »

M. le vice-président Vitet donne lecture du décret de déchéance du président de la République.

M. le président Benoist d'Azy : « C'est en vertu de ce décret, dont nous pouvons vous remettre une copie, que l'Assemblée s'est réunie ici, et qu'elle vous somme par ma bouche d'obéir à ses réquisitions. Je vous répète que légalement il n'existe qu'une seule autorité en France en ce moment : c'est celle qui est ici réunie. C'est au nom de l'Assemblée que nous vous requérons d'obéir. Si la force armée, si le pouvoir usurpateur agit vis-à-vis de l'Assemblée avec la force, nous devons déclarer que nous sommes dans notre droit. Il est fait appel au pays. Le pays répondra. »

Un membre : « Demandez leurs noms aux commissaires. »

M. le président Benoist d'Azy : « Nous qui vous parlons, nous sommes MM. Vitet, Benoist d'Azy, vice-présidents ; Chapot, Grimault et Moulin, secrétaires de l'Assemblée nationale. »

Le commissaire (le plus âgé) : « Notre mission est pénible, messieurs ; nous n'avons pas même une autorité complète, car, dans ce moment, c'est la force militaire qui l'a. M. le préfet nous a donné l'ordre de venir vous inviter à vous retirer ; mais nous avons trouvé ici un détachement considérable de chasseurs de Vincennes, envoyés par l'autorité militaire, qui a seule le droit d'agir, puisque Paris est en état de siège ; la démarche que nous faisons est officieuse et a pour but d'empêcher un conflit fâcheux. Nous ne prétendons pas juger la question de droit ; mais j'ai l'honneur de vous prévenir que l'autorité militaire a des ordres sévères, et elle les exécutera. »

M. le président Benoist d'Azy : « Vous comprenez, monsieur, que l'invitation à laquelle vous donnez en ce moment le caractère officieux ne peut produire aucune impression sur nous. Nous ne céderons qu'à la force. »

Le deuxième commissaire (le plus jeune) : « Monsieur le président, voici l'ordre qu'on nous a donné, et sans plus attendre, nous vous sommons, que ce soit à tort ou à raison, de vous disperser. » *(Violents murmures.)*

Plusieurs membres : « Les noms, les noms des commissaires. »

Le commissaire le plus âgé : « Lemoine, Tacherat et Barlet. »

Un officier arrive, un ordre à la main, et dit : « Je suis militaire, je reçois un ordre, je dois l'exécuter. Voici cet ordre : "Commandant, en conséquence des ordres du ministre de la Guerre, faites occuper immédiatement la mairie du Xe arrondissement, et faites arrêter, s'il est nécessaire, les représentants qui n'obéiraient pas sur-le-champ à l'injonction de se séparer, Le général en chef : MAGNAN." »

M. le président Benoist d'Azy, à l'officier : « Vous vous présentez avec un ordre, nous devons avant tout vous demander, ainsi que nous l'avons fait déjà à l'officier qui s'est le premier présenté, si vous connaissez l'article 68 de la Constitution, qui déclare que tout acte du pouvoir exécutif pour empêcher la réunion de l'Assemblée est un crime de haute trahison qui fait cesser à l'instant même les pouvoirs du chef du pouvoir exécutif. J'ajoute que l'Assemblée, obligée de pourvoir à sa sûreté, a nommé le général Oudinot commandant de toutes les forces qui peuvent être appelées à la défendre. »

M. de Larcy : « Commandant, nous faisons un appel à votre patriotisme comme Français. »

M. le général Oudinot, à l'officier : « Vous êtes le commandant du 6e bataillon ? »

L'officier : « Je suis le commandant par intérim. Le commandant est malade. »

Le général Oudinot : « Eh bien ! commandant du 6e bataillon, vous venez d'entendre ce que M. le président de l'Assemblée vous a dit. »

L'officier : « Oui, mon général. »

Le général Oudinot : « Qu'il n'y avait pour le moment d'autre pouvoir en France que l'Assemblée. En vertu de ce pouvoir qui m'a délégué le commandement de l'armée et de la garde nationale, je viens déclarer que nous ne pouvons obéir que contraints, forcés, à l'ordre qui nous interdirait de rester réunis. En conséquence, et en vertu des droits que nous tenons d'elle, je vous ordonne d'évacuer et de faire évacuer la mairie. Vous avez entendu, commandant du 6e bataillon, vous avez entendu que je vous ai donné l'ordre de faire évacuer la mairie, allez-vous obéir ? »

L'officier : « Non, et voici pourquoi : j'ai reçu de mes chefs des ordres et je les exécute. »

De toutes parts : « A Mazas ! A Mazas ! »

L'officier : « Au nom des ordres du pouvoir exécutif, nous vous sommons de vous dissoudre à l'instant même. »

Voix diverses : « Non, non, il n'y a pas de pouvoir exécutif. Faites-nous sortir de force, employez la force. »

Sur l'ordre du commandant, plusieurs chasseurs pénètrent dans la salle. Un troisième commissaire de police et plusieurs agents y pénètrent également. Les commissaires et les agents saisissent les membres du bureau, le général Oudinot, M. Tamisier et plusieurs autres représentants, et les conduisent dans la cour.

Le général Forey se présente. Le général Oudinot lui parle un instant et, se retournant vers les membres de l'Assemblée, dit que le général Forey lui a répondu : « Nous sommes militaires, nous ne connaissons que nos ordres. »

M. le général Lauriston : « Il doit connaître les lois et la Constitution. Nous avons été militaires comme lui. »

Le général Oudinot : « Le général Forey prétend qu'il ne doit obéir qu'au pouvoir exécutif. »

Tous les représentants : « Qu'on nous emmène, qu'on nous emmène à Mazas ! »

Les agents ordonnent aux membres du bureau et de l'Assemblée de se mettre en marche. Les vice-présidents Benoist d'Azy et Vitet déclarent qu'ils ne sortiront que par la force. Les agents les prennent par le bras et les poussent dans la rue. Les secrétaires, le général Oudinot, M. Tamisier et les autres représentants sont conduits de la même manière, et on se met en marche à travers deux haies de soldats. Le vice-président Vitet est tenu au collet par un agent, le général Forey est en tête des troupes et dirige la colonne. L'Assemblée est conduite jusqu'à la caserne du quai d'Orsay en suivant les rues de Grenelle, Saint-Guillaume, de l'Université, de Beaune, les quais Voltaire et d'Orsay.

Les passants, bourgeois, domestiques, commerçants, ouvriers rient beaucoup sur les trottoirs de voir leurs représentants ainsi arrêtés. Tous les députés entrent dans la caserne et on referme la porte sur eux. Il est trois heures vingt. Le nombre des arrestations est de deux cent vingt. Pour peu de temps.

Tous les députés furent libres de partir. Quelques-uns voulurent rester prisonniers et refusaient de donner leurs noms. Un officier de paix, ordinairement de service à l'Assemblée, désigna tous ceux qu'il connaissait ; les autres se nommèrent.

– Général, disait un représentant, pourrai-je envoyer chercher des nouvelles de ma femme ?

– Allez-y vous-même, répondit le général Forey.

– Je vais vous faire la promesse écrite de revenir.

– Laissez cela.

– Il faut que tout soit écrit pour l'authenticité historique.

Le député ne revint que le lendemain à quatre heures du matin, le lancier de faction lui dit que les autres représentants étaient partis.

– Et je n'y étais pas, s'écria le prisonnier volontaire. Que pensera le pays ?

– Il pensera que, pour ne pas rester dans la rue à quatre heures du matin, dit le soldat qui lui barrait la porte, vous êtes retourné chez vous.

La population ne bougea pas. Les socialistes cherchaient à soulever le peuple, mais le peuple ne les suivit pas. A onze heures du soir, en cette seconde journée, Paris avait son aspect accoutumé.

Dans ce Paris tranquille, un philosophe allemand, vivant bourgeoisement avec femme et enfants, réfléchissait à la situation. Les révolutions l'inspiraient. Il prit sa plume et griffa le papier, rageur et ricanant dans sa belle barbe :

« Le parti de l'ordre, quand il n'était pas encore Assemblée nationale et qu'il n'était encore que ministère, avait flétri le régime parlementaire. Et il pousse les hauts cris lorsque la journée du 2 décembre bannit de France ce régime !

« Nous lui souhaitons bon voyage. »

Signé Karl Marx.

Pourtant, que la Montagne est belle…

Où l'auteur refuse encore que l'Histoire soit écrite par les vainqueurs (2. A gauche, Victor Hugo)

Rue de la Tour-d'Auvergne, au numéro 37, premier étage sur jardin, Mme Victor Hugo, Adèle de son prénom et que son mari appelait Dédé, dormait dans les bras de son amant Charles-Auguste Sainte-Beuve. Elle avait envoyé son valet Isidore le quérir après la visite domiciliaire avec perquisition du commissaire Yver et de ses sbires. C'était la première fois qu'Isidore, qui n'ignorait rien, était chargé d'une telle mission. C'était la première fois qu'oncle Charles, comme disaient les enfants, dormait à la maison. A temps troublés, famille troublée. Adèle, belle et courageuse, avait tenu ferme devant les policiers, avec une grande noblesse, et avec ce brin de hauteur qui sied à l'épouse d'un poète en vogue et d'un député qui fut pair de France. Une fois ces hommes partis, elle avait eu besoin de réconfort. Charles avait ardemment fourni celui-ci.

Rue Caumartin, à un numéro que nous tairons, Victor Hugo dormait sur le canapé d'une très jolie femme. Il y dormait seul, ce qui n'était pas dans sa nature en pareil cas. Il avait traversé tout Paris depuis la rue Popincourt pour se réfugier à cette adresse. Il peinait à trouver le vrai sommeil, le profond, et ne se laissait aller qu'à une de ces somnolences en éveil (il ne serait pas ennemi de cet oxymore hardi) qui ressemblent à de l'insomnie mais sont toutefois une forme de sommeil. Elles reposent car elles laissent libre le vagabondage de l'esprit qui en a besoin pour se régénérer. Et quelle arme restait-il à Victor sinon cet esprit ?

La fougue, l'émoi, la parole, le Verbe même, car quelque part, avec lui, il y a toujours Dieu. La fougue et la parole (le Verbe !), il en avait usé rue Popincourt à une réunion improvisée mais ardente de cette Montagne, la gauche très à gauche de l'Assemblée, dont il faisait désormais partie.

Les montagnards ne pouvaient rester trop longtemps en un endroit, donc ils se donnaient des rendez-vous successifs et parcouraient ainsi la capitale, tentant de soulever un peuple qui renâclait. Ils faisaient leur travail d'hommes de gauche. Ils n'avaient obtenu que de minces barricades, vite enlevées par les troupes. Mais ils n'abandonnaient pas. Grâce à Victor Schoelcher, le libérateur des esclaves, et grâce à Hugo, sa fougue et son Verbe.

Mais l'émoi ? Il avait surgi ici dans ce salon petit, élégant, meublé avec goût, donc sans ostentation. Il se perpétuait dans cette somnolence peuplée de visions non politiques mais doucement érotiques. Non de celles qui jetaient à l'ordinaire ce vieux Priape d'Hugo (quarante-neuf ans) à l'assaut du premier jupon, non, mais les visions d'un songe plus doux venu sans doute de la jeunesse, du temps où il avait rencontré Adèle, il y a plus de vingt ans, un songe qui ne date qu'à peine.

Il était une heure du matin quand Victor s'arrêta devant la grille de cette adresse. Un jeune homme en chemise et gilet l'ouvrit à l'aide d'un passe-partout ; à droite, sous la voûte, un escalier montait au premier étage d'un corps de logis isolé où le jeune homme introduisit son visiteur nocturne et imprévu.

Ils semblaient se connaître.

Ils pénétrèrent dans le petit salon élégant et accueillant tant il paraissait douillet, éclairé d'une veilleuse et séparé de la chambre à coucher par une portière de riche tapisserie aux deux tiers fermée. Le jeune homme entra dans cette chambre et en ressortit quelques minutes après en compagnie d'une ravissante femme blanche et blonde, en robe de chambre, les cheveux dénoués, belle, fraîche, d'une beauté qui stupéfia Victor. Elle le considérait avec cet effarement qui dans un jeune regard est une grâce de plus.

Mme de…, non, disons simplement Mme de la R., on ne sait pas qui nous lit, venait d'être réveillée par son mari. Elle resta un moment sur le seuil de sa chambre, souriant, dormant encore à moitié, très étonnée, un peu effrayée, fixant ses yeux tour à tour sur son mari et sur cet inconnu, n'ayant jamais songé à ce qu'était une guerre civile, et la voyant entrer brusquement chez elle au milieu de la nuit, sous la forme inquiétante d'un barbu qui demande un asile.

Mme de la R. était adorablement ébouriffée. Sous son peignoir de soie ornée de pivoines chinoises qui exhaussait la blondeur de ses cheveux laissés à la liberté d'un lever intempestif et la pâleur de sa peau, portait-elle seulement une chemise ? L'œil de Victor se glissa dans l'échancrure, dans l'écartement des pans de soie, pendant qu'elle allait caresser une jolie petite fille de deux ans qui dormait au fond du salon dans son berceau.

Victor lui présenta mille excuses, à mi-voix pour ne pas réveiller l'enfant qu'elle baisait doucement au front puis au cou. Elle les reçut avec le charme qu'elle distillait en toute innocence.

Son mari raviva le feu dans la cheminée. En face de laquelle Mme de la R., avec un oreiller et des coussins, un caban à lui, une pelisse à elle, improvisa un lit sur un canapé un peu court qu'elle rallongea avec un fauteuil.

A chaque geste de cette jeune épouse trop désirable, Victor sentait son âme en perdition.

Un moment de grâce absolue ! Et en même temps une tempête. La soie est une étoffe coquine, qui sait caresser une courbe douce, glisser sur le rose d'un sein, dévoiler une cheville, un mollet, une jambe, une cuisse !

Mon Dieu ! Se jeter à ses pieds ? Eloigner son mari ? Pendant la délibération de la rue Popincourt, le député Jean-Baptiste Baudin avait prêté son crayon à Victor, qui l'avait gardé. Signe du destin, ce crayon allait devenir une sainte relique de la république. En attendant, il servit à écrire un billet pour Adèle que Victor tendit à M. de la R. Mais ce fut Mme de la R. qui annonça qu'elle se chargerait de le porter elle-même à Mme Victor Hugo le lendemain.

Raté ! Vidant ses poches, Victor y trouva une loge pour les Italiens qu'il offrit à son adorable hôtesse.

« Je regardais ce berceau, écrira-t-il, ces deux beaux jeunes gens heureux, et moi avec mes cheveux et mes habits en désordre, mes souliers couverts de boue, une pensée sombre dans l'esprit, et je me faisais l'effet du hibou dans le nid des rossignols. Quelques instants après M. et Mme de la R. avaient disparu dans leur chambre, la portière entrouverte s'était refermée, je m'étais étendu tout habillé sur le canapé, et ce doux nid, troublé par moi, était rentré dans son gracieux silence. »

Victor Hugo découvrit une autre vérité : on peut dormir la veille d'une bataille entre armées, la veille d'une bataille entre citoyens on ne dort pas.

La rêveuse somnolence s'était enfuie, grignotée aussi par toutes les heures qui sonnaient à une église peu éloignée ; par le bruit de la rue, celui des voitures qui fuyaient Paris ; elles se succédaient, rapides et pressées ; on eût dit la sortie d'un bal.

Et puis ce parfum. Le parfum de la pelisse qui lui servait de couverture, le parfum d'une jeune femme blonde nue sous la soie. C'en était fini de sa nuit, il devait se reprendre. Il se leva, écarta les rideaux de mousseline d'une fenêtre. L'obscurité était complète. Pas d'étoiles, les nuages passaient avec la violence diffuse d'une nuit d'hiver. Un vent sinistre soufflait. Parfaitement hugolien.

Il regarda l'enfant endormie. La petite fille avait toutes les chances, elle ressemblait à sa maman. Le poète soupira, oui, le poète, pas le député de la Montagne. Il eut un frisson. Il ignorait le prénom de cette adorable et minuscule endormie comme il ignorait celui de sa mère, Mme de la R. Il s'assit sur le canapé, la tête entre les mains. Tant à faire et si peu à espérer. Le petit jour vint. Il baisa l'enfant au front, enfila son manteau fripé et sortit du salon. Il descendit en fermant les portes derrière lui le plus doucement possible, pour ne réveiller personne. La grille s'ouvrit sans grincer et il se trouva dans la rue. Elle était déserte, les boutiques étaient encore fermées, une laitière, son âne à côté d'elle, rangeait paisiblement ses pots sur le trottoir. La vie continuait comme si de rien n'était.

Il ne s'était rien passé. Il ne reverra jamais Mme de la R., belle comme un souvenir triste. Un souvenir triste et précieux comme un cadeau d'adieu.

La rue Caumartin donne dans la rue Saint-Lazare, encombrée par des fiacres chargés de malles et de paquets qui se hâtaient vers le chemin de fer du Havre. Les passants commençaient à se montrer. Quelques troupes remontaient la rue Saint-Lazare. Vis-à-vis le n° 42, autrefois habité par Mlle Mars, Victor vit une affiche fraîche posée sur le mur et lut :

« Composition du nouveau ministere

« Intérieur, M. de Morny.

« Guerre, M. le général de division de Saint-Arnaud.

« Affaires étrangères, M. de Turgot.

« Justice, M. Rouher.

« Finances, M. Fould.

« Marine, M. Ducos.

« Travaux publics, M. Magne.

« Instruction publique, M. H. Fortoul.

« Commerce, M. Lefebvre-Duruflé. »

Il arracha le placard et le jeta dans le ruisseau ; les soldats du train qui menaient les fourgons le regardèrent et passèrent leur chemin. Rue Saint-Georges, près d'une porte bâtarde, encore une affiche. L'« Appel au peuple », de Louis Napoléon. Quelques personnes la lisaient. Il la déchira. Nul ne protesta, mais nul n'applaudit. Place Breda, quelques fiacres stationnaient. Il réfléchit, en prit un. Le cocher demanda la destination, il allait lui donner l'adresse de la rue des Moulins, où le comité d'insurrection qu'il présidait devait se réunir, chaque réunion se tenant à une adresse différente. Mais la place Breda était si proche de chez lui… La tentation fut trop forte et il se fit conduire d'abord rue de La Tour-d'Auvergne, numéro 37.

En le voyant traverser la cour, le portier le regarda d'un air stupéfait. Victor sonna. Son domestique Isidore vint ouvrir et jeta un grand cri :

– Ah ! c'est vous, monsieur ! On est venu cette nuit pour vous arrêter.

Un cri assez fort pour que Mme Victor Hugo sorte de la chambre, en chemise, nouant un peignoir sur elle. Elle lui conta la chose en le menant au salon.

Elle s'était couchée à onze heures. Vers minuit et demi, à travers cette espèce de demi-sommeil qui ressemble à l'insomnie, elle entendit des voix d'hommes. Isidore parlait à quelqu'un dans l'antichambre. Elle n'y prit d'abord pas garde et essaya de s'endormir, mais le bruit de voix continua. Elle se leva et sonna Isidore :

– Est-ce qu'il y a là quelqu'un ?

– Quelqu'un qui désire parler à monsieur.

– Monsieur est sorti.

– C'est ce que j'ai dit, madame.

– Eh bien ? Ce monsieur ne s'en va pas ?

– Non, madame. Il dit qu'il a absolument besoin de parler à M. Victor Hugo et qu'il attendra.

– Passe les détails, Dédé, s'il te plaît, dit Victor à sa femme aux yeux brillants, sans doute le souvenir d'une peur surmontée. Sinon pourquoi s'étendre ainsi, comme si elle voulait gagner du temps.

Bref, Adèle aurait aperçu cet homme qui écoutait en silence.

Il dit être le commissaire Yver et voulut attendre le retour du mari. C'est ainsi qu'elle apprit qu'il s'agissait d'affaires politiques, et que tout était terminé dans « le sens du président » avait précisé le commissaire.

– Monsieur, vous venez pour arrêter mon mari !

– Je dois faire perquisition et fouiller la maison.

– Vous savez que les représentants du peuple sont inviolables ? Vous savez que vous commettez un crime. Les jours comme celui-ci ont un lendemain. Allez, faites.

Pour le coup, Victor fut très fier de sa femme et l'embrassa.

Elle lui caressa la joue et continua son récit. Elle avait vu défiler derrière le commissaire bien nourri, bien vêtu et chauve, sept ou huit pauvres diables efflanqués, portant des redingotes sales qui leur tombaient jusqu'aux pieds et d'affreux vieux chapeaux rabattus sur les yeux ; loups conduits par un chien. Ils visitèrent l'appartement, ouvrirent çà et là quelques armoires, et s'en allèrent, l'air triste.

– Je crois, Victor, qu'on t'a volé des papiers...

Hugo bondit vers son cabinet de travail, un peu plus loin encore de la chambre conjugale.

Des fragments de manuscrits avaient été volés, entre autres une pièce datée de juillet 1848 et dirigée contre la dictature militaire de Cavaignac, et où figuraient ces vers, écrits à propos de la censure, des conseils de guerre, des suppressions de journaux et en particulier de l'incarcération d'un grand journaliste, Emile de Girardin :

O honte, un lansquenet
Gauche, et parodiant César dont il hérite,
Gouverne les esprits du fond de sa guérite !

Ces manuscrits étaient perdus.

La police pouvait revenir d'un moment à l'autre ; et elle revint en effet quelques minutes après son départ. Il embrassa sa femme et redescendit en courant. S'il avait été moins pressé, il aurait remarqué qu'Isidore, pétrifié pendant tout le dialogue, recommençait à respirer, et qu'en retournant dans sa chambre, Adèle disait à un interlocuteur invisible : « C'était Victor, je lui ai conseillé de partir. »

Le fiacre attendait, un quart d'heure après Hugo arrivait au 10, rue des Moulins. Il n'était pas encore huit heures du matin et il s'attendait à trouver tous ses collègues réunis et les emmener en fiacre à la salle Roysin. Mais il ne trouva que Mme Landrin, la propriétaire. On savait la maison dénoncée et surveillée, et les autres conjurés contre la conjuration s'étaient transportés rue Villedo, chez l'ancien constituant Leblond, avocat des associations ouvrières. Jules Favre y avait passé la nuit. Mme Landrin déjeunait et lui offrit une place à côté d'elle, mais le temps pressait.

Rue Villedo, la servante lui ouvrit et l'introduisit dans un cabinet où étaient les députés Hippolyte Carnot, Michel (de Bourges), Jules Favre, et le maître de la maison, le constituant Leblond.

– J'ai en bas une voiture, leur dit Hugo. Le rendez-vous est pour neuf heures à la salle Roysin, au faubourg Saint-Antoine. Partons.

Mais selon eux, les tentatives faites la veille au faubourg Saint-Antoine avaient éclairé la situation ; il était inutile d'insister ; il était évident que les quartiers populaires ne se lèveraient pas. Mieux valait se tourner du côté des quartiers marchands, renoncer à remuer les extrémités de la ville pour mieux agiter le centre. Aller au faubourg Saint-Antoine, investi par des forces considérables, c'était se livrer à Louis Napoléon Bonaparte. Il fallait organiser l'insurrection contre le coup d'Etat, et l'organiser dans les quartiers propices, c'est-à-dire dans le vieux labyrinthe des rues Saint-Denis et Saint-Martin ; il fallait rédiger des proclamations, préparer des décrets, créer un mode de publicité ; on attendait d'importantes communications des associations ouvrières et des sociétés secrètes. Le grand coup projeté par la séance solennelle de la salle Roysin avorterait ; ils croyaient devoir rester où ils étaient, et, le comité étant peu nombreux et le travail à faire étant immense, ils prièrent Hugo de ne pas les quitter.

Ils avaient raison; mais comment ne pas aller au rendez-vous qu'il avait lui-même fixé? Il sortit du cabinet sous un prétexte quelconque. Son chapeau était dans l'antichambre, son fiacre attendait, il prit le chemin du faubourg Saint-Antoine.

Le centre de Paris avait gardé sa physionomie de tous les jours. On allait et venait, on achetait et on vendait, on jasait et on riait comme à l'ordinaire. Rue Montorgueil, un orgue de Barbarie jouait. Mais en approchant du faubourg Saint-Antoine, le désert se faisait et régnait une paix lugubre.

Place de la Bastille. Le cocher s'arrêta.

La place était tout à la fois déserte et remplie : trois régiments en ordre de bataille et pas un passant. Quatre batteries attelées étaient rangées au pied de la colonne. Çà et là, quelques groupes d'officiers parlaient à voix basse, sinistres.

Un de ces groupes, le principal, était silencieux, on n'y causait pas. C'était un groupe de cavaliers; l'un d'eux, en avant des autres, en habit de général avec le chapeau bordé à plumes noires; derrière, deux colonels, et, derrière les colonels, une cavalcade d'aides de camp et d'officiers d'état-major. Ce peloton chamarré se tenait immobile et comme en arrêt entre la colonne et l'entrée du faubourg. A quelque distance de ce groupe se développaient, couvrant toute la place, les régiments et leurs canons en batterie.

Le cocher s'arrêta.

– Continuez, lui intima Hugo, entrez dans le faubourg.

– Mais, monsieur, on va nous empêcher.

– Nous verrons.

On ne les empêcha point.

Le cocher se remit en route, mais hésitant et marchant au pas. L'apparition d'un fiacre sur la place avait causé quelque surprise, et les habitants commençaient à sortir des maisons. Plusieurs s'approchaient de la voiture. Elle passa devant le groupe d'hommes à grosses épaulettes. Ces hommes n'avaient pas même l'air de voir Hugo et son attelage.

Voir en face de soi, à quelques pas, debout, dans l'insolence d'un triomphe tranquille, les assassins de sa patrie était au-dessus des forces du montagnard Hugo. Il arracha son écharpe de député et, passant son bras et sa tête par la vitre du fiacre baissée pour mieux l'agiter, il s'écria :

– Soldats, regardez cette écharpe, c'est le symbole de la loi, c'est l'Assemblée nationale visible. Où est cette écharpe est le droit. Eh bien, voici ce que le droit vous ordonne. On vous trompe, rentrez dans le devoir. C'est un représentant du peuple qui vous parle, et qui représente le peuple représente l'armée. Soldats, avant d'être des soldats, vous avez été des paysans, vous avez été des ouvriers, vous avez été et vous êtes des citoyens. Citoyens, écoutez-moi donc quand je vous parle. La loi seule a le droit de vous commander. Eh bien, aujourd'hui la loi est violée. Par qui ? Par vous. Louis Bonaparte vous entraîne à un crime. Soldats, vous qui êtes l'honneur, écoutez-moi, car je suis le devoir. Soldats, Louis Bonaparte assassine la République. Défendez-la. Louis Bonaparte est un bandit, tous ses complices le suivront au bagne. Ils y sont déjà. Qui est digne du bagne est au bagne. Mériter la chaîne, c'est la porter. Regardez cet homme qui est à votre tête et qui ose vous commander. Vous le prenez pour un général, c'est un forçat.

Aucun soldat ne bougea.

Un des rares curieux lui saisit le bras et lui dit :

– Vous allez vous faire fusiller.

Mais Hugo n'écoutait que lui-même en ces instants intenses. Il continua sa harangue :

– Vous qui êtes là, habillé comme un général, c'est à vous que je parle, monsieur. Vous savez qui je suis ; je suis un représentant du peuple, et je sais qui vous êtes, et je vous l'ai dit, vous êtes un malfaiteur. Maintenant voulez-vous savoir mon nom ? Il vous sera plus facile de m'arrêter.

Le général baissa les yeux vers l'agitateur :

– Je n'arrête que les gens dangereux, monsieur Victor Hugo !

Ce fut pire qu'un coup de pistolet. On peut se vanter d'avoir reçu une balle, mais on ne peut pas se vanter de recevoir… ça !

Même son cocher, né Nathan Abramanski, à Lodz en Pologne, quand ce pays existait encore, et qui savait ce qu'était une répression, trouva que les Français maniaient aimablement l'humour pour faire régner l'ordre. En revanche, il jugea que son client aimait trop faire des phrases.

Où Plonplon aide Toto que sauve Juju

Donné vainqueur, le voici qui hésite.

Il est encore président de la République, mais on peut dire qu'il a réussi son coup d'Etat. Il hésite.

Pourtant, les Bonaparte font clan. La princesse Mathilde, l'ancien roi Jérôme sont auprès du président, leur cousin, leur neveu. Ils attendent Morny, cousin et neveu à la mode Beauharnais par infidélité. D'ailleurs, son père est là aussi, le comte de Flahaut. Le sujet de préoccupation est familial : Napoléon Jérôme, frère de Mathilde, fils de Jérôme, jacobin jusqu'à la moelle, que toute l'Assemblée nationale surnommait « le prince de la Montagne » et qui siégeait à l'ultragauche.

Tous ici, sauf Flahaut, l'appellent Plonplon depuis l'enfance. Il est court, il est rond, il est le portrait craché du « vrai » Napoléon, non le chat tigre efflanqué d'Arcole, mais le petit bedonnant de Malmaison.

Il est en pleine sédition. C'est-à-dire qu'il défend la république.

Morny entra. Il salua Jérôme, baisa la main de Mathilde. Louis Napoléon s'adressa à lui :

– Comte, nous parlions de mon cousin, Napoléon Jérôme.

– Egalement appelé le prince Napoléon, et habitant rue d'Alger, numéro 5.

– Ma cousine se fait du souci pour lui.

– Ne craignez rien, princesse, il est surveillé non pour l'espionner, mais pour le protéger.

Morny sortit de son gousset une merveille de montre du XVIIIe siècle.

– A cette heure, il est en réunion dans un comité insurrectionnel, rue des Moulins, n° 10, où il doit voter – il s'adressa à Louis Napoléon – votre déchéance de président de la République, en compagnie de M. Grévy, d'Emile de Girardin, directeur de *La Presse*, et de l'éditeur Hetzel. Et bien sûr de notre génie national : Victor Hugo. Vous voici donc déchu deux fois : par les royalistes hier, par la Montagne aujourd'hui…

Louis Napoléon haussa les épaules.

– Que peut-on faire pour lui ?

– Terminer ce coup d'Etat. Et ensuite vous l'inviterez à dîner. Où serait-il mieux qu'au sein de sa famille ?

Parfois, le président goûtait peu l'esprit de son demi-frère, qui étalait trop tôt un triomphe qui n'était pas encore officialisé.

– Toujours pas de morts, n'est-ce pas ?

– Hélas si, le député Jean-Baptiste Baudin, un de ses amis d'ailleurs, sur une barricade du faubourg Saint-Antoine. La racaille lui reprochait son indemnité de député. Il a crié : « Je vais vous montrer comment l'on meurt pour 25 francs par jour », et une balle l'a touché en plein front.

– S'il a une femme, des enfants, qu'on continue à verser sa pension, dit le président.

Sentimentalisme, pensa Morny, qui acquiesça toutefois.

– Mais nous sommes loin des émeutes de 1848 ou de 1849. Il n'y a pas plus de mille à mille cinq cents émeutiers et de bien petites barricades. Uniquement au centre de Paris. Je les laisse s'installer et nous réduirons tout cela d'un seul coup.

Morny fit un geste du poing mais évita de taper sur le bureau présidentiel.

Cet homme est bien violent, pensa le président.

– Qu'on me tienne au courant de tout.

Et il embrassa sa cousine Mathilde, puis serra son oncle Jérôme entre ses bras, tendit la main à Flahaut, et, enfin, à Morny.

Bon, se dit celui-ci, voilà qu'il m'en veut de le mener vers l'Empire !

– Pas de morts, Morny, pas de morts !

– Evidemment.

Ce vœu pieux allait déraper dans l'après-midi.

Le député d'extrême gauche Napoléon Jérôme Bonaparte, prince impérial et fils de l'ancien roi de Westphalie, entra en plein débat. Il écouta les appels aux armes. Il prit la parole. Il flétrit énergiquement et avec une indignation sincère le crime de son cousin, mais déclara que dans sa pensée une protestation écrite suffisait, protestation des représentants, protestation du Conseil d'Etat, protestation des magistrats, protestation de la presse. Cette protestation unanime éclairerait la France. Pour toute autre forme de résistance, il n'y aurait pas l'unanimité. Ayant toujours trouvé la Constitution mauvaise, l'ayant dans la Constituante combattue dès le premier instant, il ne la défendrait pas le dernier jour ; il ne donnerait pas une goutte de sang pour elle.

« La Constitution est morte, mais la République est vivante. Il faut donc sauver non la Constitution, cadavre, mais la République, principe ! »

Victor Hugo fut tout ébaubi d'un tel talent oratoire aux accents… hugoliens.

On s'opposa à ce Napoléon-là. Le jeune Bancel, éloquent et impétueux, s'écria que ce qu'il fallait voir, ce n'étaient pas les défauts de la Constitution, mais l'horreur du crime commis, la trahison flagrante, le serment violé. On pouvait avoir voté contre la Constitution dans l'Assemblée constituante et la défendre aujourd'hui en présence d'un usurpateur, plusieurs des présents étaient dans ce cas.

– Preuve, ajouta-t-il, Victor Hugo.

Et il poursuivit :

– Vous avez assisté à la construction d'un navire, vous l'avez trouvé mal bâti, vous avez donné des conseils qui n'ont pas été écoutés. Cependant, vous avez dû monter à bord de ce vaisseau, vos enfants et vos frères y sont avec vous, votre mère y est embarquée. Un pirate arrive, la hache dans une main pour saborder le navire ; la torche dans l'autre pour l'incendier. L'équipage veut se défendre, court aux armes. Direz-vous à l'équipage : « Moi, je trouve ce navire mal construit et je veux le laisser détruire » ?

– En pareil cas, ajouta Edgar Quinet, qui n'est pas du parti du navire est du parti du pirate.

Victor suivait avec délices cette discussion. Napoléon Jérôme Bonaparte s'approcha et lui glissa à l'oreille :

– Vous livrez une bataille perdue d'avance.

– Je ne regarde pas le succès, je regarde le devoir.

– Vous êtes un homme politique, et vous devez vous préoccuper du succès. Je vous répète, avant que vous alliez plus loin, que c'est une bataille perdue.

– Si nous engageons la lutte, la bataille est perdue, vous le dites, je le crois ; mais si nous ne l'engageons pas, c'est l'honneur qui est perdu. J'aime mieux perdre la bataille que l'honneur.

Plonplon resta un moment silencieux, puis il prit la main du grand homme :

– Soit, mais écoutez. Vous courez, vous personnellement, de grands dangers. De tous les hommes de l'Assemblée, vous êtes celui que mon cousin le président hait le plus. Vous l'avez, du haut de la tribune, surnommé Napoléon le Petit. En outre, c'est vous qui avez dicté l'appel aux armes, et on le sait. Si vous êtes pris, vous serez déporté. Avez-vous un lieu sûr où coucher cette nuit ?

Victor Hugo vit passer en esprit une blondeur à la pelisse parfumée, mais se reprit :

– Ma foi non.

– Eh bien, venez chez moi. Il n'y a peut-être qu'une maison dans Paris où vous soyez en sûreté, la mienne. On ne viendra pas vous chercher là. Venez-y le jour, la nuit, à quelque heure qu'il vous plaira ; je vous attendrai, et c'est moi qui vous ouvrirai. Je demeure rue d'Alger, n° 5.

L'offre était noble et cordiale. Hugo n'en usa point mais ne l'oubliera jamais.

Et on établit le second décret de destitution du président.

Quand il fut prêt, Hugo se rendit compte que Napoléon Jérôme avait disparu. Il sourit. Il ne voulait pas signer le décret qui destituait son cousin :

« DECLARATION

« Les représentants du peuple restés libres, vu l'article 68 de la Constitution ainsi conçu :

« "Art. 68. – Toute mesure par laquelle le président de la République dissout l'Assemblée, la proroge, ou met obstacle à l'exercice de son mandat, est un crime de haute trahison.

« "Par ce seul fait le président est déchu de ses fonctions ; les citoyens sont tenus de lui refuser obéissance ; le pouvoir exécutif passe de plein droit à l'Assemblée nationale ; les juges de la Haute Cour de justice se réunissent immédiatement, à peine de forfaiture ; ils convoquent les jurés dans le lieu qu'ils désignent pour procéder au jugement du président et de ses complices."

« Décrètent :

« Article premier. – Louis Bonaparte est déchu de ses fonctions de président de la République.

« Art. 2. – Tous citoyens et fonctionnaires publics sont tenus de lui refuser obéissance sous peine de complicité.

« Art. 3. – L'arrêt rendu le 2 décembre par la Haute Cour de justice, et qui déclare Louis Bonaparte prévenu du crime de haute trahison, sera publié et exécuté. En conséquence, les autorités civiles et militaires sont requises, sous peine de forfaiture, de prêter main-forte à l'exécution dudit arrêt.

« Fait à Paris en séance de permanence, le 4 décembre 1851. »

Victor est songeur. Les députés partent peu à peu, jamais plus de deux à la fois, et sortent par des portes différentes. Il sortira le dernier. Il a envie d'être seul. Quelque chose le tourmente mais il ignore quoi. Quelque chose chez lui… Adèle était étrange ce matin… A-t-elle eu très peur ? Cela s'est-il passé comme elle l'a dit ou lui a-t-elle caché la vérité pour ne pas l'inquiéter ?

Il lui fallait rentrer. Le fiacre attendait. Quand il arriva rue de la Tour-d'Auvergne, devant sa porte, il remarqua qu'elle était entrouverte. Il traversa la cour et monta l'escalier sans rencontrer personne.

Sa femme et sa fille étaient dans le salon au coin du feu. Elles causaient à voix basse. Tout à coup, les dames tournèrent la tête et sa fille jeta un cri. Alors que sa femme se levait :

– Oh ! va-t'en, dit Adèle en lui sautant au cou, tu es perdu si tu restes une minute. Tu vas être pris ici ! La police était ici il y a un quart d'heure.

Il ne put les rassurer. Et les voyant effrayées, il décida de sortir. Adèle lui dit :

– Ce que tu fais, tu le fais pour la justice. Va, continue.

Il les embrassa. Il n'allait pas les revoir avant six mois.

Son cocher le déposa à la pointe Saint-Eustache et lui dit :

– Vous voilà dans le guêpier. Je vous attendrai rue de la Vrillière, près de la place des Victoires. Prenez votre temps.

Hugo marcha de barricade en barricade, écrivant des notes au crayon (avec le crayon de Baudin), enregistrant les faits pêle-mêle.

Qu'il nous permette de reproduire ici cette page. Pour lui, tout le coup d'Etat était là :

« Matinée du 4. On dirait le combat suspendu. Va-t-il reprendre ? Barricades visitées par moi : Une à la pointe Saint-Eustache. Une à la Halle aux huîtres. Une rue Mauconseil. Une rue Tiquetonne. Une rue Mandar (Rocher de Cancale). Une barrant la rue du Cadran et la rue Montorgueil. Quatre fermant le Petit-Carreau. Commencement d'une entre la rue des Deux-Portes et la rue Saint-Sauveur. Une au bout de la rue Saint-Sauveur, barrant la rue Saint-Denis. Une, la plus grande, barrant la rue Saint-Denis à la hauteur de la rue Guérin-Boisseau. Une barrant la rue Greneta. Une plus avant dans la rue Greneta barrant la rue Bourg-l'Abbé (au centre une voiture de farine renversée ; bonne barricade). Rue Saint-Denis, une barrant la rue du Petit-

Lion-Saint-Sauveur. Une barrant la rue du Grand-Hurleur, avec les quatre coins barricadés. Cette barricade a déjà été attaquée ce matin. Un combattant, Massonnet, fabricant de peignes, rue Saint-Denis, 154, a reçu une balle dans son paletot ; Dupapet, dit l'homme à la longue barbe, est resté le dernier sur la crête de la barricade. On l'a entendu crier aux officiers commandant l'attaque : Vous êtes des traîtres ! On le croit fusillé. La troupe s'est retirée, chose étrange, sans démolir la barricade. On construit une barricade rue du Renard. Quelques gardes nationaux en uniforme la regardent construire, mais n'y travaillent pas. Un d'eux me dit :

« – Nous ne sommes pas contre vous, vous êtes avec le droit.

« Ils ajoutent qu'il y a douze ou quinze barricades rue Rambuteau.

« Ce matin au point du jour on a tiré le canon, *ferme,* me dit l'un d'eux, rue Bourbon-Villeneuve.

« On construit les barricades à l'amiable, sans fâcher personne. On fait ce qu'on peut pour ne pas froisser le voisinage. Les combattants de la barricade Bourg-l'Abbé sont les pieds dans la boue à cause de la pluie. C'est un cloaque. Ils hésitent à demander une botte de paille. Ils se couchent dans l'eau ou sur les pavés.

« J'ai vu là un jeune homme malade sorti de son lit avec la fièvre. Il m'a dit : "Je m'y ferai tuer." (Il l'a fait.)

« Rue Bourbon-Villeneuve on n'a pas même demandé "aux bourgeois" un matelas, quoique, la barricade étant canonnée, on en eût besoin pour amortir les boulets.

« Les soldats font mal les barricades, parce qu'ils les font bien. Une barricade doit être branlante ;

bien bâtie, elle ne vaut rien ; il faut que les pavés manquent d'aplomb, "afin qu'ils s'éboulent sur les troupiers, me dit un gamin, et qu'ils leur cassent les pattes". L'entorse fait partie de la barricade.

« On mange chez le marchand de vin du coin et l'on s'y chauffe. Il fait très froid. Le marchand de vin dit :

« – Ceux qui ont faim, allez manger.

« Un combattant lui a demandé :

« – Qui est-ce qui paiera ?

« – La mort, a-t-il répondu.

Et en effet, quelques heures après, il a reçu dix-sept coups de baïonnette.

« On n'a pas brisé les conduits de gaz, toujours "pour ne pas faire trop de dégâts". On s'est borné à prendre aux portiers du gaz leur clef et aux allumeurs leur perche à ouvrir les tuyaux. De cette façon, on est maître d'allumer ou d'éteindre.

« Ce groupe de barricades est fort et jouera un rôle.

« J'ai espéré un moment qu'on l'attaquerait pendant que j'y étais. Le clairon s'est approché, puis s'est éloigné. Il y a là un côté ouvert, sans barricades, mais peu accessible à la troupe, à cause de l'exiguïté des rues, on n'y peut entrer qu'un à un ; donc peu de danger, utilité des rues étroites ; la troupe "ne vaut rien qu'en bloc", le soldat n'aime pas l'action éparse ; en guerre, se toucher les coudes, c'est la moitié de la bravoure.

« Je vais rue Pagevin. Il y a là, à l'angle de la place des Victoires, une barricade très bien faite. Dans la barricade d'à côté, rue Jean-Jacques-Rousseau, la troupe ce matin n'a pas fait de prisonniers. Les soldats ont tout tué. Il y a des cadavres jusque sur la place des Victoires. La barricade Pagevin s'est maintenue. Ils sont là cinquante, bien armés. J'y entre. – Tout va bien ? – Oui. – Courage ! Je serre toutes ces mains vaillantes. On me fait un rapport. On a vu un garde municipal écraser la tête d'un mourant à coups de crosse. Une jeune fille, jolie, voulant rentrer chez elle, s'est réfugiée dans la barricade. Elle y est restée une heure, "épouvantée". Quand le danger a été passé, le chef de la barricade l'a fait reconduire chez elle "par le plus âgé de ses hommes".

« Comme j'allais sortir de la barricade Pagevin, on m'a amené un prisonnier, "un mouchard", disait-on. Il s'attendait à être fusillé. Je l'ai fait mettre en liberté.

« Bancel était dans cette barricade de la rue Pagevin. Nous nous serrâmes la main.

« Il me demanda :

« – Vaincrons-nous ?

« – Oui, lui répondis-je.

« Nous en étions presque à ne plus douter.

« Le temps était brumeux et froid, presque ténébreux. Cette obscurité nous cachait et nous aidait. Le brouillard était pour nous. Comme nous touchions au coin de la rue de la Vrillière, un groupe à cheval passa. C'étaient quelques officiers, précédés d'un homme qui semblait militaire, mais qui n'était pas en uniforme. Il portait un caban à capuchon. On me dit à demi-voix :

« – Connaissez-vous Fialin de Persigny ?

« – Non.

« – L'avez-vous vu ?

« – Non.

« – Voulez-vous le voir ?

« – Non.

« – Regardez-le.

« Je regardai.

« Cet homme en effet passait devant nous. C'était lui qui précédait le groupe d'officiers. Il sortait de la

Banque. Etait-il venu y faire un nouvel emprunt forcé ? Les gens qui étaient sur les portes le considéraient avec curiosité et sans colère. Toute sa personne était insolente. Il se tournait de temps en temps pour dire un mot à l'un de ceux qui le suivaient. Cette petite cavalerie piaffait dans la brume et dans la boue. Persigny avait l'air arrogant d'un homme qui caracole devant un crime. Il regardait les passants d'une façon altière. Son cheval était très beau, et, pauvre bête, semblait très fier. Fialin souriait. Il avait à la main la cravache que sa figure méritait. Il passa. Je n'ai vu cet homme que cette fois.

« Mon brave cocher m'attendait rue de la Vrillière. Il était temps de me réfugier dans une maison amie et de songer à l'exil. »

Au ministère de l'Intérieur, le préfet de police télégraphia : « Je désirerais beaucoup avoir votre avis au sujet d'une perquisition à faire chez M. Foucher, conseiller à la Cour de cassation, où paraît être caché M. Victor Hugo. » Réponse de Morny : « Ne faites rien. »

On le regarde, on s'étonne. Morny sourit :

– M. Hugo amuse le prince Louis. Il l'a décidé à devenir président. Et puis pourquoi faire un martyr d'un si tonitruant personnage ? S'il veut s'exiler, qu'il le fasse ! Ce n'est pas moi qui lui rendrai ce service !

Victor retournait rue de Richelieu, un abri, un gîte, une halte. Sous la porte cochère, quelqu'un lui saisit le bras. Juliette Drouet, la maîtresse éternelle.

– N'entre pas, mon Toto adoré.

– Suis-je découvert, ma Juju ?

– Pas encore, mais viens.

Dix-huit ans de liaison amoureuse et furieusement charnelle allaient trouver leur apogée. Elle l'entraîna à travers la cour, le poussa par une porte donnant sur la rue Fontaine-Molière, ils gagnèrent la place du Palais-Royal où Victor fut heureux de retrouver parmi les fiacres son cocher baladeur des barricades.

– Où allons-nous, mon prince? demanda le cocher qui en était à sa troisième pièce d'or.

– Je ne sais pas.

– Moi je sais, dit Juliette.

Et Victor songea à sa manière : « Les femmes savent toujours où est la Providence. »

Une heure après, il était en sûreté chez le sieur Lanvin, maître typographe de son métier et propriétaire du logement de Juju au 20 de la cité Rodier.

C'est avec le passeport et des habits de Lanvin qu'il va quitter la France pour la Belgique. Juju rejoindra son Toto à Bruxelles, l'accompagnera à Jersey, d'où on le chassera pour deux écrits imprudents sur la reine Victoria alors invitée en France. Il déménagera pour Guernesey. Où d'ailleurs sa présence fut très bien acceptée par Mme Adèle Hugo, l'épouse trompée hardiment, mais qui elle-même trompait Victor avec Sainte-Beuve. Un critique littéraire!

Il n'empêche, vingt ans d'exil commençaient… Exil volontaire, choisi sur un moment de contrariété. Ni Morny ni Louis Napoléon ne voulaient qu'il soit arrêté; ils ne perdaient rien pour attendre, Victor Hugo allait se venger.

Ah, oui! Le nombre des victimes des journées de décembre fut de deux cent vingt sur les boulevards. C'était trop. Le président de la République, vainqueur, institua une commission chargée de rechercher les familles des victimes innocentes et de les secourir.

Le 6 décembre, toute trace d'agitation avait disparu, la circulation était partout rétablie, les affaires reprenaient, et la bonne société, rassurée sur l'avenir, retrouvait une telle confiance que les fonds montèrent de quatre francs, et que la hausse s'éleva encore les jours suivants. Elizabeth Ann Howard, maîtresse du président et redoutable agioteuse, se remboursa en partie.

Pendant vingt ans, Paris ne se révolta plus.

Deuxieme Partie

Napoléon, l'autre

« L'impératrice ?
Je lui ai été fidèle six mois. »

Napoléon III.

Les secrets d'un sofa rouge

Elizabeth Ann faisait ses comptes. Elle était étendue pieds nus sur le sofa rouge qui avait tant reçu son amant président. Champ de bataille préféré du neveu de Napoléon, où les victoires se remportaient sans périls mais non sans gloire. A moins que ce ne fût elle qui les remportât. Elle sourit et sa main fit le geste de chasser une mouche, or il n'y a pas de mouche en décembre, elle ne chassait en fait que les pensées futiles qui venaient de lui traverser l'esprit. Elle reprit l'examen de ses comptes. Elle n'aurait laissé à personne ce soin, ce travail, car c'en était un. Autour d'elle, en éventail, les papiers de la banque Baring, de la banque Pereire, de la banque Rothschild. Elle relevait des colonnes de chiffres sur un petit carnet qu'elle gardait toujours soigneusement sur elle et où personne, personne ! n'avait jamais jeté un œil, pas même Louis Napoléon. Et quand il sera empereur, aussi autocrate qu'un tsar, ce carnet sera toujours une principauté indépendante de son imperium.

Surtout qu'elle ne se rêve pas, comme cela lui arrive ces temps derniers, impératrice, cela lui engourdit le cerveau et en cet instant ses idées doivent être claires, elle compte.

Elle soupire. Elle reprend les dernières opérations. Le résultat est le même : 5 469 849.

Elle releva la tête; il lui avait coûté 5 469 849 francs. Curieusement, elle ne l'en aima que plus et fut saisie du désir de lui. L'argent est un aphrodisiaque puissant. L'argent qu'on donne plus que celui qu'on reçoit. Elle rougit car elle sentait en elle la montée vers un orgasme : près de cinq millions et demi ! Elizabeth Ann avait ses pudeurs, vis-à-vis d'elle-même, et ses fidélités. Mais parfois trop d'imagination.

Viendra-t-il aujourd'hui ? Trop occupé… Le coup d'Etat terminé, il devait mettre en place ses dix ans de présidence et son accession à l'Empire. Ils l'ont pris pour un sot, un « crétin », disait Thiers… Elle rit. Il est intelligent, cultivé et patient. Il a un rêve, une ambition, un espoir, une volonté pour le peuple, et une immense gentillesse, ce qui est sans doute un défaut pour un chef d'Etat. Mais il en a aussi la première des qualités, l'ingratitude.

C'est bien ce qui faisait peur à Elizabeth Ann, à certaines heures de solitude.

Elle rangea les papiers nonchalamment, sans avoir le courage de les classer, les glissa dans un portefeuille noir, dont elle noua les cordons de soie. Il venait de Brighton, il était usé, verdi par endroits, éraflé, c'était tout ce qui lui restait de son père, bottier dans cette ville de bord de mer, avec de mauvais souvenirs, qui au fil des années s'ornaient d'une vague tendresse. Les preuves de sa fortune personnelle dormaient dans le portefeuille où son père rangeait ses commandes, ses dépenses, ses recettes. Elle y déposa un baiser, et nul ne saura jamais s'il était adressé à ses avoirs dans les banques de Londres et de Paris, au souvenir paternel ou à celui qui lui avait coûté si cher.

Il lui avait fallu trois heures pour retrouver les traces de tous ses dons, elle était épuisée mais satisfaite, comme quand elle jardinait trop longtemps, exercice profitable et digne d'une vraie lady. Dont elle avait le château aujourd'hui, même s'il était envahi par les ouvriers qui devaient le remettre en état, le rénover, lui donner le style néoclassique qui était à la dernière mode.

Elle aimait être ici, dans le domaine de Beauregard. En Angleterre, on dirait Beauregard Hall. Parmi les gravats. Deux pièces convenables pour elle. Et un sofa rouge. Où elle souriait et se laissait aller, s'étirant en chatte fainéante, à une somnolence bienvenue. Près de cinq millions et demi…

Le prince-président consultait lui aussi des chiffres. Qui ne le rendaient pas gai. 26 884. Il ne s'agissait pas de francs mais d'hommes : 26 884 noms d'« individus poursuivis », comme l'écrivaient les fonctionnaires de Morny, au ministère de l'Intérieur. Deux cent quarante-sept devant le conseil de guerre, deux cent trente-neuf déportés en Guyane, quatre mille cinq cent quarante-neuf en résidence forcée en Algérie. Cinq mille trente-deux en résidence libre dans le même pays (ce qui nous fait près de dix mille colons trouvés) ; seize cent vingt expulsés de France ; cinq mille cent quatre-vingt-quatorze en résidence surveillée dans leur ville, et, Dieu merci, cinq mille huit cent cinquante-sept remis en liberté.

Louis Napoléon reposa le papier. On ne lui avait pas fourni la liste des morts, des tués sur les barricades, très peu mais trop, et sur les boulevards, beaucoup plus, de simples passants, des passantes, des enfants même et quelques gandins en gants jaunes aux terrasses de Tortoni et de Frascati. Et alors ?

Eux aussi avaient le droit de vivre. Non? Il avait pourtant tenu la bride à Saint-Arnaud, qu'il savait brutal. Mais un soldat peut avoir peur... Il avait suffi d'un coup de feu parti d'on ne sait où, peut-être un simple pétard de chenapan, et la fusillade avait éclaté. Au moins deux cents morts, mais il savait qu'on ne lui dirait jamais la vérité. Personne, à part lui, ne voulait vraiment savoir. Il exigeait qu'on verse des indemnités. Des pensions aux veuves, aux enfants. Il ne voulait pas de sang sur ses bottines, de sang d'innocents. Quand il disait cela à voix haute, Morny ouvrait des yeux ronds et, il le savait, se retenait de hausser les épaules.

Ces gens n'aiment pas le peuple, ils n'aiment que les bourgeois, les banquiers, les membres du Jockey Club, les industriels. Seuls les rois et la vieille aristocratie (Louis Napoléon Bonaparte avait seize quartiers de noblesse par le truchement de sa maman, entre les Beauharnais et les Tascher de la Pagerie) savent aimer le peuple. De quoi vous rendre légitimiste ! Mais ils sont trop sots depuis le passage de Charles X. Les autres, ceux qui m'entourent, mériteraient d'être orléanistes, ce qu'ils furent le plus souvent autour de la « poire molle ». C'était M. de Chateaubriand, il y a longtemps, en Suisse, qui lui avait conté qu'on nommait ainsi Louis-Philippe.

Il soupira. Chateaubriand n'aurait jamais méprisé le peuple. Ni fréquenté d'ailleurs.

Plus de vingt-huit mille personnes arrêtées... C'est très peu, a dit Morny, et c'est très peu en vérité pour une telle affaire. Très peu parce que le peuple, justement, n'a pas bougé. Qu'il en soit remercié.

Curieuse pensée pour un homme qui a tous les pouvoirs et les a saisis en toute illégalité grâce à l'armée. Il est prêt à le reconnaître. Il le reconnaît d'ailleurs en lui-même. Tous les pouvoirs, pour dix ans d'abord. Mais le terminus n'est pas atteint. Rétablir l'Empire, légalement, puis changer cette Europe encore momifiée par le funeste congrès de Vienne. Lui redonner le souffle que son oncle avait donné, mais en lui épargnant le sang et les guerres incessantes. Il faudrait que l'Empire fût synonyme de paix. Il nota : « L'Empire, c'est la paix. » Cela servirait.

Le coup d'Etat, par définition, était illégal, rendons-le légitime. Après les baïonnettes, les urnes.

Cette fois-ci, contrairement aux échauffourées de Strasbourg et de Boulogne – mal préparées, mal conduites, irréalisables en fait, pour une simple question d'apparence : il ne ressemblait en rien à l'Oncle géant et parlait avec cet incroyable accent allemand –, il avait mûri, mûrement échafaudé.

Aujourd'hui, toute la France le connaît, le reconnaît, et aujourd'hui, il a gagné !

Le futur est simple, il n'est pas une rêverie, il est logique. Le peuple n'a pas bougé, ou si peu, quand la république parlementaire s'est effondrée en quatre jours à Paris, en province. C'est donc que le peuple admet ce coup d'Etat. Il suffit qu'il vote sa légitimité. Qu'il le plébiscite. Ce sera l'équivalent du Consulat, une république consulaire, dirigée par un seul homme, comme autrefois, et sur quoi débouche un consulat ? Depuis César, on le sait, sur un empire.

Cela faisait dix ans qu'il prenait des notes et travaillait à une « Histoire de César ». Il en avait parlé avec M. Prosper Mérimée, qui s'intéressait lui aussi au sujet malgré son travail acharné à la direction des Monuments historiques. Un bel esprit, bien laïc et bien anticlérical, et quelle belle langue dans ses écrits ! Le français le plus pur depuis le Grand Siècle. Avec Chateaubriand, bien sûr !

« Dans un mois, dans un an, je serai empereur. » En parlant de Grand Siècle et de monuments historiques, s'il allait au château de Saint-Cloud ? Il s'y sentait bien… Et puis, désormais, un certain sofa rouge trônant encore dans les gravats n'était pas si loin. Deuxième décision, prier Prosper Mérimée à un dîner bientôt, on parlera de César. Et puis Mathilde, la bonne hôtesse de l'Elysée, adore les écrivains. Il le nota.

Oui, aller à Saint-Cloud s'impose. Quitter Paris un jour ou deux. Laisser la ville reposer comme un pain qu'on sort du four. Et qu'on la nettoie de toute trace de ce qui s'est passé. Jamais cette ville ne sera propre ! Il est vrai que Londres, son modèle, son beau souvenir, tient parfois du cloaque et croule souvent sous la suie.

Saint-Cloud s'impose aussi parce que c'est dans sa vieille et historique orangerie, prolongeant l'aile orientale, que se déclencha et se réalisa le 18 Brumaire. Mise à mort de la république imparfaite du Directoire, et qu'il vient à sa manière de recommencer.

Depuis Monsieur, frère de Louis XIV, tout le monde a aimé Saint-Cloud, les révolutionnaires comme les Bourbons restaurés, comme Louis-Philippe aussi et comme l'oncle de Louis Napoléon. Mais cet oncle en voyait-il la beauté ou simplement n'y respectait-il que le berceau de son pouvoir ?

On y gravissait toujours les degrés du bel escalier, construit par Mique sous Louis XVI, qui donnait accès aux pièces de parade : le vaste salon de Mars, où Mignard avait, au plafond, recréé l'Olympe ; le salon de Vénus, décoré par Lemoine et Nocret au XVIIe siècle, mais réaménagé sous le Premier Empire qui en avait fait la salle du trône ;

le salon de la Vérité, doté d'un plafond de Coypel et, lui aussi, remeublé sous Napoléon Ier ; le salon de Mercure, converti en salle de billard après avoir été modifié à plusieurs reprises.

La galerie d'Apollon, décorée, disait-on au début du XVIIIe siècle, « de tout ce qui peut rendre un pareil lieu magnifique et charmant », constituait l'ensemble le plus saisissant de Saint-Cloud. L'histoire d'Apollon avait été peinte par Mignard tout au long de la voûte cintrée et restait un des plus beaux témoignages de l'art français sous Louis XIV. Auquel s'ajoutaient des tableaux des meilleurs artistes du XVIIIe siècle qui décoraient les murs de la galerie.

De la terrasse en esplanade, on voyait toujours la grande cascade, ce « théâtre d'eau » qui avait coûté une fortune à Monsieur et au-delà de laquelle l'œil allait, à l'horizon, à la rencontre de Paris.

Et la vie y était paisible et sans pompe : promenades en voiture dans le parc, dans les bois de Meudon, de Ville-d'Avray ou de Saint-Cucufa, excursions à Versailles ou à Trianon étaient les seules distractions, avec quelques séances amoureuses dans la chambre délicieuse d'Henriette d'Angleterre, la première Madame de Monsieur, celle d'avant la Palatine, remplacée dans l'amour par une Anglaise d'aujourd'hui, Elizabeth Ann.

Louis Napoléon avait envie de la voir, de la caresser, de lui parler, de se confier à elle, il avait envie d'elle.

Mais Elizabeth Ann devait être prise par les travaux de Beauregard, houspillant les ouvriers et le chef de chantier. Il sourit : elle était tenace, d'où, d'ailleurs, son immense fortune… Il réfléchit. Sa fortune l'avait fait président, avait permis ce coup d'Etat, et le ferait empereur. Il serait bon de ne pas être ingrat. Puisqu'elle voulait tant surveiller les travaux de sa thébaïde, que ne s'installait-elle pas au château ? Désormais, le président « consul » peut se permettre de le lui prêter. Il peut tout se permettre d'ailleurs. Sauf de l'épouser.

Il venait de prendre là une décision importante, et qui le reposait de la politique et des ahurissantes et abracadabrantesques déclarations de ses thuriféraires. N'avait-il pas grondé Morny, et Persigny, d'avoir lu cette niaiserie, cette horreur sous la plume d'un comte, d'un « gant jaune », gandin et gommeux, concernant les républicains :

« Le socialisme est un crime qui doit être poursuivi comme le serait le parricide. En moins d'une semaine, il a étalé au soleil, dans les départements où il a pu se croire quelques heures durant triomphant, les forfaits les plus monstrueux.

« Des femmes et des jeunes filles ont été violées publiquement, avec tous les raffinements de la plus sale luxure ; quelques-unes ont été égorgées après avoir servi à la débauche des insurgés, transformés en autant de Sade... »

L'imbécile, il aurait pu dire aussi que ce 2 décembre est aussi l'anniversaire de la mort du divin marquis !

« A Clamecy, une femme a été violée devant son mari ; puis ses deux filles ont subi le même sort et tous ont fini égorgés, père, mère et enfants. Des commissaires d'exilés envoyés de Londres étaient à Paris dès les premiers jours des barricades, Louis Blanc lui-même, habillé en femme, s'était hasardé au milieu de l'émeute. Les maisons des "aristos" devaient être pillées, les musées, les bibliothèques livrés aux flammes, car suivant la doctrine des barbares du XIXe siècle, les arts corrompent le peuple !

« Le socialisme est une plaie qu'il faut cautériser à tout prix. En France, la liberté n'est que le droit acquis aux pervers de détruire l'état social. Nous avons besoin de désapprendre la fausse liberté. Signé : comte Viel-Castel. »

« Fiel »-Castel, vous êtes un idiot malfaisant ! Croit-il rendre service à son camp en publiant de telles énormités ? Non, il donne aux adversaires une raison d'ajouter les leurs. Il devrait être au bagne plutôt qu'écrire dans un journal !

Mais allons plutôt à Saint-Cloud, nous repaître de, comment dit-il ? ah oui, des « raffinements de la plus sale luxure » !

– Sais-tu, Louis, que ce Viel-Castel est un ami de l'amant de ta cousine Mathilde, le baron de Nieuwekerke ?

– Non. Sais-tu, Elizabeth Ann, que vous venez de me tutoyer ! Oui, tutoyons-nous ! Et au diable le fiel de Viel ! Je n'aurais pas dû te lire cette lettre ! C'est un tissu de haine rancie ! Quand j'étais quasi socialiste en Romagne, croit-il que moi et mon frère aîné, hélas défunt, nous violions les aristocrates ?

– Elles étaient consentantes !

– Ne plaisantez pas… Nous croyions à la liberté du peuple italien…

– Je sais, Louis, je sais, et à la beauté d'une certaine comtesse, devenue princesse mais toujours patriote.

– Vous en ai-je parlé ?

– Tu dis souvent des choses lorsque tu es satisfait. Ce sofa rouge est le témoin de bien des secrets, parfois des secrets d'Etat. Tu es repassé au « vous ».

– Il faut que je m'habitue à ton tu.

Il devrait sourire plus souvent, pensa Elizabeth Ann, qui avait l'impression qu'il ne souriait qu'avec elle ou bien avec une sorte de rictus crispé lors des réceptions à l'Elysée. En cet instant, il souriait de partout, de la bouche, de la moustache et des yeux. A l'Elysée, il ne souriait que des dents.

– Eh bien, je vais te dire un secret, peut-être d'Etat, Elizabeth Ann darling.

– Dis !

– Mais je vais repasser au voussoiement, pour donner à cette affaire un caractère officiel, quasi sacré.

Il était nu et levait l'index de sa dextre comme un professeur ou un prêcheur. Elle était tout aussi nue et se retenait de pouffer.

– Elizabeth Ann Haryett, dite miss Howard, je prends l'engagement sacré de faire votre bonheur, de refaire votre fortune temporelle, de vous mettre à la vraie place que vous méritez et de resserrer encore les liens si chers qui nous unissent.

– Excusez, mon président, mais je vais noter une si belle déclaration.

Elle le repoussa, dégagea une jambe, une main, un bras.

– Mon Dieu, Louis chéri, comment fais-tu pour te lover ainsi autour de moi ? Serais-tu un serpent ?

Elle sauta du sofa rouge, courut à une commode sur laquelle tictaquait un cartel du XVIIIe non doré mais en or, fouilla, revint avec un petit carnet, un carnet de bal d'une soirée à l'Elysée, il reconnut le monogramme et écrivit en tirant un petit bout de langue d'élève appliqué : « bonheur… fortune temporelle… vraie place… Liens… »

– Maintenant, mon président monseigneur, date et signe !

Il adorait ces jeux d'enfants…

– Je le ressortirai quand tu seras empereur…

Ainsi donc, il n'était pas ingrat. Et cette petite phrase débitée à cru, à nu, valait bien cinq millions et demi.

Après de nouvelles étreintes, elle accepta avec joie l'invitation à résider au château de Saint-Cloud pendant les travaux de « Beauregard Hall ».

Au début de cette matinée froide, elle était triste, et maintenant, malgré le vent et les nuages bas, elle trouvait que c'était une bien belle journée qui s'annonçait.

Sur le sofa rouge, Louis Napoléon dormait et même ronflait !

Elle rit en silence et alla ranger secrètement son petit carnet. Elle revint s'asseoir en tailleur sur le canapé, et regarda dormir son amant.

– Tu n'as pas fini ton travail, Louis. Repose-toi bien, de longs jours t'attendent, où tu ne feras que de la politique. Ne t'inquiète pas, moi je t'attendrai sans me plaindre. (Elle le baisa au front, très doucement.) Me suis-je jamais plainte ?

Le travail annoncé par la belle et ardente miss Howard ne fut pas si long. Mais il fut en revanche intense.

De la magie des chiffres

On compta beaucoup pendant l'année qui suivit. Louis Napoléon connaissait, parlait et écrivait parfaitement quatre langues, mais il savait aussi compter. Il avait été élu président avec les trois quarts des voix, et surtout avec les voix des campagnes. Les paysans étaient les Français les plus sensibles à la légende impériale.

Il irait donc en province. Il serait simple, aimable, bon enfant mais ferme. Un paysan est dur à la tâche, il a des sentiments mais les cache. Cela lui convenait parfaitement. Il savait ce qu'était une vache, pour avoir vécu plus de vingt ans en Suisse. Et pas dans une grande ville… Il avait troussé ladies, bourgeoises et servantes dans les meules de paille et de foin.

Il fut brillant. Et conforté dans cette idée simple quand Persigny, voire Morny souhaitaient compliquer les choses. La république parlementaire des légitimistes et orléanistes, forte de quatre cent cinquante-neuf députés contre cent quatre-vingts républicains (les « rouges »), avait rogné les libertés, enlevé le droit de vote, redonné l'école aux « curés », contre sa propre opinion, et il avait fait en sorte que cela se sache, les colporteurs colportaient tout, en effet, et bavardaient dans les villages devant une chope de bière dans l'Est et un verre de vin ailleurs. Et, grâce à lui, les paysans, les provinciaux à petit revenu retrouvaient le droit de voter.

Le 8 décembre, il fit publier par voie d'affiche une proclamation toute simple, sans hargne, sans triomphalisme :

« Les troubles sont apaisés. Quelle que soit la décision du peuple, la société est sauvée. La première partie de ma tâche est accomplie ; l'appel à la nation, pour en finir avec la lutte des partis, ne faisait, je le savais, courir aucun risque à la tranquillité publique. »

Autant dire, voyez bonnes gens, c'est vous qui avez tout fait ! Evidemment, cela ne pouvait que marcher. Tout le monde se rallia.

Cinq ans après, le prisonnier de Ham était l'homme le plus populaire de France. Et il eut une autre idée : envoyer dans les provinces des enquêteurs conseillers d'Etat avec mission d'assouplir les peines des « rebelles » et de préparer des mesures de grâce !

Cela, ni Persigny ni Morny n'y auraient pensé ! « Sentimentalisme », comme disait son demi-frère ? Réalisme bien appliqué.

La droite n'a qu'à se taire, la gauche est décapitée. Que le peuple vote, c'est dire que le peuple est souverain… Et bien sûr, le peuple va voter pour lui !

Et l'imbécile Viel-Castel rend service en augmentant la défiance vis-à-vis du « spectre rouge » du socialisme.

Alors, les 20 et 21 décembre, on vota, et dans la nuit on se mit à compter. Puis on recompta, partout en France, enfin les chiffres arrivèrent à Paris par le télégraphe. Les totaux furent faits, vérifiés, refaits :

7 439 216 électeurs avaient voté oui, seulement 641 737 non. C'était encore la république, pour quelques mois. Pour onze mois. Mais une république selon ses vœux, autoritaire et populaire, merveilleux tremplin vers l'empire.

Il eut un nouveau coup de génie. Cet homme qui parlait le français avec son accent de Suisse alémanique maîtrisait parfaitement la langue de sa patrie retrouvée. Il remercia ainsi ses millions d'électeurs :

« La France a répondu à l'appel loyal que je lui avais fait. Elle a compris que je n'étais sorti de la légalité que pour rentrer dans le droit. Plus de sept millions de suffrages viennent de m'absoudre, en justifiant un acte qui n'avait d'autre but que d'épargner à la France et à l'Europe peut-être des années de troubles et de malheurs.

« Je vous remercie d'avoir constaté officiellement combien cette manifestation était nationale et spontanée. Si je me félicite de cette immense adhésion, ce n'est pas par orgueil, mais parce qu'elle me donne la force de parler et d'agir ainsi qu'il convient au chef d'une grande nation comme la nôtre. Je comprends toute la grandeur de ma mission nouvelle, je ne m'abuse pas sur ses graves difficultés. Mais, avec un cœur droit, avec le concours de tous les hommes de bien qui, ainsi que vous, m'éclaireront de leurs lumières et me soutiendront de leur patriotisme, avec le dévouement éprouvé de notre vaillante armée, enfin avec cette protection que demain je prierai solennellement le Ciel de m'accorder encore, j'espère me rendre digne de la confiance que le peuple continue de mettre en moi. J'espère assurer les destinées de la France en fondant des institutions qui répondent à la fois et aux instincts démocratiques de la nation et à ce désir exprimé universellement d'avoir désormais un pouvoir fort et respecté. »

« Appel loyal », « je n'étais sorti de la légalité que pour entrer dans le droit », vous venez de « m'absoudre » (absoudre est génial !) « en justifiant un acte »... Cela non plus ni Persigny l'inventif ni Morny la raison froide ne l'auraient trouvé !

Le « petit jeune homme », si charmant, dont Louis-Philippe se moquait, a fait des progrès. Il a près de quarante-cinq ans, il est dictateur comme on l'était dans l'Antiquité et il est le chef d'Etat le plus populaire depuis... depuis son oncle pardi !

En Belgique, un homme tonitrue, invente, déforme la réalité, ment, insulte, mais avec quel talent !

Victor Hugo, bien sûr, dicte comme un fou à sa Juliette Drouet adorée son pamphlet forcené et admirable quant au style, *Napoléon le Petit*. Il a des trouvailles, le Toto chéri à Juju. On le cite ? On va se gêner !

« Un brigand arrête une diligence au coin d'un bois.

« Il est à la tête d'une bande déterminée.

« Les voyageurs sont plus nombreux, mais ils sont séparés, désunis, parqués dans des compartiments, à moitié endormis, surpris au milieu de la nuit, saisis à l'improviste et sans armes.

« Le brigand leur ordonne de descendre, de ne pas jeter un cri, de ne pas souffler mot et de se coucher la face contre terre.

« Quelques-uns résistent, il leur brûle la cervelle.

« Les autres obéissent et se couchent sur le pavé, muets, immobiles, terrifiés, pêle-mêle avec les morts et pareils aux morts.

« Le brigand, pendant que ses complices leur tiennent le pied sur les reins et le pistolet sur la tempe, fouille leurs poches, force leurs malles et leur prend tout ce qu'ils ont de précieux.

« Les poches vidées, les malles pillées, le coup d'Etat fini, il leur dit :

« – Maintenant, afin de me mettre en règle avec la justice, j'ai écrit sur un papier que vous reconnaissez que tout ce que je vous ai pris m'appartenait et que vous me le concédez de votre plein gré. J'entends que ceci soit votre avis. On va vous mettre à chacun une plume dans la main, et, sans dire un mot, sans faire un geste, sans quitter l'attitude où vous êtes…

« Le ventre contre terre, la face dans la boue…

« – … Vous étendrez le bras droit et vous signerez tous ce papier. Si quelqu'un bouge ou parle, voici la gueule de mon pistolet. Du reste, vous êtes libres.

« Les voyageurs étendent le bras et signent.

« Cela fait, le brigand relève la tête et dit :

« – J'ai sept millions cinq cent mille voix.

« M. Louis Bonaparte est président de cette diligence.

« Rappelons quelques principes.

« Pour qu'un scrutin politique soit valable, il faut trois conditions absolues : premièrement, que le vote soit libre ; deuxièmement, que le vote soit éclairé ; troisièmement, que le chiffre soit sincère. Si l'une de ces trois conditions manque, le scrutin est nul. Qu'est-il, si les trois à la fois font défaut ?

« Appliquons ces règles.

« Premièrement. *Que le vote soit libre.*

« Quelle a été la liberté du vote du 20 décembre, nous venons de le dire ; nous avons exprimé cette liberté par une image frappante d'évidence. […]

« Depuis le 2 décembre, chaque ville a sa nuée d'espions ; chaque bourg, chaque village, chaque hameau a son dénonciateur. Voter non, c'était la prison, c'était l'exil [...]. Dans les villages de tel département on apportait à la porte des mairies, nous disait un témoin oculaire, "des charges d'ânes de bulletins oui". Les maires, flanqués des gardes champêtres, les remettaient aux paysans. Il fallait voter. [...]

« Le vote du 20 décembre a terrassé l'honneur, l'initiative, l'intelligence et la vie morale de la nation. La France a été à ce vote comme le troupeau à l'abattoir.

« Passons.

« Deuxièmement. *Que le vote soit éclairé.*

« Voici qui est élémentaire : là où il n'y a pas de liberté de la presse, il n'y a pas de vote. La liberté de la presse est la condition *sine qua non* du suffrage universel. Nullité radicale de tout scrutin fait en l'absence de la liberté de la presse. La liberté de la presse entraîne comme corollaires nécessaires la liberté de réunion, la liberté d'affichage, la liberté de colportage, toutes les libertés qu'engendre le droit, préexistant à tout, de s'éclairer avant de voter. Voter, c'est gouverner; voter, c'est juger. Se figure-t-on un pilote aveugle au gouvernail ? Se figure-t-on le juge les oreilles bouchées et les yeux crevés? Liberté donc, liberté de s'éclairer par tous les moyens, par l'enquête, par la presse, par la parole, par la discussion. Ceci est la garantie expresse et la condition d'être du suffrage universel. [...]

« Maintenant, voyons : M. Bonaparte, dans son scrutin du 20 décembre, a-t-il obéi à ces axiomes? A-t-il rempli ces conditions de presse libre, de réunions libres, de tribune libre, d'affichage libre, de colportage libre, d'enquête libre? Un immense éclat de rire répond, même à l'Elysée. [...]

« Quoi ! je ne sais rien de ce qui s'est passé ! On a tué, égorgé, mitraillé, assassiné, et je l'ignore ! On a séquestré, torturé, expulsé, exilé, déporté, et je l'entrevois à peine ! Mon maire et mon curé me disent : Ces gens-là qu'on emmène liés de cordes, ce sont des repris de justice ! Je suis un paysan, je cultive un coin de terre au fond d'une province, vous supprimez le journal, vous étouffez les révélations, vous empêchez la vérité de m'arriver, et vous me faites voter ! Quoi ! dans la nuit la plus profonde ! Quoi ! à tâtons ! Quoi ! vous sortez brusquement de l'ombre un sabre à la main, et vous me dites : Vote ! et vous appelez cela un scrutin ! [...]

« Ça un vote ! ça un scrutin ! on crache dessus, et l'on passe.

« Troisièmement. *Que le chiffre soit sincère.*

« J'admire ce chiffre : 7 500 000. Il a dû faire bon effet, à travers le brouillard du 1er janvier, en lettres d'or de trois pieds de haut, sur le portail de Notre-Dame.

« J'admire ce chiffre. Savez-vous pourquoi ? Parce que je le trouve humble. 7 500 000 ! Pourquoi 7 500 000 ? C'est peu. Personne ne refusait à M. Bonaparte la bonne mesure. Après ce qu'il avait fait le 2 décembre, il avait droit à mieux que cela. Vraiment, qui l'eût chicané ? Qui l'empêchait de mettre huit millions, dix millions, un chiffre rond ? Quant à moi, j'ai été trompé dans mes espérances. Je comptais sur l'unanimité. Coup d'Etat, vous êtes modeste. [...]

« En vérité, trois millions de bouches ont répondu non ! Qui est-ce qui disait donc que les sauvages de la mer du Sud appelaient les Français les *oui-oui* ?

« Parlons sérieusement. Car l'ironie pèse dans ces matières tragiques.

« Gens du coup d'Etat, personne ne croit à vos sept millions cinq cent mille voix.

« Tenez, un accès de franchise, avouez-le, vous êtes tous un peu grecs, vous trichez. Dans votre bilan du 2 décembre, vous comptez trop de votes – et pas assez de cadavres.

« 7 500 000 ! Qu'est-ce que c'est que ce chiffre-là ? D'où vient-il ? D'où sort-il ? Que voulez-vous que nous en fassions ? [...]

« Qui a compté ? Baroche. Qui a scruté ? Rouher. Qui a contrôlé ? Piétri. Qui a additionné ? Maupas. Qui a vérifié ? Troplong. Qui a proclamé ? Vous.

« C'est-à-dire que la bassesse a compté, la platitude a scruté, la rouerie a contrôlé, le faux a additionné, la vénalité a vérifié, le mensonge a proclamé. »

C'est envoyé ! Au passage, les Grecs, si chers à lord Byron, apprécieront...

C'est faux, injuste, mais génial ! Trop. Hugo doit quitter Bruxelles après la publication de ce brûlot. Exilé volontaire de France, le voici expulsé de Belgique ! Et Juju et Toto sont en bateau. Cap sur Jersey.

Mais au fait, Mme Adèle, cette chère Mme Hugo ? Tout va bien, merci pour elle. Elle est vivante, elle est à Paris, et non retenue en otage, elle surveille les études de son fils au lycée, et se détend dans les bras de Sainte-Beuve, son amant.

« Mais parlons sérieusement, car l'ironie pèse », comme dit l'autre. Mais l'Europe, cet éparpillement de monarchies ? Tout de suite elle est ravie. Les messages de félicitations pleuvent sur Louis Napoléon. Schwarzenberg pour l'Autriche, le roi de Prusse, lord Palmerston, le pape Pie IX le congratulent, le tsar voit en lui le « sauveur de l'ordre ».

Cela dure bien deux mois. Puis un doute s'installe. Les ambassadeurs télégraphient à leurs chancelleries : « L'Empire se fait, l'Empire se fera, l'Empire est fait. » De quoi mettre un peu d'ombre sur le bonheur et un brin de peur quand on se remémore l'ogre corse ! L'ennemi du genre humain !

Notre héros a tout prévu. Il a ses notes. Il va rassurer. Dans son célèbre discours de Bordeaux (il tourne en province), il déclare :

« Certaines personnes craignent que l'Empire soit la guerre. Moi je dis : l'Empire c'est la paix. Des conquêtes, oui : les conquêtes de la conciliation, de la réconciliation, de la religion et de la morale. »

Bien, bien. Mais alors pourquoi signer simplement Louis Napoléon ? Pourquoi obtenir une liste civile de douze millions ? Pourquoi ces serviteurs en livrées vert et argent, comme sous l'Oncle, pourquoi cette « cour » à l'Elysée et aux Tuileries, pour les fêtes et les bals, avant de s'y installer ? Pourquoi les huissiers à colliers d'argent et culottes à la française et bas de soie aboient-ils les titres nobiliaires des invités puisque la République les a abolis ? Pourquoi ces aigles sur les drapeaux ? Pourquoi le Code civil est-il rebaptisé Code Napoléon ? Pourquoi juge-t-on au nom du président Louis Napoléon Bonaparte plutôt qu'au nom du peuple français ? Pourquoi ces profils moustachus sur les timbres et les pièces de monnaie au lieu de la semeuse républicaine ? Pourquoi au fronton des bâtiments, sous prétexte de les restaurer et de les rénover, disparaissent trois mots : Liberté, Egalité, Fraternité ?

Parce que tout est prêt, certes, mais que le prince-président conserve sa qualité première : il est patient. Ne pas souffler sur le feu qu'entretiennent encore les républicains. Laisser Hugo, oui, Hugo qui l'a fait élire président, s'époumoner seul ou à peu près.

Et, patient, Louis Napoléon attend le verdict des élections législatives. Morny a inventé et Persigny a peaufiné les « candidatures officielles » qui doivent être soutenues par les préfets. Résultats sans surprise : cinq millions deux cent mille voix pour lesdits candidats, huit cent mille pour l'opposition. Voilà ce qu'est le nouveau Corps législatif, vocable qui remplace celui d'Assemblée nationale…

Louis Napoléon ne se rend pas au Palais-Bourbon pour accueillir les nouveaux députés (Louis-Philippe le faisait), il les invite en grand apparat non pas à l'Elysée, mais aux Tuileries. Palais de la monarchie.

Les ambassades ont raison : « L'Empire est (presque) fait. » Il lui suffit de repartir en province.

Il y emmène Elizabeth Ann, qui l'a bien mérité et qu'il pourrait déjà rembourser, au vu du montant de sa liste civile. Mais pour cette chose-là, aussi, il se montre patient. En plus, elle ne demande rien, elle est trop ravie !

Ils dorment (ensemble !) dans les préfectures. Quelques préfets s'en étonnent et émettent une vague remontrance. Louis Napoléon leur répond en souriant et plaide la tolérance. Le peuple ? Bah, naguère les rois de France voyageaient avec leurs maîtresses et leur épouse ! Louis Napoléon n'est pas marié ? alors… Et puis cette Anglaise est ravissante ! C'est vrai. Sa beauté a mûri, et la victoire de son aimé l'a encore rehaussée.

La tournée est un triomphe royal ! Dans des villes royales : Angoulême, La Rochelle, Tours, Amboise… Et là, geste de grâce royale ou déjà impériale, il rend la liberté à Abd el-Kader, prisonnier au château depuis 1847 ! Ces voyages prennent tout le printemps et l'été, écornent l'automne. Toute la France le connaît, villageois, citadins, paysans mêlés. Paris accueille son retour avec des arcs de triomphe, et des sons de toutes les cloches de toutes les églises. Une réception de souverain. Nous sommes le 16 octobre 1852.

Louis Napoléon a bien fait son travail. Il n'a plus beaucoup à patienter. Le 7 novembre, le Sénat rétablit la « dignité impériale » par quatre-vingt-six voix contre une, celle de Narcisse Vieillard, toujours fidèle à la République et ancien précepteur de Louis… qui désire une fois de plus l'onction populaire. Nouveau plébiscite, les 21 et 22, nouveaux comptes : 7 824 129 de oui, 253 149 de non. Quatre cent mille oui de plus qu'en décembre 1851 ! La tournée a payé.

Elle va bien payer : la liste civile passe à vingt-cinq millions de francs. Et on attend l'anniversaire d'Austerlitz, l'anniversaire du sacre avunculaire, l'anniversaire du coup d'Etat, ce fameux 2 décembre, pour que deux cents voitures viennent à Saint-Cloud, lieu du 18 Brumaire et de la proclamation de l'Empire de l'Oncle, et qu'elles amènent le Corps législatif (élu lui aussi au suffrage universel) pour que son président Adolphe Billault s'adresse ainsi à lui :

« Sire, prenez des mains de la France cette glorieuse couronne. Jamais aucun front royal n'en a portée de plus légitime et de plus populaire. »

Louis Napoléon Bonaparte n'existe plus, reste Napoléon III, qui a une pensée émue pour Napoléon II mort à vingt ans en exil à Vienne. Pas de sacre, une simple proclamation. L'Empire est une affaire de famille, un détail de la République, une simple logique.

Et les paroles du nouvel empereur de ce Second Empire né à huit heures du soir à peine passées sont :

« Non seulement je reconnais les gouvernements qui m'ont précédé, mais j'hérite de ce qu'ils ont fait de bien ou de mal. Aidez-moi, messieurs, à asseoir un gouvernement stable qui ait pour bases la religion, la probité, la justice, l'amour des classes souffrantes. »

Elizabeth Ann, dans la foule, pleure de bonheur. Qu'elle profite du bonheur, qu'elle profite encore du sofa rouge.

Car Louis Napoléon prêtant serment a trahi son précédent serment. Il n'est pas d'autre mot que celui de trahison, et sur ce mot-là, Victor Hugo n'est ni attaquable, ni moquable.

« En présence de Dieu et devant le peuple français, représenté par l'Assemblée nationale, je jure de rester fidèle à la République démocratique, une et indivisible et de remplir tous les devoirs que m'impose la Constitution. Je prends Dieu et les hommes à témoin du serment ainsi prêté. »

Devant Dieu et les hommes, devant le peuple entier… pour terminer par jeter ce serment au panier. Alors, que comptera « un engagement sacré » pris en six lignes écrites à la mine de plomb sur le carnet de bal d'une ancienne courtisane ? Surtout qu'à ces six lignes, on peut donner bien des interprétations…

La république et sa présidence n'auront été pour Louis Napoléon qu'un marchepied. Un marchepied, on le piétine. Qu'est-ce qu'un sofa rouge ?

Conte des deux pucelages de doña Eugenia Maria Ignacia Augustina

Si la caméra couplée d'un projecteur que nous possédons tous dans le cerveau sous le nom de mémoire et qui existera au registre de la technicité dans trente-trois ans et fut, après la mort de l'Empereur, une des créations merveilleuses du siècle ingénieux de ce Napoléon-là, de ce Napoléon l'Autre, féru de modernité ; si cette machine complexe et simple, lumineuse et inventée par deux Lyonnais au nom prédestiné, les frères Lumière, voulait bien rembobiner l'espace-temps, dont certains savants commençaient déjà à parler, elle remonterait trois ans avant, en 1849, et quitterait Paris pour le camp de Satory.

Nos esprits agissent tous ainsi. Il suffit souvent d'un parfum, d'un interstice entre deux pavés, et le flot d'une réalité passée reparaît à l'écran. Dans quelques décennies, la cousine de notre héros, la princesse Mathilde, recevra dans son salon de la rue de Courcelles un spécialiste du genre en la personne d'un frais jeune homme à la raie impeccable dans les cheveux, au visage pâle et répondant au joli prénom de Marcel. Mais déjà, de l'autre côté de l'Atlantique, un écrivain alcoolique et à moitié fou a usé de cette théorie, Mr. Edgar Allan Poe, de

Baltimore, que M. Charles Baudelaire, à Paris, s'acharne à traduire dans le plus pur français.

Qui a parlé un jour de « ce hideux XIXe siècle » ? Alors que la France vit encore aujourd'hui, au XXIe, dans ses vestiges qui ne sont en rien des ruines. Notre héros y est pour quelque chose ; énormément de choses ; il faudra bien lui rendre cet hommage.

Donc nous revenons à 1849. L'Empereur au futur n'est que président de la République. Avec les soucis que l'on sait face à l'Assemblée nationale, mais avec les succès féminins que l'on sait aussi. Saisissons-le dans une de ses occupations préférées et qui annoncent déjà son dessein immuable et impérial : passer les troupes en revue dans son uniforme de général de division.

Dans la solitude du trône, Louis Napoléon se souvient de cette journée et d'une apparition. Le futur empereur a quarante et un ans et une idée. Perpétuer la dynastie. Il vient de rétablir cette dynastie, et même de la créer, oint par le vote du peuple français. Il a hérité la couronne impériale que son oncle en abdiquant avait léguée au roi de Rome devenu duc de Reichstadt et mort à vingt ans. Bien sûr, entre eux, il y eut Louis XVIII, Charles X puis l'Orléans Louis-Philippe. Revanche plus que restauration.

L'Empereur a un désir, assez violent. Amener dans son lit l'apparition de ce jour-là, de cette année-là au camp de Satory. Il se souvient très bien de cette amazone qui ne l'avait pas quitté des yeux et semblait s'enchanter de voir les troupes manœuvrer et défiler. Elle montait fort bien, trop bien même pour une jeune fille, diraient certaines dames à l'esprit « Ancien Régime ». Et puis, elle était très belle, son teint rose thé était si pur, ses yeux si bleus, ses cheveux d'or à reflets roux doré si attirants, sa taille si mince et si souple qu'elle pouvait prétendre à une aussi noble union que sa sœur, devenue duchesse d'Albe. Cela il l'avait appris plus tard. Ce jour-là, simplement, il l'avait remarquée. Et désirée.

Pour fonder ou perpétuer une dynastie, un souverain doit se marier. Parfois divorcer. Son oncle a dû se séparer de la femme qu'il aimait, Joséphine, grand-mère de notre héros, pour que naisse le roi de Rome. Napoléon III doit se marier. Et, pour ce faire, se séparer de miss Howard… Bien qu'il ait l'intention de la garder comme maîtresse, après tout ne s'aiment-ils pas ? Il l'aime, à n'en pas douter. Un premier amour s'évanouit vite ou bien perdure des années. Mais un empereur, épouser une ancienne courtisane… Il n'est plus simple président et désormais la venue d'Elizabeth Ann aux soirées et aux bals des Tuileries fait scandale. Curieusement, cet homme qui connaît si bien les femmes, car par sa mère et leur long exil il vécut dans un vrai gynécée, enfant, adolescent, jeune homme, et acquit ainsi une culture féminine, n'imagine pas un seul instant que sa maîtresse depuis si longtemps puisse envisager qu'il l'épouse.

C'est que l'affaire était politique, de haute politique. Le Sénat avait émis un sénatus-consulte pour exprimer le souhait de voir « dans un temps non éloigné une épouse s'asseoir sur le trône et donner à l'Empereur des enfants dignes de son nom et de notre grand pays ».

Si les cours d'Europe avaient proposé comme le veut la tradition monarchique une alliance à Napoléon III, l'intérêt diplomatique l'eût emporté. Mais son orgueil répugne à quémander une autre princesse, après l'échec de la démarche faite auprès de l'ancien roi Gustave IV de Suède pour lui demander la main de sa petite-fille, Caroline Wasa. Il y avait eu aussi des pourparlers avec la famille d'Adélaïde de Hohenlohe-Langenburg, nièce de la reine Victoria. Le vieil ami de Napoléon III, celui qui à Rome le fournissait en petites Anglaises, lord Malmesbury, était ministre des Affaires étrangères de Sa Gracieuse Majesté. Il fit part avec entrain à sa souveraine du désir de l'empereur des Français de contracter une union avec sa nièce, union qui selon le ministre « resserrerait les liens d'amitié entre les deux pays ». La reine ne s'y opposa pas mais refusa de se mêler d'une question qui ne regardait que sa nièce et ses parents. Le père de cette jeune fille de seize ans écrivit à Victoria et au prince Albert qu'il ne saurait accepter ni la différence de religion ni les mœurs dissolues du prétendant !

Napoléon en fut ravi ! Il désirait trop son amazone. Encore fallait-il conquérir la jeune fille de Satory, la jeune fille de certains bals à l'Elysée puis aux Tuileries. Mais était-ce bien pour l'épouser ? S'il fallait en passer par là pour l'avoir… Elle semblait passablement coquette.

Il fallait une vraie rencontre et une enquête. Sa cousine Mathilde, première dame de France, fut chargée de la rencontre. Persigny, le vieux compagnon des équipées de Strasbourg et de Boulogne, celui aussi qui avait appris Paris à son prince exilé en lui apportant dans son exil suisse du château d'Arenenberg les journaux français, fut chargé de l'enquête. S'il était nul en complot, il était excellent fouineur. Pour tous ces services rendus, Napoléon III le fera duc.

La rencontre fut délicieuse et piquante. C'est à une soirée chez sa cousine, la princesse Mathilde, qu'il croise une nouvelle fois la jeune fille. Il est de plus en plus ébloui.

– Quelle est cette belle personne ? demande-t-il à la maîtresse de maison.

– Une jeune Espagnole, Mlle de Montijo.

– Voulez-vous me la présenter ?

Mathilde, qui croit fournir là une maîtresse à son cousin, s'empresse d'obéir. Mieux, elle invite les Montijo à dîner, le 31 décembre 1849, et a placé Eugénie aux côtés du futur empereur. Les douze coups annonçant l'année nouvelle sonnent. Mathilde crie :

– Minuit ! Tout le monde s'embrasse !

Aussitôt, le prince se précipite et veut embrasser sa voisine, mais la jeune fille se dégage en souriant.

– Mais, dit Louis Napoléon, je voulais vous souhaiter une bonne année et vous embrasser, c'est l'usage en France !

– Ce n'est pas l'usage en Espagne, monseigneur, répond-elle en faisant une profonde révérence, mais je vous souhaite aussi une heureuse année.

Et elle lui donne une poignée de main sans cesser de rire ; ainsi qu'elle le confiera à une amie : « Je ne suis pas née pour l'emploi des La Vallière. » Napoléon l'a compris.

Cette aimable avanie de la Saint-Sylvestre amusa beaucoup la cousine Mathilde qui pensa que son cher Louis Napoléon avait du pain sur la planche et lui souhaita bonne chance *in petto* tant elle détestait miss Howard.

Nous avons souvent dit la patience de ce Bonaparte-là. Louis Napoléon est en effet un grand patient, mais un patient actif, ce qui lui venait de son côté Beauharnais. De son côté Bonaparte, il tenait de son oncle l'opinion qu'il n'est pas de forteresse imprenable mais des forteresses mal assiégées. Un homme qui fut exilé si longtemps et a conquis le pays qui ne voulait pas de lui, par le vote des électeurs de ce pays même, ne renonce pas à la première rebuffade, surtout quand cette rebuffade est accompagnée d'un si merveilleux sourire mutin. Il reprend son siège. Il est toujours président, et toujours il fréquente à Saint-Cloud le sofa rouge, théâtre des bons moments. En quoi cela le gênerait-il ?

Il n'est pas encore amoureux, simplement ébloui et plein de désir. Le mariage ? Parfois il y songe. Une aristocrate espagnole, pourquoi pas ?

Saint-Cloud : Mlle de Montijo et sa maman la comtesse sont priées à dîner. Elles se vêtent le plus somptueusement possible, même si la comtesse mère est aristocratiquement endettée. Elles arrivent au château. On ne les mène point dans le palais – où habite dans un appartement notre chère Elizabeth Ann, ce qu'elles ignorent – mais on dirige leur berline dans le parc vers le charmant pavillon de Combleval. Deux voitures seulement… Elles comprennent. C'est un dîner intime avec le prince-président accompagné uniquement de son chambellan, le comte Bacciochi…

Après le dîner qui s'est passé gaiement, Napoléon propose une promenade dans le parc et offre son bras à Eugénie, qui dit en rougissant : « Monseigneur, ma mère est là. »

Force est au prince de conduire Mme de Montijo, tandis que la jeune fille prend le bras du chambellan.

« Je ne crois pas, racontera plus tard Eugénie, que mon futur mari se soit beaucoup amusé ce soir-là. Le lendemain de cette escapade, ma sœur nous gronda très fort. Il fut décidé que, pour faire oublier notre imprudence, on ferait un voyage. » C'est un rite, on les voit chaque année à Londres, Bruxelles, Spa, Wiesbaden. Lorsqu'elles rentreront, le prince-président sera l'Empereur.

Le rapport de Persigny fut précis. Ce bon vicomte Fialin adorait les ragots, mais, en faux aristocrate, était fasciné par la noblesse ; or, celle que l'on nommait à Paris Eugénie de Montijo, depuis ses études à l'Institution très catholique, très huppée et très convenable du Sacré-Cœur, se nommait en fait (Persigny avait un accent espagnol inimitable) : doña Eugenia Maria Ignacia Augustina Palafox de Guzman de Montijo y Portocarrero y Kirkpatrick de la Platonnezza. Fille de don Cipriano de Guzman y Palafox y Portocarrero, comte de Teba, trois fois grand d'Espagne, six fois comte ! Montijo était le nom de leur palais madrilène. Le Kirkpatrick venait de maman, née Maria Manuela Kirkpatrick y Grévigné, fille d'un noble écossais, consul des Etats-Unis à Malaga et importateur-exportateur de vins. Maman était par ailleurs la maîtresse de Prosper Mérimée, qui avait vécu en Espagne et fait sauter la jeune Eugenia, etc., sur ses genoux.

Le père, don Cipriano, décédé, avait été bonapartiste, s'était battu du côté des armées impériales, comme colonel, avait perdu un bras à Trafalgar et un œil en 1814 en défendant Paris, du haut de la montagne Sainte-Geneviève. Un héros de l'Empire… qui eut quelques ennuis avec le roi bourbon Ferdinand VII lorsque ce dernier remonta sur son trône espagnol, avant qu'il n'ait besoin de lui pour lutter contre les troupes de son cousin don Carlos. Quand se développa cette guerre civile, agrémentée d'une épidémie de choléra, Maria Manuela, Eugenia et sa sœur aînée Francesca surnommée Paca se réfugièrent à Paris. Les filles entrèrent alors au très distingué couvent du Sacré-Cœur, rue de Varenne, fréquenté par toute l'aristocratie du faubourg Saint-Germain.

Persigny avait remarquablement travaillé. Il était allé aussi au plus intime. La belle Eugenia de Montijo, comtesse de Teba, a connu l'amour : elle est tombée amoureuse à seize ans d'Henri Beyle, surnommé Stendhal. C'est une passionnée. Elle pratique la natation et l'escrime, monte à cheval comme lady Godiva, tombe amoureuse du duc d'Albe, qui le lui rend bien, mais se trouve obligé d'épouser sa sœur aînée, la belle Paca. Elle veut se suicider. Un jeune homme l'en empêche, un Français, son ami d'enfance Edouard Delessert, futur romancier. Elle l'épouserait bien. Holà ! dit maman Maria Manuela. Il faut un riche mariage, elle est ruinée. Trois occasions se présentent, le duc d'Osuna, premier duc d'Espagne, un Anglais, lord Huddleston, un cousin, le comte José de Xifre. Eugénie refuse ! Maman espère un temps que sa fille épouse le duc d'Aumale, mais une comtesse de Teba, fille de bonapartiste enragé, ne pouvait devenir la belle-fille du roi des Français et le vainqueur d'Abd el-Kader s'était dérobé comme se dérobèrent, pour le même motif, de grandes familles espagnoles. Et depuis, Eugénie et sa mère cherchaient. Mais cette chasse au beau parti avait donné à Eugénie la réputation de fille un peu trop recherchée, un peu trop admirée, un peu trop courtisée.

Persigny appuyait avec gourmandise sur cette mauvaise réputation. S'il croyait ainsi en dégoûter l'Empereur, il se trompait ; au contraire, cela lui fouettait les sangs, cette coquette se refusait à lui !

Du coup, Napoléon III fut amoureux, vraiment amoureux, pour la seconde fois de sa vie. Le sentiment était né de la sensualité.

Il regarde Persigny ; il est prêt à avouer à son vieil ami que… mais il se tait. Dans la journée, il se confiera au comte Walewski, ministre des Affaires étrangères et dont l'épouse blonde, jeune et délicieuse est une des conquêtes de l'Empereur, ce qui crée une certaine intimité entre hommes :

– Mon cher, je suis pris !
– Epousez-la !
Le comte voyait là un moyen pour que cesse la liaison de sa femme.

Lorsque Eugénie revient à Paris, le prince-président a réussi son coup d'Etat. L'Empire est en marche. Dès que Louis-Napoléon revoit Eugénie, « ses mains tremblent, remarque un témoin, pur fiel de Viel-Castel, il a une façon de tordre sa moustache à laquelle ceux qui le connaissent ne se trompent pas ». Amoureux fou, l'Empereur invite Eugénie et sa mère à se rendre à Fontainebleau. C'est là qu'il ose déclarer son amour… mais il ne parle pas encore de mariage. Eugénie affecte de prendre la chose en plaisantant. Elle fait allusion à miss Howard. N'est-elle pas aimée de lui ? Napoléon se récrie. Sa « chaîne anglaise » n'est plus qu'une habitude. Etait-ce le rôle de maîtresse qu'il lui propose ?

– Comment vous retrouver ? demande-t-il la voix rauque, alors qu'elle se penche à sa fenêtre.
– Passez par la chapelle, sire.
Et elle referma la croisée sur ce damné sourire narquois.
Mme de Montijo n'en tremblait pas moins. Si ce Bonaparte allait se lasser ! Si son entourage allait lui imposer une fiancée, venue d'une maison souveraine ? Cette fois, définitivement compromise, Eugénie risquait de ne plus jamais trouver de mari. Car tout se sait dans Paris.
Paris sait que Napoléon III lui a offert le cheval qu'elle a monté pour une chasse à courre, tant elle a réalisé des prodiges et a servi le cerf au coutelas lors de l'hallali. Tout est chasse dans l'esprit de l'Empereur. Mais la biche est une Diane !

Paris sait que, trois semaines plus tard, à la fin du mois de décembre, il prie Eugénie et la comtesse de Montijo de se rendre aux chasses de Compiègne, devenu résidence impériale.

Les Espagnoles sont accueillies on ne peut plus froidement par la nouvelle cour. L'Empereur fait ce qu'il peut pour rendre leur séjour agréable. Il ne quitte pas la jeune fille des yeux. Il la désire à en perdre l'esprit. Un après-midi, il se place derrière Eugénie qui joue au vingt-et-un. Soudain, elle se tourne vers l'Empereur pour le consulter et lui montre son jeu :

– Il est très bon, lui dit-il. Vous devriez vous y tenir, moi je le ferais.

– Pas moi ! réplique-t-elle. Tant pis, je tire ! Je veux tout ou rien, ajoute-t-elle en le regardant fixement.

Elle demande une carte et reçoit un as.

– Vingt et un ! s'écrie-t-elle triomphalement. Comme j'ai eu raison ! Il faut toujours persister dans la vie.

Encore ce sourire narquois.

Tous les invités seront frappés par les attentions dont elle est l'objet de la part de l'Empereur. Elle est naturellement des chasses à courre du 20 et du 23 décembre. Lors de la chasse à tir du 21, l'Empereur lui offre deux ravissants fusils à un coup. Le 22 décembre, elle assiste dans la loge impériale à la représentation donnée au théâtre par le Gymnase dramatique. Depuis octobre, chacun sait dans l'entourage impérial que Napoléon III est épris de Mlle de Montijo. Le séjour de Compiègne, qui favorise les rencontres, rend cette passion très évidente. Le 20, par exemple, Mlle de Montijo rentre très tard de la chasse, son cheval boitant ; l'Empereur attend en arpentant la salle des Gardes avec une impatience manifeste : pour la chasse du 23, la comtesse montera un cheval des écuries impériales ; elle aura les honneurs du pied.

Persigny, le fidèle Fialin de Persigny, met son maître en garde : Mlle de Montijo, plus jeune, a voulu être actrice ! On voit par là son sens moral ! Alors qu'il est ministre de l'Intérieur, poste de flic qui lui va comme un gant, Persigny agit comme une maîtresse inquiète : il tente de salir l'objet du désir de Napoléon.

Puis advient l'épisode du « trèfle de Compiègne » : Mlle de Montijo s'était émerveillée lors d'une promenade dans le parc de l'effet produit par les gouttes de rosée sur un trèfle. Le jour même, Louis Napoléon envoie Bacciochi à Paris chez un bijoutier et, le lendemain, à une loterie que l'on tire pour la fête de Noël, c'est Eugénie qui gagne le gros lot : un trèfle d'émeraude entouré de diamants. Elle le portera toujours désormais, le considérant comme un talisman.

C'est la broche qu'on voit notamment sur ses portraits officiels signés de Winterhalter.

Ce séjour à Compiègne semble avoir été déterminant dans la volonté de mariage de l'Empereur. Eugénie de Montijo, devenue impératrice, gardera pour Compiègne une fidélité toute sentimentale.

Tout le monde est en effervescence. La redoute a-t-elle cédé ? Lui, il n'en peut plus et se confie à son ami Fleury :

– Ah ! mon cher, comme je l'aime !

– Je le vois bien, sire, répond Fleury. Alors, n'hésitez pas : épousez-la !

– J'y songe, dit-il gravement en effilant ses moustaches.

Mais il hésite encore. Ce qu'un président de la République pouvait faire, un empereur le peut-il ?

Ne doit-il pas, vis-à-vis de l'Europe, consolider la nouvelle monarchie en épousant une princesse ? Il rabâche, il hésite, il demande des conseils qu'il ne suit pas, bref il aime.

Avant de rentrer à Paris, il lui fait une nouvelle déclaration. Puis, se souvenant des bruits que l'on colporte, il demande :

– Pouvez-vous m'assurer que votre cœur n'est pas pris sérieusement ?

– Je vous tromperais, sire, si je vous disais que mon cœur n'a jamais parlé, mais ce que je puis vous assurer, c'est que je suis toujours *Mademoiselle* de Montijo.

L'Empereur cueille alors une branche de lierre, l'arrondit en forme de couronne et la lui tend dans un murmure :

– En attendant l'autre.

Eugénie va-t-elle rafler la mise de ses manœuvres adroites ? Elle a vingt-six ans, n'aime pas, bien sûr, cet homme de quarante-quatre ans, bas sur pattes, devenu gras et au visage déjà ridé, mais il est empereur ! Assurément elle l'admire d'avoir su prendre la couronne, et elle l'estime. Et cet homme semble lui offrir son trône ! Il le lui offre mais, par crainte du scandale, n'ose pas encore franchir le pas. Il a peur des réactions, peur de la princesse Mathilde, peur de son gouvernement qui ne sera certes pas flatté par le mariage de son nouveau chef. Aurait-il peur aussi de Persigny ? Et d'Elizabeth Ann, à qui il ne pense plus mais dont il visite le sofa rouge comme on escalade une cime suisse : pour l'hygiène.

Le 1er janvier 1853 se donne une grande réception aux Tuileries. Au moment où Eugénie entre dans le salon, elle est bousculée par Mme Fortoul, épouse du ministre de l'Education et des Cultes, qui lance à l'adresse de la jeune fille quelques mots flétrissant « l'insolence des aventurières ». L'Empereur voit la pâleur et le trouble d'Eugénie. Il se précipite :

– Qu'avez-vous ? Qu'y a-t-il ?

– Il y a, sire, qu'on m'a insultée, mais qu'on ne m'insultera pas une seconde fois. Je ne reparaîtrai pas ici.

– On ne vous insultera plus.

Mais durant la semaine suivante, aucun message n'arrive des Tuileries à l'appartement de la place Vendôme où logent Eugénie et sa mère.

Elles ignorent que l'Empereur est assiégé par sa famille.

– On peut tomber amoureux de Mlle de Montijo, crie Mathilde qui ne mâche pas ses mots, on couche avec elle, mais on ne l'épouse pas !

Napoléon n'a plus peur de personne et tient bon :

– Je l'aime, c'est elle que je veux !

Ses ministres ont beau lui dire qu'il joue sa popularité, qu'il s'agit d'« une union indigne de sa race, indigne de la France », l'Empereur hausse les épaules. Il veut Eugénie. Il le répète, n'en démord pas.

Persigny, qui l'a aidé à prendre le pouvoir, ose saisir l'Empereur par un bouton de son habit :

– Ce n'est pas la peine d'avoir risqué le coup d'Etat avec nous pour épouser une lorette !

Son demi-frère, Morny – grand organisateur du 2 Décembre –, moins opposé à cette union, tente toutefois de le raisonner. Pourquoi le nouvel empereur ne choisit-il pas une jeune fille de l'aristocratie française ?

Napoléon III demeure inflexible.

Alors Plonplon, ce prince Napoléon trop socialiste pour s'inquiéter de cette réunion de famille, chantonne à belle voix le couplet qui vient de sortir dans les rues de Paris :

Montijo, plus belle que sage,
De l'empereur comble les vœux :
S'il trouve encore un pucelage,
C'est que la belle en avait deux…

Napoléon tance son cousin d'importance, lui reproche ses fréquentations perverses, ses idées nocives de « prince de la Montagne », veut le chasser. Plonplon s'échauffe et lui rappelle qu'il peut le chasser mais que s'il a un coup de sang à l'instant à s'énerver ainsi, c'est lui Napoléon Jérôme, héritier de la couronne, qui sera empereur sous le nom de Napoléon IV ! Empereur d'un Empire rouge, pervers et socialiste !

Mathilde vient au secours de son frère contre son cher cousin dont elle fut amoureuse à seize ans :

– Plonplon a raison ! Cette Espagnole n'est qu'une écuyère. Il y a autour d'elle comme un nuage de cold cream, de patchouli ; elle est superstitieuse, superficielle, ne se déplaît pas aux grivoiseries, toujours préoccupée de l'impression qu'elle produit, avec ses effets d'épaules et de poitrine, les cheveux blondis, le visage fardé, les yeux bordés de noir, les lèvres frottées de rouge, il lui manque, pour être dans son vrai milieu, la musique du cirque, le petit galop du cheval martingalé, le cerceau que l'on franchit d'un bond et le baiser envoyé aux spectateurs sur le pommeau de la cravache.

Sous ses larges bandeaux de cheveux, le teint de Mathilde a viré au pivoine de la colère. Tout cela va mal tourner. Alors le vieux prince Jérôme, dernier frère vivant du premier empereur, ancien roi de Westphalie, père de Mathilde et de Plonplon, s'avance et s'adresse à son neveu en l'embrassant :

– Après tout, fais-en à ta tête. Puisque tu l'aimes, prends-la pour femme : tu auras au moins une belle créature dans ton lit !

Jérôme s'y connaît en créatures.

Pendant ce temps, Eugénie est affreusement irritée et déçue par cette absence de nouvelles après tant de déclarations enflammées et d'allusions timides. L'Empereur oserait-il se dédire ? Les journées passent.

Eugénie, sa sœur la duchesse d'Albe et leurs amis estiment qu'il faut quitter Paris. Le départ est la panacée des troubles amoureux dans la bonne société. Il n'est pas une fuite, mais une piqûre. « Tout de suite, et sans un mot », déclare Eugénie.

Par correction, elle se résigne à se rendre le 12 janvier aux Tuileries où doit avoir lieu la première réception impériale. Ce soir-là, Eugénie gravit l'escalier au bras du baron James de Rothschild. On vient d'imposer aux hommes l'habit de cour. Les chambellans sont en vert, les maîtres de cérémonie en violet, les officiers d'ordonnance en bleu clair. A l'arrivée de l'Empereur, la musique joue *Partant pour la Syrie*, l'air composé jadis pour des paroles joliment écrites par sa mère la reine Hortense.

Eugénie s'incline devant Napoléon III assis sur son trône, puis elle veut aller s'asseoir sur une banquette, mais la femme d'un ministre lance aigrement :

– Ces places sont gardées, mademoiselle.

Eugénie manque s'évanouir devant ce second affront public. Mais Bacciochi lui annonce que l'Empereur, après avoir ouvert le bal avec lady Cowley, femme de l'ambassadeur d'Angleterre, dansera le second quadrille avec Mlle de Montijo.

Tandis que se succèdent les figures de cette danse très Ancien Régime, tous les assistants regardent le couple formé par l'Empereur et la « petite Montijo ». On sourit, on murmure, on chuchote. Eugénie est pâle, proche d'éclater en sanglots. Elle est prête à détester Paris, à quitter cette ville et à ne jamais y reparaître.

– Qu'avez-vous ? lui demande l'Empereur. Vous paraissez fatiguée. Il faudrait pourtant que je vous parle.

– Moi aussi, sire. Je dois vous faire mes adieux.

– Comment ?

– Je pars demain avec ma mère pour l'Italie.

– Que me dites-vous là ?

Il a pâli et, vite, il entraîne la jeune fille vers son cabinet.

D'une voix rauque, il interroge :

– Pourquoi partez-vous ?

– Je ne veux pas gêner votre destinée, sire. On a assez ragoté sur nos relations. Quoi qu'on ait pu vous dire, je ne suis pas une aventurière et je ne veux pas être une favorite. Vous n'avez pas tenu vos promesses, je pars.

– Vous ne partez pas, lui dit-il en la regardant fixement.

– Sire, nos préparatifs sont faits.

– Vous ne partez pas, car, demain, je demande votre main à votre mère.

Eugénie doit se retenir à un meuble pour ne pas tomber. Mais il parle en lui baisant la main : il préfère déposer sa couronne que ne pas la partager avec elle… Il veut que son mariage soit un coup d'Etat qui fasse oublier le premier.

Il est irrésistible en cet instant, il est même grand, et Eugénie résiste peu. Lui a-t-elle dit que l'on n'était plus au temps où les rois épousaient des bergères ? Il aurait pu lui répondre que la noblesse des Bonaparte datait du 18 Brumaire et qu'elle était une bergère trois fois grande d'Espagne et six fois comtesse !

Mais Eugénie ne perd pas la tête. Elle sait quel irrésolu est l'Empereur.

– Peut-être serait-il préférable que vous lui écriviez. Ma mère serait très sensible à cette démarche.

Une lettre à brandir sous son grand nez à la première hésitation.

– Vous avez raison, acquiesce-t-il. Je vais lui écrire sur-le-champ.

Il prend une feuille sur un secrétaire, une plume :

« Palais des Tuileries, le 12 janvier 1853

« Madame la comtesse,

« Il y a longtemps que j'aime Mademoiselle votre fille et que je désire en faire ma femme. Je viens donc aujourd'hui vous demander sa main, car personne plus qu'elle n'est capable de faire mon bonheur ni plus digne de porter ma couronne. Je vous prierais, si vous y consentez, de ne pas ébruiter ce projet avant que nous ayons pris nos arrangements.

« Recevez, madame la comtesse, l'assurance de ma sincère amitié.

« Napoléon. »

En la raccompagnant vers la salle de bal, ils passent devant le trône.

– Il y en aura bientôt deux, murmure-t-il. Je vais commander le vôtre.

La semaine suivante, dans cette même salle du trône, Napoléon III réunit ses ministres, les maréchaux, les grands corps de l'Etat, le roi Jérôme, le prince Napoléon, puis d'une voix forte, il lance ces paroles :

– Je me rends au vœu si souvent manifesté par le pays [...]. Celle qui est devenue l'objet de ma préférence est d'une naissance élevée. Française par le cœur, par l'éducation, par le souvenir du sang que versa son père pour la cause de l'Empire, elle a, comme Espagnole, l'avantage de ne pas avoir en France de famille à laquelle il faille donner honneurs et dignités.

Prenez cela en passant, chers cousins, oncle, amis, etc.

– Douée de toutes les qualités de l'âme, elle sera l'ornement du trône comme, aux jours du danger, elle deviendra un de ses courageux appuis. Catholique et pieuse, elle adresse au Ciel les mêmes prières que moi pour le bonheur de la France. Gracieuse et bonne, elle fera revivre dans la même position, j'en ai le bon espoir, les vertus de l'impératrice Joséphine, ma grand-mère. Je viens donc, messieurs, dire à la France : j'ai préféré une femme que j'aime et que je respecte à une femme inconnue dont l'alliance eût eu des avantages mêlés de sacrifices... Bientôt, en me rendant à Notre-Dame, je présenterai l'Impératrice au peuple et à l'armée...

L'allusion à la vertu de sa grand-mère Joséphine fait sourire, mais l'on pense beaucoup plus à faire des mots :

– L'Empereur va se marier comme un sous-lieutenant.

– Oui, parce qu'il n'a pu l'épouser à la hussarde !

Louis Napoléon doit en informer quelqu'un d'autre. Et ce n'est pas la tâche la plus facile.

Il songea, calcula, décida, osa. Il alla un soir chez sa Grande Amie, devenue sa « chaîne anglaise ». Oh ! le sofa rouge ne servirait à rien, il était venu traiter une affaire. Remboursement des cinq millions et demi plus deux millions d'intérêts sur sa cassette personnelle.

Et l'engagement sacré écrit sur le petit carnet de bal? – « Faire votre bonheur »? –, mais, mon amie, c'est refaire votre fortune personnelle. « Vous mettre à votre vraie place »? Vous êtes désormais comtesse de Beauregard. « Resserrer nos liens si chers »? Mais ne pas me séparer de vous, même marié avec une autre!

Et il ajouta : « Je vous trouverai un mari français très convenable par-dessus le marché! »

Elizabeth Ann pleura beaucoup. Mais du mariage avec l'Espagnole, il se garda bien de parler... Alors...

Alors l'Empereur revint et demanda à sa chère et fidèle Elizabeth si elle consentirait à partir pour Londres afin d'aplanir (moyennant finance) une affaire délicate, un maître chanteur se permettait de menacer l'empereur des Français d'un scandale lié à de vieilles histoires d'exilé... A Londres il avait fréquenté tant d'agitateurs, polonais, italiens, serbes... et d'agitatrices... Elizabeth Ann sourit.

Se voyant espionne de l'Empereur, Elizabeth Ann fit atteler, monta en voiture et prit la route du Havre où elle devait embarquer. Mais une terrible tempête se leva sur la Manche, impossible d'appareiller. Elle passa la nuit à l'hôtel.

Le 23 janvier au matin, avant de monter à bord du paquebot pour Southampton, Elizabeth Ann acheta un journal. Elle surveillait le transport de ses malles quand elle l'ouvrit. Et poussa un cri.

En première page figuraient ces mots : « Sa Majesté l'Empereur a annoncé aux grands corps de l'Etat, réunis dans la salle du trône, ses fiançailles avec Mlle de Montijo et Kirkpatrick, neuvième comtesse de Teba. »

Elle jeta le journal dans les eaux sales du port, songeant à s'y jeter elle-même. Mais la colère l'emporta sur la douleur. Il avait… Elle fit atteler, descendre ses malles du bateau et reprit la route de Paris, pour son hôtel de la rue du Cirque, à deux pas de l'Elysée et à trois des Tuileries.

Le désastre l'attendait : on avait fouillé sa très belle demeure, éventré les sièges, les coussins, les matelas, mis à bas les bibliothèques et emporté toutes les lettres de Napoléon III écrites depuis dix ans déjà à miss Howard. Persigny n'y était pas allé de main morte, bien que miss Howard fût son amie.

Elle écrivit, fit porter séance tenante le billet aux Tuileries. Une heure après, un empereur camouflé et fort piteux était devant elle. Il ajouta deux millions au remboursement de ses dettes. Il remplit le papier la faisant comtesse. Elle resta froide et sévère, puis, fondant devant son air de collégien coupable, le prit par la main et le mena vers un lit au matelas déchiré et dont la laine s'échappait.

– Allons, mon prince, une dernière fois.

Elle avait été courtisane, qu'il ne l'oublie pas.

Au réveil de Sa Majesté, elle lui demanda doucement si elle était autorisée à se rendre à Saint-Cloud pour y chercher ses affaires personnelles. Il ne pouvait guère refuser.

Elizabeth Ann se rendit au château et y resta jusqu'au mariage, le 30 janvier. Le soir, pour leur nuit de noces, les nouveaux mariés ne purent disposer que du pavillon de Villeneuve-l'Etang, charmant manoir mais très mal chauffé. Il est vrai que, enfin seuls, ils n'avaient guère besoin de chauffage.

Le mariage fut un succès. Le peuple était ravi : un mariage d'amour au lieu de quelque union dictée par la politique ! Et l'Espagnole était ravissante.

Et elle savait y faire. En arrivant à Notre-Dame, elle descendit du carrosse qui avait servi au sacre de Napoléon Ier mais, au lieu d'entrer dans l'église, elle se tourna vers l'immense foule qui l'acclamait et elle fit au peuple une profonde révérence. Napoléon III regardait, ému. Jamais Eugénie, des fleurs d'oranger dans les cheveux, n'avait été plus belle. Il ne se rendit pas compte qu'Eugénie venait de saluer le peuple comme une actrice salue son public après une représentation. Elle avait vraiment songé à être actrice à seize ans.

Ce jour-là, Victor Hugo écrivit : « L'Aigle épouse une cocotte. »

Dans les dossiers de M. de Persigny

M. de Morny était rentré en grâce. Il avait durement affronté le prince-président lorsque celui-ci avait fait saisir les biens de la famille d'Orléans pour en redistribuer une grande partie à des œuvres de charité et de soutien aux plus démunis, à des ateliers sociaux et autres « sentimentalités ». N'oubliant pas que son titre de comte avait été officialisé par Louis-Philippe, il s'était fortement élevé devant ce qui lui semblait un vol et avait démissionné de son poste de ministre de l'Intérieur. Aussitôt remplacé par Fialin de Persigny qui en rêvait.

Mais Louis Napoléon, qu'il fût président ou empereur, n'était pas rancunier, il a passé son temps à pardonner, à sa famille entière, à ses amis, et même à ses adversaires. Pour son mariage, il a fait libérer plus de trois mille cinq cents prisonniers, anciens rebelles au coup d'Etat. L'Impératrice prenait sans doute le même chemin, car elle avait refusé le diadème de diamants et platine de six cent mille francs que lui offrait la Ville de Paris, préférant que cette somme aille aux nécessiteux.

Ce qui curieusement émut Morny, pourtant ennemi de tout sentimentalisme. Mais il avouait que Mlle de Montijo l'avait séduit. A sa manière, Morny aimait bien son demi-frère, et, avant le mariage, il organisa un dîner extrêmement raffiné, avec la compagnie la plus délicate de Paris, en l'honneur de Mlle de Montijo, pour qui il sut montrer une sincère et respectueuse affection. La réconciliation fut scellée. Il avait été le seul, « du sang de l'Empereur », ou du demi-sang, à montrer quelque sentiment aimable envers la fiancée.

Persigny avait donc envahi les lieux et, à la différence du comte de Morny, le comte de Persigny, tout juste anobli par Napoléon III, n'aimait pas l'Impératrice, qui pour lui était toujours une « lorette ». Mais au ministère de l'Intérieur, il se sentait à sa place, il se sentait utile. Et lui, ce comploteur, ce cynique, ce fidèle de la première heure, aimait y travailler. Et se moquait éperdument des critiques et des moqueries. Premier argousin de France ? Oui. Premier sbire ? Oui. Premier espion ? Oui. Morny n'était qu'un dilettante, Persigny se voulait un professionnel. Grand bien fasse à Morny d'être réélu dans le Puy-de-Dôme, qu'il se consacre à ses affaires et à son poste de président du Corps législatif, ce qui lui allait comme un gant. Il présidait avec le même éclat et le même humour narquois divers conseils d'administration sucriers, de chemins de fer, et rêvait, membre du Jockey Club, d'un nouvel hippodrome chic du côté de Longchamp et d'une nouvelle station balnéaire – M. de Morny était prince de l'air du temps – du côté de Trouville et qu'il nommerait Deauville. Déjà il en avait les plans. Et l'Empereur était saisi de la fièvre constructrice.

Parfait, pensa Persigny, M. de Morny nous fera gagner de l'argent. Car Persigny, dès que « son » empereur songeait à quelque chose, devançait ses désirs. Quitte à le bousculer un peu. C'est ainsi que, à l'insu et contre le sentiment de Louis Napoléon, il avait suscité, par des instructions secrètes aux préfets concernés, le mouvement populaire qui se produisit lors du voyage de ce dernier en province, au mois de septembre 1852, en faveur du rétablissement de l'Empire : « Je le ferai empereur malgré lui. Je le ferai assourdir de tels cris de "Vive l'Empereur" qu'il lui faudra bien se rendre. » Louis Napoléon ne s'était jamais aperçu que les enthousiastes braillards qui « chauffaient » la foule dans toutes les villes de province qu'il avait visitées sous les acclamations étaient toujours les mêmes hommes et femmes, dûment stipendiés. Persigny était très fier de ce bon coup-là et ne s'en était jamais vanté auprès de son idole.

C'était en effet de l'idolâtrie. Persigny possédait une conception mystique et ambitieuse du bonapartisme. Il détestait par-dessus tout ceux qu'il nommait les « bonapartistes du lendemain », qui profitaient maintenant de l'installation de l'Empire mais avaient autrefois soutenu les Orléans. La foi lui était venue tout soudain, comme on le conte dans la vie des grands saints. Issu d'une famille de (très) petite noblesse d'Ancien Régime, et même de noblesse extrêmement contestable, ce bon Victor Fialin de Persigny abandonna ses idées légitimistes pour adopter la foi bonapartiste pendant un passage de six mois dans les hussards du premier Empereur, où il était maréchal des logis. Il fut renvoyé pour indiscipline, passa par le journalisme, par la prison comme détenu politique, par l'exil, avant de devenir aide de camp du prince-président, puis simple député à l'Assemblée législative.

Lui-même réprouvé par la véritable aristocratie, la chute du Premier Empire avait augmenté sa foi dans l'étoile napoléonienne, sans doute par goût des grands désastres. Il en connut lui-même dont il sut se tirer par son art de sauter par les fenêtres. Sans éviter pour cela la prison, où il se sentit exister : il était un rebelle, un agitateur, un réprouvé, donc un prisonnier hautement politique ! Une sorte de héros révolutionnaire.

Compagnon de son prince dans les folles équipées de Strasbourg et de Boulogne – dont il fut l'un des principaux et mauvais organisateurs –, il fut heureux jusque dans l'échec. Exilé à Londres comme son prince, il faisait figure lui aussi de « victim of Louis Philippe ». Ce qui, malgré l'Entente cordiale, ouvrait bien des portes.

Et maintenant, depuis la démission de Morny, il régnait au ministère de l'Intérieur. Il savait pertinemment que cette promotion ne devait rien à ses compétences techniques ni à son influence parlementaire. Mais tout à l'amitié que lui accordait le chef de l'Etat, dont il resterait à vie le plus ancien, le plus fidèle et le plus désintéressé des soutiens. Ce qui pour lui valait toutes les décorations, charges prestigieuses et titres, car nul ne pouvait se targuer de cette gloire-là.

Son nom avait d'ailleurs déjà été prononcé au moment de la crise ministérielle de janvier 1851, lorsque Louis Napoléon avait envisagé de constituer un ministère composé exclusivement d'hommes lui étant entièrement dévoués.

Durant ce premier passage au gouvernement, il établit les bases du nouveau régime autoritaire : il acheva de préparer les élections, rédigeant avec Baroche et Rouher la nouvelle loi électorale, choisissant les candidats officiels et faisant peser l'Administration en leur faveur. Ancien journaliste, Persigny publia le décret-loi du 17 février 1852 muselant la presse, notamment par le système de répression administrative des « avertissements » pouvant entraîner la suspension, dont il avait eu l'idée. Il avait organisé le plébiscite et se considérait désormais comme le principal fondateur de l'Empire.

Membre du conseil privé, il continuait à prodiguer au souverain des avis, de moins en moins écoutés, s'opposant à l'influence, démesurée selon lui, prise par l'Impératrice, qu'il n'aimera jamais, et par le trio Rouher-Baroche-Fould, qu'il accusait de manquer de hauteur de vues : « Ces braves gens ne sont ministres, pour la plupart, qu'à défaut des hommes éminents que la tournure des choses a rejetés dans les partis hostiles », disait-il d'eux et de quelques autres. « Le Conseil est, dans les vraies grandes occasions, aussi terne, aussi pauvre d'idées et de sentiments élevés qu'il est bruyant et animé lorsqu'il se sent sur le terrain favori des avocats et des hommes d'affaires. »

Ce goût des (bonnes) affaires, qu'il avait d'abord méprisé, lui avait ouvert une nouvelle voie, un nouveau terrain d'action où il mit aussitôt à l'œuvre son caractère passionné et entièrement dévoué à l'Empereur.

Car les fêtes du mariage étaient passées, la vie reprenait son cours et Louis Napoléon, pardon, Napoléon III reprenait ses rêves. Etaient-ce vraiment des rêves ? Car rêver d'un Empire et le réaliser n'est pas le fait d'un songe-creux. Et là, à peine installé, Napoléon « songe » à laisser sa marque, plus que son oncle ne l'a jamais fait, sa marque sur Paris d'abord, sur la France, sur la vie du peuple ; il rêve de transformer ce pays qui lui a donné le pouvoir absolu en un Etat moderne. Il commencera sa chirurgie par la tête : Paris, aux rues tortueuses, aux habitations mal aérées, mal éclairées, Paris qui l'a surpris par sa vieillesse moyenâgeuse, Paris aussi qui a voté à cinquante pour cent contre lui.

Persigny le sait, Persigny sait tout, croit-il, des pensées intimes de son empereur. Lui le connaît depuis l'exil au château d'Arenenberg, il est celui qui le connaît le mieux, et ce n'est pas faux, il le connaît mieux que l'Impératrice, « l'Espagnole » comme dit Persigny et comme déjà commencent à dire les salons. Autrefois, on disait l'Autrichienne en parlant de Marie-Antoinette…

Ce qu'il ne sait pas, Persigny le sent. Combien de fois est-il entré dans le bureau de l'Empereur aux Tuileries ? Il lui avait suffi des deux premières fois pour comprendre ; il avait eu le sentiment d'entrer dans un club aristocratique londonien. La table de travail lourde, en beau bois ciré, les fauteuils profonds, en cuir, bellement capitonnés, les dorures au plafond, les classeurs. Seul l'immense plan de Paris sur presque tout un mur nous ramenait en France. Il était six fois plus grand que la carte de l'Europe avec ses damnées frontières de 1815, celles du funeste congrès de Vienne, bête noire et autre idée fixe de l'Empereur, à côté de la porte, en face du bureau, comme si le maître des lieux voulait ne jamais les oublier. L'Empereur avait reconstitué Londres dans son privé. En était-il conscient ? Rappel de bons souvenirs malgré l'exil. Goût aussi de la vie là-bas menée.

Mais c'est Paris qui s'étalait. Et parfois l'Empereur se levait, traçait des droites au crayon rouge, d'ouest en est, ou bleu du nord au sud.

Des travaux, bien sûr, de grands travaux. Alors, Persigny qui n'aurait jamais songé à s'enrichir avait étudié la finance, l'économie, non dans les livres mais sur le tas, avec des banquiers, des entrepreneurs, des industriels, même avec Morny. C'est avec les frères Pereire qu'il s'était le mieux entendu. Avec Isaac et Emile, ils avaient fondé le Crédit immobilier. Et il découvrit une nouvelle politique pour fournir à l'Empereur l'argent nécessaire à son idée de Paris : les investissements publics financés par l'emprunt. Il éplucha les dossiers des hauts fonctionnaires – chacun en avait un, établi par la police, même lui en avait un et chaque membre de la famille Bonaparte aussi – pour trouver ceux ou celui qui permettrait à Napoléon III de réaliser, une fois de plus, ses rêves.

Il remarque une fiche :

« Georges Eugène Haussmann. Né à Paris le 27 mars 1809, dans le quartier Beaujon, il est le petit-fils d'un député et le fils d'un intendant militaire de Napoléon Ier. Il fait ses études au collège Henri-IV puis au lycée Condorcet à Paris, puis il entame des études de droit tout en étant au conservatoire de musique de Paris. D'abord sous-préfet de Nérac, il devient ensuite préfet du Var en 1849 puis de l'Yonne en 1850. »

Et Persigny note que cet Alsacien de confession luthérienne a remarquablement appliqué les directives sur les « candidats officiels » aux élections législatives. De plus, cet homme se fait appeler le baron Haussmann en se fondant, de manière abusive – le policier qui a établi cette fiche l'a dûment noté –, sur l'absence de descendance mâle de son grand-père maternel, Georges Frédéric, baron Dentzel.

Victor Fialin de Persigny se faisait bien donner du vicomte avant que Napoléon III ne le fasse officiellement comte. Il convoqua ce préfet aux ordres, fils d'officier de Napoléon Ier, qu'importe qu'il fût d'intendance, qui avait des points communs avec lui. Et puis Haussmann aimait la musique.

Surprise quand Haussmann pénétra dans son bureau : il mesurait plus d'un mètre quatre-vingt-dix ! Voilà qui était gênant, ce géant allait surplomber l'Empereur de toute la tête et d'une partie des épaules. Persigny était homme à penser à ces choses. Lui-même était indisposé par cette hauteur… et il fit asseoir le préfet dans le fauteuil le plus bas de son cabinet au ministère de l'Intérieur. Mais il oublia vite cet inconvénient, l'homme était brillant. Et Paris n'avait aucun secret pour lui.

L'entrevue aux Tuileries fut tout aussi positive. Haussmann avait apporté des plans des quartiers les plus « infects » dans sa serviette de cuir noir. Et Persigny remarqua qu'il eut l'intelligence de rester le plus possible courbé sur ces plans tout en parlant à l'Empereur, et qu'il se penchait très en avant, comme s'il était myope, pour suivre le doigt impérial montrant un grand axe à tracer sur son Paris mural. Et l'Empereur, court sur pattes, le surplombait. Persigny sourit, ce « baron » était aussi malin que lui !

Haussmann fut illico bombardé préfet de la Seine, succédant ainsi à Jean-Jacques Berger et à Claude-Philibert Rambuteau, dont il aura la courtoisie de donner les noms, bien plus tard, à deux rues parallèles encadrant le quartier des Halles.

– Nous tenons l'homme, dit l'Empereur à Persigny en lui serrant la main, ce qui valait pour Victor la grand-croix de la Légion d'honneur. Reste à trouver les moyens, poursuivit l'Empereur.

Pour ce faire, Persigny, là encore, fourmillait d'idées. Mais il laisserait Haussmann, qui lui avait vraiment plu à jouer ainsi les grands modestes devant le souverain, les lui exposer. M. de Persigny avait ainsi ses générosités. Il savait pertinemment que l'Empereur déjà lui savait gré d'avoir trouvé une solution à son idée permanente de changer le visage de Paris. Rêve qui allait occuper Napoléon III pendant ses dix-huit ans de règne. Le rêveur était patient, le rêveur était tenace.

Jamais chef d'Etat français n'avait décidé de laisser une telle empreinte sur sa capitale, et il ne sera jamais dépassé sur ce point. Car ce qu'on nomme, un siècle et demi après, le « Paris haussmannien », gigantesque transformation, a été voulu et dirigé par Napoléon III, dont Haussmann ne fut que l'exécutant. Volonté déjà exprimée quatre ans avant l'arrivée du préfet ; un décret de 1849 montrait que le président entendait faire de l'urbanisme parisien son affaire personnelle, un moyen de gouvernement à garder pour lui seul.

Sa première motivation était, comme d'habitude, le souvenir de son oncle. Napoléon Ier avait voulu faire de Paris « la plus belle ville qui ait jamais existé », et en même temps faciliter la vie des Parisiens. Il n'avait pu réaliser qu'une partie de ses projets : son héritier les reprend. Pour cette ville, que Louis Napoléon a découverte pour la première fois depuis son enfance trois ans avant son coup d'Etat, la mémoire encore pleine de ses souvenirs de Londres et de ses jardins, de ses quartiers résidentiels, et même des Etats-Unis où il avait vu croître des villes-champignons sur des tracés réguliers, à l'image des camps des légions romaines et, à New York, les premiers hôtels particuliers des grandes familles autour d'un terrain encore vague devenu Central Park.

A Paris, il fut sans doute moins frappé par la beauté monumentale de la ville que par son aspect archaïque : même réaction d'homme de l'extérieur que celle d'Henri IV deux siècles et demi plus tôt, venu de Navarre, et génératrice d'un programme comparable. Louis Napoléon voulait, par de grandes percées, assainir la ville (il fut témoin des épidémies de choléra de 1849 et 1853), en améliorer l'éclairage naturel, faciliter la circulation, élever des monuments de prestige qui proclameraient la prospérité qu'il donnait au pays, rénover l'habitat, entreprendre des travaux utilitaires qui adouciraient la condition du peuple et résorberaient le chômage qui, depuis la chute de Louis-Philippe, était le pire danger social, générateur d'émeutes. Transformation à très grande échelle, souhaitée par l'opinion et presque imposée par la mutation économique, technique et sociale du temps. En contrepartie, assurer l'ordre par des installations appropriées. Mais les dispositifs stratégiques réels ne tiendront dans son œuvre qu'une place limitée : certes – et ses détracteurs insisteront toujours sur ce point – quelques grandes percées, dans l'Est en particulier, et la construction de casernes visaient à réprimer des émeutes semblables à celles qui avaient coûté leur trône à Charles X et à Louis-Philippe, mais ce but n'était pas le souci premier de Napoléon III. Peut-être davantage celui d'Haussmann, préfet placé au contact des réalités de la rue, et qui écrira que son œuvre répondait « au triple besoin de la sécurité, de la circulation et de la salubrité » : la sécurité est citée en premier, l'embellissement n'est pas mentionné. Haussmann est musicien, pas peintre.

L'Empereur mènera cette tâche sans l'accompagner d'autocélébration : le neveu de Napoléon Ier, qui dans bien des domaines souhaitait suivre la voie tracée par son oncle, ne songea jamais, au contraire du premier Bonaparte, à ériger des monuments célébrant ses victoires (prochaines et imprévues) de Crimée ou d'Italie. Mais chez les deux empereurs, l'idée était la même, celle d'une ville nouvelle, vaste et salubre, à la mesure du rôle qu'ils s'estimaient appelés à jouer en Europe.

Dispositions d'esprit qui seront *a contrario* encouragées par les mauvais résultats du plébiscite de 1852 : à ces Parisiens dont la moitié avait voté contre lui, il fallait montrer que le chef de l'Etat s'intéressait à leur cité, donc à eux-mêmes. Souci humanitaire et développement économique étaient des idées que Napoléon III avait héritées des saint-simoniens, dont l'influence sur sa politique urbaine est particulièrement sensible. Ils professaient que l'industrie, qui produit des richesses, est profitable à toute la population, par conjonction d'une volonté humanitaire et d'une action financière. C'est sous leur influence que Napoléon III entreprendra des constructions utilitaires comme les marchés, les gares, les hôpitaux. Le slogan rebattu « Quand le bâtiment va, tout va » date de cette époque.

Idée saint-simonienne aussi que la construction est un moteur économique. Le souverain pensait, grâce à de nouvelles voies bordées de grands immeubles neufs, équipés en égouts, eau et gaz, stimuler l'esprit d'entreprise des propriétaires et par conséquent provoquer une revalorisation de la propriété privée et une rénovation de l'habitat. Pour l'« Empereur des ouvriers », qui n'avait pas oublié son opuscule sur l'extinction du paupérisme, écrit en prison, transformer la capitale de fond en comble était changer le visage même de l'Etat et s'assurer le soutien populaire, qui s'exprimerait par le suffrage universel rétabli.

Avec l'inamovible Persigny et l'entreprenant Haussmann, ils convinrent que pour pratiquer une politique constructive, il faut disposer de trois atouts : le pouvoir, des moyens financiers et une solide loi d'expropriation.

Le pouvoir, Napoléon III le détenait totalement, aussi absolu que celui de son oncle, et tel qu'aucun souverain ne l'avait possédé depuis trente-huit ans.

Les moyens financiers étaient là aussi, plus importants que ceux du premier Napoléon qui s'était toujours laissé brider par des contraintes budgétaires, tandis que Napoléon III, à la fois grâce à la santé du pays et à une économie fondée sur la spéculation, avait les coudées plus franches : il s'était arrogé le droit d'ouvrir des crédits extraordinaires par simple décret, et c'est Persigny qui imagina la théorie, révolutionnaire pour l'époque, de l'emploi gagé sur les bénéfices des opérations et sur les plus-values qui en résulteraient.

De ce système, Haussmann fera un usage immodéré. Et complétera à sa manière la procédure d'expropriation, créée sous Louis-Philippe, par un décret permettant la maîtrise des terrains situés de part et d'autre d'une percée. Il fallait que tout cela fût tenu secret, par crainte de la spéculation qui ne profiterait qu'aux classes très aisées.

Et puis, pour l'instant, « l'Empire était vraiment la paix », paix favorable aux grands travaux. On osa aussi l'emploi de nouveaux matériaux : le procédé Bessemer pour la fabrication de l'acier date de 1855.

Napoléon III était friand d'inventions, il décorera de la Légion d'honneur le créateur de la margarine, moins chère que le beurre !

L'Empereur ne manifestait pas dans l'art de bâtir des goûts très poussés. Il le considérait davantage comme une affirmation de son pouvoir, une image de son règne, un moteur économique et social, que comme la manifestation d'une tendance esthétique qui lui restait étrangère. Il s'en tenait à la phrase célèbre du baron Haussmann : « L'architecture n'est autre chose que de l'administration. »

Surtout, il ne montrait guère d'intérêt pour la conservation des monuments anciens, sur laquelle le règne de Louis-Philippe avait mis l'accent.

Un nouveau venu aux soirées des Tuileries, car il avait connu l'Impératrice enfant à Madrid, Prosper Mérimée, inspecteur des monuments historiques, écrivit bientôt à son ami Viollet-le-Duc :

« Ce soir, je suis allé à Saint-Cloud où l'Empereur m'a dit en riant : "Il paraît que Viollet-le-Duc et vous, vous allez détruire Notre-Dame ?" Je l'ai assuré que nous en laisserions quelque chose. Il m'a paru fort indifférent à ce tracas. »

Napoléon III avait la vieille conception de l'Ancien Régime selon laquelle ce que l'on construisait valait largement ce que l'on avait démoli pour cela.

Mais le véritable renouvellement de la construction réside dans l'emploi du fer, favorisé par le développement de l'industrie, et le siècle de Napoléon III, comme on a dit le siècle de Louis XIV, même s'il ne dura pas vingt ans, va utiliser le fer aux deux extrémités de l'échelle du prestige monumental, dans les édifices strictement utilitaires, les gares, et dans les plus spiritualistes, les églises, où, dans certains cas – ceux de Saint-Augustin ou de Saint-Eugène –, on n'hésite pas à le montrer. L'audace technique considérée comme un des beaux-arts.

L'Empereur, féru de modernité, d'inventions techniques, affichait le progrès dont son règne était le père à ses citoyens-sujets. Pour ce faire, il ravagea les demeures historiques de l'île de la Cité. Le percement de la rue des Ecoles jeta bas la commanderie de Saint-Jean-de-Latran, celui du boulevard Saint-Germain l'église des Bernardins, ce qui restait de l'abbaye Saint-Victor et nombre d'hôtels particuliers, souvent propriété d'aristocrates dont l'hostilité à l'Empire n'incitait pas à l'indulgence. D'autres monuments furent traités par Haussmann avec une désinvolture qui laisse pantois : le percement du boulevard bientôt nommé de Sébastopol entraîna le raccourcissement de l'église Saint-Leu-Saint-Gilles et la destruction de son presbytère gothique, et l'allongement de l'église Saint-Laurent, de style néogothique…

L'Empereur, ancien Londonien, s'intéressait passionnément aux espaces verts, manifestant par moments une véritable vocation de paysagiste. Là encore, Haussmann sut servir son dessein. Le bois de Boulogne, jusque-là forêt dangereuse et mal entretenue, devint un vaste espace vert d'agrément, teinté d'anglicisme, semé de lacs, percé d'avenues sinueuses, avec des restaurants d'été, et où le moulin de Longchamp entama une nouvelle carrière, uniquement décorative. Un Hyde Park non au cœur de Paris mais en bordure, il y avait même une sorte de Serpentine, autour de l'île dans le lac. De repaire de brigands, le Bois, qui mérita dès lors une majuscule, devint un des lieux les plus élégants de la capitale.

La même politique fut menée au bois de Vincennes. Et l'on créa, aux différents points d'orientation de la ville, de nouveaux parcs, Montsouris au sud, et à l'est l'étonnant paysage pittoresque des Buttes-Chaumont. Quant au parc Monceau, il illustre le conflit permanent de l'époque entre l'équipement et la spéculation : réduit de plus de moitié par une vaste opération foncière, il bénéficia pour la partie restante d'un aménagement qui respecta les « fabriques » de Carmontelle et la rotonde de Ledoux.

Toujours dans l'esprit londonien, de petits jardins publics furent également créés, auxquels, bien que d'affectation différente, on donna justement le nom très anglais de « squares ». Ces « espaces verts » (on pardonnera à l'auteur ce nouvel anachronisme !)

servaient heureusement la politique sociale de l'Empereur : que le peuple respire !

Le plus important était moins visible : l'adduction et l'évacuation des eaux. Sur les directives d'Haussmann, l'ingénieur Belgrand capta des rivières, en amena l'eau dans des réservoirs cyclopéens d'une extraordinaire beauté, alimenta les innombrables immeubles construits et évacua les eaux usées par un réseau d'égouts dix fois plus grand que le précédent : le choléra ne fut plus d'actualité.

Sur le bord des grands axes, la construction des immeubles et hôtels particuliers fut laissée à l'initiative privée, mais corsetée par un arsenal réglementaire édicté par le préfet et à l'exécution minutieusement surveillée. Les immeubles devaient s'aligner en bordure sur une hauteur proportionnelle à la largeur de la voie, et les contemporains les comparèrent à des haies de troupes au port d'armes, l'ornementation répétitive des façades évoquant également l'uniforme. Peu de saillies, des balcons réglementés, un décor utilisant le bas-relief plus que la ronde-bosse, des étages de hauteur décroissante correspondant à des montants de loyer et par conséquent des classes sociales différentes – au premier étage, un duc, sous les toits, Mimi Pinson.

Mais se croiser dans l'escalier entraînait-il vraiment compréhension mutuelle ? En fait, Mimi Pinson déménagea ainsi que les ouvriers, les petits artisans, etc., vers les quartiers périphériques. Eh oui, déjà.

La ville médiévale qui l'avait profondément choqué à son retour d'exil disparaissait dans les gravats. Elle s'aérait. L'hygiénisme était la dernière mode en médecine, et le père d'un grand écrivain pas encore né, le Dr Proust, y excella. On y circulait sans les « embarras » décriés depuis deux siècles, et surtout elle reflétait peu à peu la prospérité du temps et l'éclat du règne, une capitale à la mesure de l'espoir de progrès qu'elle portait. Parmi les « comptes fantastiques d'Haussmann », si décriés jusque dans le Corps législatif, on oubliait souvent celui-ci : huit mille entreprises employaient trente et un mille maçons, cinq mille charpentiers, trois mille cinq cents couvreurs, huit mille menuisiers, six cents peintres, six mille serruriers, soit en tout soixante mille hommes. C'est le devoir de tout gouvernement, quel qu'il soit, de s'efforcer de procurer du travail aux ouvriers.

Le comte de Persigny était ravi de « son » baron Haussmann. Le comte de Persigny, ancien exilé, était satisfait de retrouver des aspects de Londres dans « son » nouveau Paris, même s'il devait pour cela marcher sur des planches au-dessus des tranchées, guider son cocher dans les tours et détours pour aller d'un point à un autre. Enfin, le comte de Persigny apprit par la lecture d'un journal anglais qu'un ingénieur écossais du nom de John Loudon McAdam avait revêtu certaines routes de son pays de pierres concassées mêlées à un certain goudron, ce qui abolissait l'usage du pavé. Il songea… et se posa une intelligente question : comment fait-on une barricade sans pavés ? Il transmit l'information au préfet Haussmann, lui aussi féru de sécurité. Paris sentira bientôt le goudron.

Depuis sa découverte du baron préfet et urbaniste, M. de Persigny avait gardé par-devers lui, dans un tiroir de son bureau, le fichier où il avait traqué la perle rare. Curieusement, dans ce dossier, était glissé, par erreur de classement ou par négligence, un autre fichier sur les plus proches de l'Empereur.

Y figurait Morny, y figuraient lui-même, Persigny, mais aussi le roi Jérôme, grand coureur de jupons, il y rajouta de sa main prince impérial, maréchal de France, gouverneur des Invalides, décision toute chaude ; la princesse Mathilde, bien sûr, et ses amitiés de bas-bleu dans le monde des lettres et de l'art. Le prince Napoléon dit Plonplon, le « rouge » de la famille, sans doute héritier du trône si l'Empereur n'avait pas d'enfants de l'Espagnole, élu député à la Constituante par le département de Corse et qui fut, à vingt-six ans, le plus jeune représentant du peuple.

Bof, Persigny savait tout cela. Mais il tomba aussi sur la fiche du prince assassin, Pierre Bonaparte. Septième des dix enfants de Lucien Bonaparte et d'Alexandrine Jacob de Bleschamp, il naquit à Rome le 11 octobre 1815, après que son père, fait en 1814 par Pie VII prince romain de Canino, se fut durant les Cent-Jours réconcilié avec Napoléon. Enfant difficile, mal équilibré, bagarreur, sexuellement précoce, il a fait de médiocres études chez les jésuites d'Urbino. Très affecté par les décès de son frère Paul, servant dans la marine anglaise, et de sa sœur Jeanne, marquise Honorati, puis très lié avec son cadet Antoine, aussi tête brûlée que lui, il participa en 1831, avec ses cousins Napoléon Louis et Louis Napoléon, à l'insurrection des Romagnes. Fait prisonnier par les pontificaux, il s'évada, tenta de rejoindre les révolutionnaires toscans mais dut en janvier 1832 gagner l'Amérique, où, après avoir été hébergé à Point-Breeze par son oncle Joseph, il s'engagea en Colombie auprès du général Santander. Malade, il revint en Italie, mais, banni, il fut aussitôt incarcéré au château Saint-Ange. Rendu à la liberté, et soupçonné d'être un carbonaro coupable d'exactions et de meurtre, il se heurta à Canino, le 3 mai 1836, au détachement de carabiniers qui le recherchait, en tua le chef, fut blessé, arrêté, jugé et condamné à mort. Grégoire XIV s'étant contenté de le faire expulser, il se rendit à nouveau aux Etats-Unis, où il retrouva son cousin Louis Napoléon, avec qui il se brouilla après avoir tué un passant dans une rue de New York. Revenu en Europe, il partit pour Corfou, qu'il dut quitter à la suite d'une fusillade avec des Albanais. Il s'installa à Mohimont, dans les Ardennes belges, avec sa maîtresse Rose Hesnard, et s'y fit oublier pendant dix ans.

Ce brillant cavalier de fière allure, passionné de chasse et d'armes à feu, crut son heure arrivée avec la révolution de 1848. Il rentra précipitamment en France puis en Corse, où il fut élu député à l'Assemblée constituante de la Deuxième République. Peu intéressé par la politique, il demanda vite son intégration dans l'armée, avec le grade de chef de bataillon, qu'il prétendit avoir possédé en Colombie. Affecté en Algérie, à la Légion étrangère, il combattit courageusement.

Qu'il y reste, songea Persigny. Et il ajouta à l'encre rouge : à surveiller de près. Pierre Bonaparte était un assassin dans l'âme. Un sociopathe, dirait-on aujourd'hui.

Surprise, la dernière fiche était consacrée à une femme que Persigny aimait et respectait plus que l'Impératrice : miss Howard, Elizabeth Ann, née Haryett. Il y jeta un œil. Il en savait plus que le policier fouineur et rédacteur. Mais… il avait une idée. Il referma le dossier, le glissa dans le tiroir de droite de son bureau.

Elizabeth Ann, comtesse de Beauregard (au fait, l'était-elle officiellement ou non ? le décret n'avait jamais été publié). Il ressentait une respectueuse affection pour cette femme qui aimait son empereur au moins autant que lui. Et sans elle, ses millions et ses relations…

A sa manière, il allait la rembourser. En secret. Même Napoléon III l'ignorerait. Il griffonna un papier, le recopia, et fit porter les messages rue du Cirque et à Saint-Cloud.

A quatre heures de l'après-midi, ils prenaient le thé dans l'hôtel particulier d'Elizabeth Ann. Persigny lui montra les plans secrets des travaux, des quartiers où vite acquérir des biens, des entreprises où acheter des actions, des immeubles en construction dans lesquels acheter sur plan des étages entiers.

– Merci, Victor.

Pour la première fois, elle utilisait son prénom. En entrant elle avait souri et dit à son habitude : « Comment va mon cher Persigny ? »

Elle avait sorti un petit carnet, une sorte de carnet de bal, et notait à très grande vitesse lieux, projets, prix, emprunts, taux, dividendes.

– D'après mes calculs, ces travaux vont coûter dans les six cents millions… du moins la première tranche. En prêtant, on peut imaginer un rapport de dix-neuf pour cent l'an. Je consulte mes banquiers.

– Un grand secret est demandé, comtesse.

– Vous me connaissez, je crois, comte…

Elle souriait de cet échange de titres ronflants. Et Persigny comprit que ce sourire-là, l'Espagnole, malgré sa beauté, ne l'aurait jamais !

– C'est une jolie fleur de diamants que vous venez de m'offrir.

– Madame, vous le méritez et plus encore. Ce titre de comtesse est bien, mais vous auriez mérité plus haut, bien plus haut, tout en haut.

Elle sourit encore à se jeter à ses pieds.

– Laissez, comte, laissez, Victor, mon cher ami. Je m'en vais me marier avec un fils de lord, l'honorable Clarence Marmaduke Trelawny.

– Vous voici lady !

– Et bonne mère. Je m'occupe avec sérieux et amour de mon fils Martin Constantin Haryett Mountjoye, je compte bien en faire un gentleman.

– Comment pourrait-il en être autrement, lady Trelawny ? Si vous avez besoin…

– Je n'ai plus de besoins, cher ami.

Et pour le quitter elle l'embrassa sur les deux joues, puis lui dit avec son sourire inoubliable :

– Nous nous sommes bien amusés autrefois, n'est-ce pas ?

Où l'ennemi héréditaire est un allié

L'état de grâce dont bénéficie un nouveau chef d'Etat est d'invention récente. Napoléon III, plébiscité comme nul ne l'avait encore été (l'URSS n'existait pas), ne bénéficia pas de ces trois mois, de ce trimestre, de ces cent jours (mauvais souvenir avunculaire) aujourd'hui de tradition. Tout cela à cause d'un autocrate quasi divin, le tsar, et d'une querelle religieuse quasi byzantine qui opposait les orthodoxes en effet et les moines latins des Lieux saints.

A peine installé sur le trône, se tenant au courant des nécessités du peuple, de la manière de changer Paris en Ville lumière (qualification qu'elle ne méritait certes pas avant lui et devenue cliché depuis), il eut à affronter son premier grand conflit diplomatique.

Les ambassadeurs et toutes les chancelleries retiennent leur souffle lorsque, le 28 février 1853, le prince Menchikov, envoyé extraordinaire du tsar, débarque à Constantinople, plein de morgue et d'arrogance. Ce flamboyant personnage est-il seulement chargé, comme le répète Nicolas Ier, de régler « la très subalterne querelle des Lieux saints », ou bien vient-il porter un coup fatal à l'« homme malade de l'Europe », cet Empire ottoman toujours plus décrépit ?

Après quelques semaines d'attente, la triste réalité s'impose à tous, et même aux Anglais qui auraient tant voulu croire en la bonne foi de leur grand ami Nicolas : la querelle des Lieux saints n'était qu'un prétexte…

Les Français, dont le comte Walewski aux Affaires étrangères, s'en doutaient. Mais les Anglais, dont le tsar avait su endormir la méfiance, en vieux alliés de Waterloo, n'y avaient vu que du feu. Or, le 22 avril, le Russe Menchikov et le Français Lacour ont signé un compromis acceptable pour les deux parties en conflit, moines latins et prêtres orthodoxes. On a redéfini les privilèges des uns et des autres en Palestine et les tours de garde communs des Lieux saints. Le 4 mai, le sultan a donné son accord. La crise peut donc être considérée comme résolue.

Au Quai d'Orsay, on respire mieux. Mais dès le lendemain, par ultimatum, le prince Menchikov exige du gouvernement turc, au nom de son maître, un droit de protectorat sur tous les sujets orthodoxes de l'Empire ottoman, soit plus de dix millions de personnes, le quart de sa population ! Nul doute qu'un tel abandon de souveraineté n'amène bientôt les Russes sur le Bosphore et les Dardanelles.

A Londres, les écailles tombent des yeux : ainsi, la politique russe n'a pas changé depuis Pierre le Grand ? L'expansion vers les mers chaudes serait toujours un article de foi à Saint-Pétersbourg. Les Français avaient raison, eux qui avaient pris la décision, lors du Conseil des ministres du 19 mars, d'envoyer leur flotte en Méditerranée, au large de la Grèce, afin de rassurer le sultan et de signifier aux Russes que, le temps de l'effacement étant passé, il fallait de nouveau compter avec Paris.

Waterloo avait été digéré et le congrès de Vienne était une vieille lune.

Or, cette décision prise par un Empire âgé d'à peine plus de trois mois, avec quelles critiques l'avait accueillie la presse d'outre-Manche ! De quelles moqueries ne l'avait-on pas saluée ! Dans quel mépris tenait-on des « parvenus » bonapartistes qui s'imaginaient chausser des bottes trop grandes pour eux ! Le *Times* du 2 mars s'était élevé contre « toute croisade inconsidérée », celui du 22 affirmait que l'Angleterre n'avait pas à « réparer les fautes de la France en Turquie »... Mais qu'importe ! Napoléon III, bien qu'anglophile depuis l'exil, le sait : « L'Angleterre a une façon à elle de pratiquer l'oubli des injures : elle excelle à oublier non les injures qu'elle reçoit, mais celles qu'elle se permet. » Il en sourit.

Alors, en ce mois de mai 1853, ce sont les beaux jours de l'Entente cordiale de 1831 que l'on croit revivre ! Toute honte bue, l'Angleterre se rapproche de cette France nouvelle qu'elle méprise et craint à la fois. Sauf sa reine curieusement, que ce nouvel empereur à l'accent allemand (Victoria est une Hanovre) intrigue et intéresse. Paris et Londres, en fidèles alliés, décident de soutenir la Turquie et de défendre leurs intérêts communs en Méditerranée.

Le 13 juin, une flotte franco-britannique jette l'ancre à Bésika, à l'entrée des Dardanelles. Et Napoléon III peut se dire que sa bonne étoile, décidément, le protège toujours. Il a tiré les leçons de l'échec de son oncle, et ce rapprochement avec l'Angleterre, que la Russie lui offre sur un plateau, est précisément la pierre de touche de l'ambitieuse politique étrangère qu'il médite : faire voler en éclats cette Europe cadenassée depuis 1815.

Or, par la justesse de ses analyses, par la fermeté de son attitude, cette alliance vient d'elle-même à lui, sans qu'il ait besoin de la solliciter ! Quant au tsar, il commence à payer le prix de ses illusions. D'abord à l'égard des Turcs, dont il sous-estimait la capacité de résistance. Certes, ses troupes envahissent sans combat, le 3 juillet, la Moldavie et la Valachie, possessions du sultan. Mais loin de se soumettre, ce sont les Turcs qui tirent, en octobre, les premiers coups de canon de la guerre.

Nicolas paye également ses illusions sur l'Angleterre, dont il n'imaginait pas qu'elle pût jamais faire alliance avec sa vieille ennemie de Waterloo... et le neveu de l'Ogre ! Et que dire de l'Autriche, qui pourtant lui devait tant depuis l'intervention de ses troupes contre les Hongrois, en 1848 ? Loin de se déclarer neutre, comme il l'espérait, voilà qu'elle prend la tête de l'initiative diplomatique visant à lui faire accepter les conditions posées par les Franco-Anglais pour éviter la guerre, et même qu'elle souscrit à ces conditions !

Mais l'erreur d'appréciation la plus grave de Nicolas, c'est celle qu'il fit à propos de Napoléon III. Pourtant, dès le début de la crise, Persigny, ministre de l'Intérieur, avait mis en garde l'ambassadeur du tsar en France :

– Vous croyez notre empereur dominé par un entourage terre à terre, avait-il dit au diplomate. Or, en le jugeant d'après les dispositions bien ou mal appréciées de cet entourage, vous vous exposez à vous tromper étrangement. A force de tendre la corde au profit de votre orgueil, vous la briserez infailliblement.

Comment le tsar, dieu vivant, pourrait-il faire machine arrière ? Le 26 juin, au contraire, c'est un appel à la guerre sainte qu'il lance à ses peuples.

Les Occidentaux ne désirent pas lui faire la guerre. Ce qu'ils veulent, c'est que le tsar renonce à son exigence de protectorat et relâche la pression qu'il exerce sur le sultan. Mais l'attitude hautaine, figée, impérieuse de Nicolas va les obliger à s'avancer pas à pas jusqu'aux confins d'une guerre qui sera finalement devenue inévitable.

Le 8 octobre, après trois mois de patience, les Turcs somment le prince Gortchakov d'évacuer les principautés moldave et valaque. Car à Constantinople les esprits sont échauffés, et les ulémas prêchent la guerre sainte : il y a si longtemps qu'on les subit, les débordements des tsarines et des tsars !

Le 25, le *muchir* (maréchal) Omer Pacha, un Croate islamisé par haine de l'Autriche, de son vrai nom Michel Plattas, mathématicien diplômé de l'université de Karlstadt, et désormais le stratège du sultan, attaque les troupes russes à Isaktcha, sur le Danube, ce qui permet au chancelier du tsar Nesselrode de crier à toute l'Europe inquiète : « La guerre nous est déclarée ! »

En fait, le déséquilibre des forces est tel que les Occidentaux n'ont d'autre choix que de pousser leurs flottes dans le Bosphore : Omer Pacha dispose de trois divisions, le prince Gortchakov, qui commande les troupes russes, de deux corps d'armée.

Mais l'escalade se poursuit : dans le port de Sinope, en Anatolie, une flottille turque est détruite à l'ancre par des vaisseaux russes le 30 novembre. La ville est rasée, les habitants massacrés. Provocation ultime, car les pavillons alliés flottent non loin de là. Au même moment, sur le front du Caucase, la mauvaise armée turque d'Asie subit défaite sur défaite face à une armée russe aguerrie par des années de lutte contre les Tchétchènes.

Si la flotte alliée veut couvrir Constantinople, il ne reste qu'à entrer en mer Noire. C'est chose faite le 3 janvier 1854, à l'initiative de la France. Et l'Empereur, qui a sollicité les Anglais, précise par la voix de son ministre des Affaires étrangères :

« La Russie a pris en gage les principautés, nous prenons en gage la mer Noire. La flotte russe ne doit plus sortir de ses ports. Ce que nous voulons, c'est la cessation pure et simple des hostilités. »

Le 4 février, quatrième initiative brutale russe – après l'ultimatum de Menchikov, l'invasion des principautés et le carnage de Sinope : le tsar rompt ses relations diplomatiques avec Londres et Paris.

Pourtant, dès le 29 janvier, Napoléon III avait écrit à Nicolas une lettre au ton mesuré, conciliante, qui ne suggérait rien d'autre que le règlement du contentieux par voie diplomatique, et « le retrait de toutes les forces belligérantes des lieux où des motifs de guerre les (avaient) appelées ». Mais la réponse avait été amère, agressive, insolente :

« Ma confiance, écrivait Nicolas, est en Dieu et en mon droit. La Russie, j'en suis garant, saura se montrer en 1854 ce qu'elle fut en 1812… » Rappel mal venu de la campagne de Russie…

Le 27 mars 1854, la Russie n'ayant pas répondu à leur sommation d'évacuer les principautés, la France et l'Angleterre lui déclarent la guerre.

Mais Napoléon III peut dire en ouvrant la session législative : « L'Europe sait maintenant, à n'en pas douter, que si la France a tiré l'épée, c'est qu'elle y a été contrainte. » Il est confiant : le pays fait bloc derrière lui, comme il l'a fait pour élire le président de la République en décembre 1848, approuver le coup d'Etat en décembre 1851, saluer le rétablissement de l'Empire en novembre 1852. Il n'y a plus d'opposition, laminée par les décrets de 1852 et les lois de 1853, et la presse, à la fois mal informée et intimidée, marche aux ordres.

L'opinion est généralement hostile à la Russie, qu'elle tient pour principale responsable de l'abaissement du pays depuis 1815. Et dans une société livrée depuis longtemps aux seules préoccupations matérielles, la guerre d'Orient qui s'annonce n'apporterait-elle pas cette dimension héroïque si nécessaire au tempérament national, à ces « aiglons bannis des cieux » que plaignait amèrement Hugo, qui, après avoir été légitimiste, orléaniste, bonapartiste (trois mois), républicain, ne déteste pas se retrouver belliciste, du moins en poésie ?

Le choléra vient de réapparaître ; la récolte de 1853 a été mauvaise, celle de 1854, comme partout en Europe, s'annonce médiocre. Cela pourrait provoquer des émeutes. Mais l'Empereur sait qu'il bénéficie d'une large approbation populaire, même de la part de ses adversaires politiques. Sinon, comment se résoudrait-il à éloigner de lui la fine fleur de sa chère armée ?

En Angleterre, autant on renâclait à partager les analyses de l'« aventurier des Tuileries », autant on est devenu va-t-en-guerre. On a déjà dressé, en commun avec les Français, des plans d'action et retenu des objectifs, principalement le grand port militaire de Sébastopol, en Crimée. On affiche officiellement le même but de guerre que Paris : la défense de l'intégrité ottomane.

En réalité, c'est déjà la liquidation radicale de la puissance russe que l'on vise, seule garantie à long terme pour les Indes et leurs routes commerciales, et l'on n'est pas fâché de pouvoir disposer pour cela d'autant de troupes… françaises ! Mais Napoléon III ne sera jamais dupe, et ne défendra jamais que ses propres intérêts.

Plus tard, en 1856, il fera fi des récriminations de Londres pour imposer la paix qu'il voudra, quand il le voudra. Mais en ce printemps 1854, alors qu'on pousse des cris de guerre au-delà du Channel, il continue à privilégier la négociation, à compter sur l'alliance ferme de l'Autriche, et à espérer qu'une simple démonstration de force suffira pour faire reculer le tsar. Tous ces espoirs seront malheureusement déçus.

Au mois d'avril, sur les états du ministère de la Guerre, l'armée d'Orient compte soixante mille hommes, aux ordres du maréchal de Saint-Arnaud, le vainqueur de Paris. Associées aux trente mille Anglais de lord Raglan, ces troupes devront se réunir d'abord à Gallipoli, près des Dardanelles, puis à Varna, en Bulgarie.

C'est une grande première, un des premiers aspects modernes de la nouvelle guerre : le transport à trois mille kilomètres de ces dizaines de milliers d'hommes avec chevaux, artillerie, matériels, approvisionnements ! Une grande première dans l'Histoire que cette « projection de forces », et pour l'armée, la marine, l'administration impériales, effort inouï, sans commune mesure avec celui de l'expédition d'Alger, vingt-quatre ans plus tôt ! On glosera beaucoup, par la suite, sur l'« impréparation », le « désordre », l'« improvisation » des départs. Mais on ne prépare bien que les guerres que l'on a l'intention de faire. Et depuis le coup d'Etat, la France désarmait pour ne pas inquiéter ses voisins. Et puis, que d'inconnues ! Que vont faire les Russes ? Que peuvent les Turcs ? Que décideront les Autrichiens ? Sur quelles ressources pourra-t-on compter en Bulgarie, en Crimée ou ailleurs ? En juin, 30 000 Français campent à Varna, avec 20 000 Anglais et 20 000 Turcs. En juillet-août, ils sont 50 000. Mais la situation n'a rien d'engageant : les Russes – 150 000 hommes – se sont bien frottés aux Turcs sur le Danube, mais ils n'ont pas entrepris cette descente sur Constantinople à laquelle on est venu s'opposer.

Les camps alliés ont été ravagés par une épidémie de choléra, qui a emporté près de 5 000 Français. Une expédition dans la Dobroudja, destinée à « donner de l'air » aux troupes entassées à Varna, se solde par un fiasco relatif que l'on reprochera à Saint-Arnaud.

Le 10 août, un terrible incendie dévore tous les approvisionnements de l'armée, tandis que l'état de santé du maréchal, qui souffre d'une péricardite, s'aggrave brutalement. Mais surtout, depuis le 23 juin, l'armée d'Orient n'a plus d'objectif. Ce jour-là, craignant une intervention de l'Autriche, les Russes ont évacué les principautés moldo-valaques et se sont repliés en Bessarabie, sans que le tsar, pour autant, ait renoncé à ses prétentions. Alors, où frapper ce géant, sachant qu'il n'est question ni de pénétrer en Russie, ni de revenir en Europe sans avoir conjuré la menace, ni de se consumer dans l'inaction et l'épidémie ?

Le 18 juillet, à Varna, le conseil de guerre a pris une décision difficile compte tenu de la faiblesse des moyens, en artillerie notamment : se jeter en Crimée et s'emparer de Sébastopol. Assaut ou siège ? Il y a trop d'inconnues pour répondre. Trop d'opinions différentes. Si lord Raglan, comme Saint-Arnaud, était favorable à l'entreprise, l'amiral anglais Dundas, exerçant un commandement indépendant, refusait d'y risquer sa flotte. La décision, c'est Saint-Arnaud qui finira par l'arracher après deux autres conseils éprouvants, les 22 et 26 août. Pour autant, si les troupes sont enthousiastes, les cadres font grise mine. Ils ne savent rien, ou presque, de ce qu'ils vont trouver en Crimée. Et puis, combien de temps restera-t-on tributaire du fragile cordon ombilical des navires, alors que la saison s'avance et que la mer Noire est celle des vents et des tempêtes ? En cas d'échec, comment imaginer un rembarquement sous le feu de l'ennemi ? Brillantes perspectives !

Le 14 septembre, 30 000 Français, 20 000 Anglais et 7 000 Turcs débarquent en Crimée, près d'Eupatoria, à une quarantaine de kilomètres au nord de Sébastopol. Le 20, c'est le choc avec les 50 000 hommes de Menchikov, retranchés sur les hauteurs de la petite rivière Alma. Le plan de Saint-Arnaud visait une répétition d'Austerlitz mais, du fait de la lenteur et des retards des Anglais, il sera celle de la Moskowa. Battue mais non détruite, l'armée russe se replie en bon ordre vers Sébastopol, après avoir bien pris la mesure des dangers : l'agressivité française, la solidité anglaise, la précision et la portée des fusils à canon rayé.

Le 23, les Russes coulent des navires en travers de la rade, réduisant à néant le projet de Saint-Arnaud d'une action combinée de vive force par terre et par mer. Serait-ce « Moscou qui recommence », comme il le craint ? Ce même jour, la maladie terrasse Saint-Arnaud. Le 26, il remet son commandement à Canrobert, pour mourir peu après que les alliés, en quête désormais urgente de ports, furent passés du nord au sud de la place vers les baies de Balaklava et de Kamiesch.

Les Russes ayant mis à profit ce répit pour renforcer leurs défenses terrestres, il n'est plus question d'assaut. On débarque matériel et artillerie. On creuse, on s'établit. Le siège commence. Comment les Russes comprendraient-ils qu'en sauvant Sébastopol ils ont perdu la guerre ?

A Paris a eu lieu un autre siège, celui de l'Empereur par son jeune cousin préféré quoique « rouge », Napoléon Jérôme, le cher Plonplon, frère de Mathilde. Il a demandé à servir son pays sous les ordres du maréchal de Saint-Arnaud, à la tête d'une division.

A l'Alma, sous le feu de l'ennemi, payant de sa personne, il a donné la preuve de son courage et l'Empereur lui fait porter, le 23 octobre 1854, la médaille militaire, mais il reviendra avant la prise de Sébastopol, en désaccord avec Canrobert, ce tout nouveau commandant en chef.

Sait-il que cela se nomme une désertion ? Il en fera d'autres, ne supportant pas le moindre désaccord. Et chaque fois son cousin empereur passera l'éponge.

C'est le début d'une longue, pénible et sanglante empoignade de onze mois. Un siège ? Pas vraiment, car il aurait fallu des effectifs deux fois supérieurs pour investir la place, qui ne cessera de recevoir des renforts et des approvisionnements. On verra plutôt deux camps retranchés s'avancer l'un vers l'autre, les canons répondant aux canons, les sorties aux assauts, les contre-approches aux travaux d'approche, les tireurs d'élite finlandais aux chasseurs de Vincennes. Dans la boue, la neige, le vent et le froid, sous des orages d'acier, moissonnés par les maladies, les hommes des deux camps souffrent mille morts et leur calvaire préfigure déjà celui de 1914-1918. On s'acharne car il est clair, malgré quelques opérations secondaires sur d'autres théâtres, que la décision se jouera en Crimée et pas ailleurs. Solidement campée sur les arrières des alliés, une armée russe de secours tentera trois fois de débloquer la place, mais les batailles de Balaklava (25 octobre 1854) où la brigade légère de Sa Gracieuse Majesté va se faire, sabre au clair, canonner à bout portant par l'artillerie russe, d'Inkerman (5 novembre 1854), puis de Traktir (16 août 1855), n'aboutiront qu'à des boucheries inutiles.

La flotte de la mer Noire de la vieille et sainte Russie n'a-t-elle pas été surclassée avant tout combat et bloquée dans ses ports faute de navires à vapeur ? Que fera-t-elle sans chemins de fer ni routes dignes de ce nom ? Ce choc de l'ancienne et de la nouvelle Europe ne pouvait tourner qu'à son désavantage.

Mais cette guerre n'en finit pas, et Napoléon III, qui déteste déjà cette aventure qu'il ne voulait pas, se prépare à accueillir son alliée : la reine.

Victoire, Victoria

La reine Victoria arrive en France pour l'Exposition universelle. Aucun souverain anglais n'avait mis les pieds à Paris depuis Jacques II Stuart sous Louis XIV. On redoutait le pire, l'anglophilie n'étant pas la qualité première du peuple français, si elle a touché déjà toutes les hautes classes.

Ce sera l'enthousiasme. Victoria aura droit aux ovations de la foule. Quarante ans après Waterloo, la visite de la reine sert de prétexte pour tourner une page d'Histoire : l'Angleterre n'est plus désormais l'ennemi héréditaire.

L'Angleterre – et surtout sa souveraine, la reine Victoria – avait assisté avec peine à la chute de Louis-Philippe, avec effroi à l'installation d'une république tapageuse et excitée, avec crainte au coup d'Etat du prince-président et à l'instauration de la dictature impériale. Napoléon III n'avait-il pas osé parler d'« hérédité » ? C'était là, pour l'Angleterre, un coup de boutoir donné dans le sacro-saint traité de Vienne, édifice qui, depuis 1815, continuait à régir l'Europe.

– Nous demander de reconnaître Napoléon III est absurde, s'était exclamé lord Malmesbury, pourtant vieil ami de l'Empereur depuis leurs escapades romaines. C'est vouloir nous forcer, nous les grandes puissances, à donner un démenti à l'Histoire et à nous déjuger nous-mêmes dans tout ce qui a été fait depuis trente-sept ans.

Cependant, l'alliance rapprochait les deux nations. Et, le 18 août 1855, alors que l'on attendait toujours la chute de Sébastopol, la reine Victoria et le prince Albert arrivaient à Boulogne et gagnaient Paris afin de visiter l'Exposition universelle. Comment Paris allait-il accueillir la reine Victoria, la petite-fille du roi George qui avait fait mourir Napoléon à Sainte-Hélène ? En l'étourdissant sous les acclamations ! mais le lendemain seulement…

Le retard – par suite du départ tardif de Boulogne – se monte à près de deux heures et il est sept heures douze du soir lorsqu'on entend tirer les batteries situées du côté de la gare de Strasbourg. Le jour commence déjà à baisser.

Dans son wagon, la reine a changé de tenue. Elle porte une robe bleue et un mantelet de soie gris, tandis que le prince Albert a revêtu son uniforme de feld-maréchal. Cent un coups de canon vont accompagner le cortège, tirés par les batteries placées à la gare, place de la Concorde, dans le bois de Boulogne et dans le parc de Saint-Cloud.

Le cortège se met en route. Mais le crépuscule tombe vite et les Parisiens sont déçus. L'accueil de Paris est aimable et correct… sans plus. La longue attente, la déception de ne pas voir la reine comme on l'espérait y sont pour beaucoup. Il fait nuit lorsque les voitures remontent les Champs-Elysées.

A Saint-Cloud, au débouché du pont, se dresse un arc de triomphe en toile peinte, éclairé au gaz et flanqué d'ifs. En « or feu », on peut lire ces mots : « A la reine Victoria, au prince Albert ». Une dernière salve, des roulements de tambours, les éclats des cuivres, l'inévitable *God save the Queen*, les hurlements des enfants des écoles qui s'égosillent à crier : Vive la reine !... et enfin, à neuf heures moins le quart, la berline s'arrête devant le château.

L'Impératrice et la princesse Mathilde s'avancent. Eugénie est resplendissante de beauté. Elle conduit Victoria jusqu'aux grands appartements où va être servi le dîner.

L'Impératrice s'était occupée elle-même de l'aménagement de l'appartement de Victoria. Elle avait essayé de rappeler l'ameublement de la reine à Windsor. Elle avait même pensé à placer « un panier » pour chauffer le linge… objet indispensable au mois d'août ! La reine avait envoyé son valet-tapissier afin de montrer comment elle désirait que son lit fût fait… Et Eugénie avait assisté à l'opération.

– Je me crois dans mon appartement à Windsor, approuve Victoria, il ne manque que mon petit chien !

La princesse Mathilde propose de lui prêter son corgi, Pluche. On rit beaucoup entre dames.

Le lendemain, le voyage officiel commence par la visite à l'exposition des Beaux-Arts, située à l'emplacement de l'actuel théâtre des Champs-Elysées et s'étendant jusqu'à notre avenue George-V. On s'y rend en voiture de gala précédée d'une escorte de cuirassiers de la garde. Victoria, portant un manteau de dentelle, regarde durant trois heures les tableaux exposés, puis on lui offre un « bouquet musical », pot-pourri de Mozart, de Gluck, de Boieldieu, se terminant, bien entendu, par le *God save the Queen*.

A quatorze heures, lunch à l'Elysée, remis à neuf pour l'occasion. Le mot de « lunch », publié par les journaux, intriguait les lecteurs parisiens. On entendit rue d'Anjou un ouvrier expliquer aux badauds : « C'est punch qu'il faut lire. Deux heures, c'est l'heure du punch ! » Napoléon III est d'une prévenance charmante et la reine se montre enchantée.

– Je ne connais personne, dit-elle à son cher Albert, qui, plus que l'Empereur, me mette à mon aise ou avec qui je me sente plus disposée à parler sans réserve. Il s'est entretenu de tous les sujets, même les plus délicats, c'est-à-dire de la famille d'Orléans, alors qu'il était en voiture seul avec moi.

La reine aimait en effet la famille royale – son oncle Léopold avait épousé la fille de Louis-Philippe – et, au cours de son voyage, demandera à visiter les ruines du château de Neuilly, demeure de Louis-Philippe, incendié par les révolutionnaires de 1848, et ira s'incliner à la chapelle byzantine élevée à la mémoire du duc d'Orléans.

Le mardi 21 est consacré à la visite de Versailles. Le château a été remis en état. Après avoir parcouru les salons, Victoria apparaît au balcon de la galerie des Glaces, signal du *God save the Queen* – puis, une ombrelle verte à la main, visite le parc. On prend le chemin de Trianon où doit être servi ce damné « lunch ». Le hameau de Marie-Antoinette a été restauré et le moulin a reçu une nouvelle roue. Le soir, l'Opéra de la rue Le Peletier scintille de mille feux. Toutes les places ont été louées depuis longtemps. Lorsque Victoria et Napoléon, Eugénie et le prince Albert entrent dans la large loge aménagée pour la circonstance, le *God save the Queen* retentit de nouveau. Tout le monde se lève et quelques dames agitent même leur mouchoir.

Le jeudi 23 se termine par un bal donné à l'Hôtel de Ville. L'orchestre dirigé par M. Pasdeloup fait danser les invités au son de la *Royal Princess Valse* et de *Welcome Polka*. Entre deux danses, on présente à la reine des chefs arabes d'Algérie. L'un d'eux, avant que la reine ait pu faire un geste, se met à genoux, soulève le bas de la jupe de dentelle blanche de Victoria, lui embrasse le mollet en s'écriant :

– Honni soit qui mal y pense !

La reine ne cria pas, mais souffrit du mal qu'elle se donna pour ne pas éclater de rire !

En souvenir de cette soirée, la municipalité demanda à Victoria la permission de donner son nom à la nouvelle avenue qui allait réunir l'Hôtel de Ville à la place du Châtelet. La reine n'avait pas besoin de cet hommage pour se souvenir de la réception. Le baiser du cheik donné à son mollet suffisait…

Le vendredi 24, à dix-sept heures, Victoria et Napoléon arrivent au pont d'Iéna. Une grande revue groupant quarante-cinq mille hommes doit défiler au Champ-de-Mars. Après être passé devant le front des troupes, Napoléon III va se placer devant le pavillon central, tandis que les invités royaux s'installent dans une grande loge aménagée au premier étage de l'Ecole militaire.

On avait reculé l'heure de la revue avec l'espoir que la reine, étant donné l'heure tardive, abandonnerait l'idée d'aller ensuite aux Invalides s'incliner devant le tombeau de l'Empereur. Il fait presque nuit lorsque s'achève le défilé. Victoria n'en maintient pas moins sa décision. La petite-fille de George III est accueillie par les invalides portant des flambeaux. Le cénotaphe de porphyre rouge n'est pas terminé. Le corps de celui que l'on nomme le martyr de Sainte-Hélène repose encore dans la chapelle Saint-Jérôme tendue de velours violet parsemé d'abeilles.

Devant le cercueil ont été placés le chapeau d'Eylau, l'épée d'Austerlitz, le grand cordon et la plaque de la Légion d'honneur.

« Aux mains un peu tremblantes des invalides, raconte le comte Fleury, les lueurs vacillantes des torches semblent donner la vie aux choses. »

La reine se tait. Une intense émotion l'étreint et gagne aussi le prince Albert, immobile dans son uniforme rouge de feld-maréchal, et le prince de Galles, le futur Edouard VII, jeune homme vêtu en highlander, avec la veste de velours, la sacoche de fourrure et le kilt.

Soudain, la reine prend le prince de Galles par la main et lui dit :

– Agenouille-toi devant le tombeau du grand Napoléon.

Au même moment, l'orage qui couvait dans le ciel éclate avec fracas, ébranlant de furieux coups de tonnerre les échos de la chapelle. Des éclairs illuminent la rue et pénètrent jusque dans la crypte, donnant à l'émouvante scène un aspect presque surnaturel.

Et quel spectacle, au milieu de ce déchaînement, que celui du futur roi d'Angleterre à genoux devant la dépouille du vaincu de Waterloo !

Le lundi matin – jour du départ –, après une halte dans le salon rouge et or de la gare, Victoria, Albert et Napoléon prennent place dans le train impérial à la locomotive pavoisée qui conduit les voyageurs à Boulogne, à dix-sept heures. Mais le voyage n'est pas terminé : sur la « laisse de mer », durant cinq quarts d'heure, il faut passer en revue quarante mille hommes.

« Nous avons parcouru les rangs, racontera Victoria. Une vraie forêt de baïonnettes dont l'effet, avec la mer bleue et calme au fond et le soleil couchant qui jetait une lumière cramoisie sur le tout, était grandiose. Ils marchent bien, les soldats français moins serrés que les nôtres, mais ils marchent bien ensemble. »

Le dîner a lieu à l'hôtel du Pavillon impérial. On est réellement triste de se quitter. Victoria est éblouie par son voyage :

« C'est comme un rêve si merveilleux que je ne puis y croire… J'ai reçu en France une telle hospitalité que je ne saurais à cette heure comment m'y prendre pour y répondre convenablement. Il est merveilleux que cet homme, envers lequel nous n'étions certainement pas particulièrement bien disposés, soit arrivé par la force des circonstances à se lier si intimement avec nous et à devenir un ami personnel, et cela uniquement par le fait de ses propres qualités et malgré tout ce qu'on a dit contre lui. Il fut d'une grande bonté et d'une bonté intelligente pour les enfants, qui l'aiment énormément : ils se sont fort bien tenus et ont eu beaucoup de succès. En un mot, sans essayer de rien faire de particulier pour qu'on s'attache à lui et sans avoir rien de particulièrement séduisant dans son extérieur, il a une puissance de fascination incroyable que subissent tous ceux qui l'approchent et le connaissent. »

Victoria saura se souvenir de l'éblouissant accueil lorsque, les heures sombres venues, Napoléon et Eugénie ne seront plus que des proscrits et viendront chercher un asile en terre anglaise.

Sa Gracieuse Majesté, enchantée de ce voyage, serait-elle restée jusqu'en septembre qu'elle aurait pu fêter deux événements.

Le premier se passait fort loin.

Le 7 septembre, le bastion de Malakoff défendant Sébastopol était attaqué.

Ce jour-là, un terrible duel d'artillerie eut lieu. Le corps de siège français subit de lourdes pertes et sa puissance de feu fut dépassée. La flotte affronta les batteries portuaires près des côtes et perdit cinq cents hommes, en plus des dommages infligés aux navires. Les canons britanniques quant à eux eurent plus de succès en faisant taire les canons russes à Malakoff.

Malgré tout, le lendemain matin, les ingénieurs russes du général Todleben avaient réparé et amélioré les fortifications endommagées.

Le siège de Sébastopol durait depuis des mois. Pendant le mois de juillet, les Russes perdirent en moyenne 250 hommes par jour, ce qui les poussa à décider que Gortchakov et l'infanterie russe devaient lancer un nouvel assaut à Chernaya, le premier depuis la bataille d'Inkerman. Le 16 août, le corps d'armée du général Pavel Petrovich Liprandi attaqua violemment les 37 000 Français et la poignée de soldats sardes envoyés par le Piémont au-dessus du pont de Traktir. Les assaillants arrivèrent avec la plus grande détermination possible, mais l'issue du combat ne fit de doute à aucun moment. A la fin de la journée, les Russes se retirèrent du champ de bataille, laissant derrière eux 260 officiers et 8 000 hommes; les Alliés n'en ayant perdu que 1 700.

Avec cette défaite, la dernière chance pour les Russes de sauver Sébastopol s'envolait. Le même jour, les bombardements alliés avaient une fois de plus réduit Malakoff et ses alentours au silence, et c'est avec une confiance absolue que le général Aimable Pélissier planifia l'assaut final.

Le 8 septembre 1855 à midi, le corps d'armée entier s'abattit sur Malakoff. Le combat était des plus désespérés côté russe : chaque casemate, chaque tranchée était prise une par une, mais les Russes ne lâchaient pas prise et, malgré une nouvelle attaque avortée des Britanniques sur le Grand Redan, les Russes se regroupèrent dans la forteresse, devenant ainsi des cibles idéales pour les canons alliés.

A l'ouest, dans la direction opposée au fort et aux bastions centraux, un intense corps-à-corps avait lieu entre les deux armées.

Une boucherie.

Pendant la nuit, les Russes fuirent par les ponts sur la rive nord, et le 9 septembre les vainqueurs prirent possession du bâtiment vide mais en proie aux flammes.

Les pertes dans l'assaut final avaient été très élevées : les Alliés avaient perdu environ 10 000 hommes, les Russes 13 000; pas moins de dix-neuf généraux étaient morts ce jour-là. Mais avec la prise de Sébastopol les pertes passèrent plus facilement dans l'opinion publique.

Pas auprès de l'Empereur, qui fumait cigarette sur cigarette, venues de Londres, en lisant les dépêches. Eugénie ne disait rien et lisait, près de lui. Elle savait combien ce mari qu'elle n'aimait guère mais respectait haïssait la mort des braves. Et des lâches aussi. Il préférait la vie. Et ses infidélités en étaient une autre preuve. Elle haussa les épaules à cette idée qui venait de lui traverser l'esprit. Pourquoi penser à cela quand Napoléon souffrait sincèrement d'une lointaine tuerie ? Elle le regarda autrement et sentit une tendresse nouvelle l'envahir. Oui, c'était cela, de la tendresse, sans désir aucun, sans amour véritable, une sorte d'amitié… Il devrait s'en contenter. Puisque…

En Crimée, aucune opération sérieuse ne fut entreprise contre Gortchakov, qui, avec son infanterie et les restes de la garnison, continuait à tenir les hauteurs de la ferme Mackenzies, mais Kinburn fut attaqué par la mer. Bataille sans grande importance mais point-balise de la modernité chère à notre héros : pour la première fois, une bataille navale était menée par un déploiement de cuirassés.

La seconde nouvelle est plus secrète, plus discrète, et ne se voit pas, ne se devine pas encore. L'Impératrice est enceinte. Les trois médecins qui l'ont examinée sont formels.

Cet état avive encore sa beauté. L'Empereur, déjà vainqueur à l'extérieur, voit dans cette nouvelle un effet supplémentaire d'une sorte de protection divine et un signe que le Destin est en accord avec ses plans. Un héritier, lui qui n'a pas d'enfant…

C'est alors que fumant une cigarette dans son bureau si anglais, se souvenant avec plaisir et une certaine malice de la reine venue le visiter, une vérité le saisit au collet. Il a des enfants.

Au fort de Ham, prisonnier, il avait obtenu la visite d'Alexandrine, née Eléonore Vergeot, la belle lingère… Il en était né deux fils…

Persigny !

Persigny les retrouva. L'aîné des deux garçons, Alexandre Louis Eugène, né en 1843, fut, on l'a vu, reconnu le 3 août 1858 par Pierre Bure, lors du mariage de ce dernier avec Eléonore Vergeot.

Le cadet, Louis Ernest Alexandre, né en 1845 à Paris-Batignolles, fut également reconnu le 3 août 1845. Comme son frère, il fit ses études au collège Sainte-Barbe, à Paris.

– Persigny, il m'est impossible de les imposer à l'Impératrice… Que faire ?

– Accepteriez-vous, sire, de rencontrer quelqu'un qui je crois a également un enfant illégitime qu'elle élève avec grand soin ? Elle ne saurait refuser à l'empereur des Français une aide maternelle ! C'est quelqu'un d'admirable, de grande fortune. Peut-être l'avez-vous aperçue aux réceptions en l'honneur de sa reine. Car elle est anglaise, gage de bonne éducation. Peut-être ne l'avez-vous pas vue, elle a pour autre vertu la discrétion, ce qui en ce cas serait utile. Plus qu'utile, nécessaire.

– En effet. Qui est-elle ?

– Une lady.

– Bien. Quelle lady ?

– Lady Ann Trelawny.

– Ce nom ne me dit rien.

– Voulez-vous la rencontrer cependant ?

– Oui, discrètement.

– Disons à Saint-Cloud.

– Bien. Persigny, vous êtes précieux et imaginatif.

Plus que tu ne crois mon bon sire !

Le lendemain, au château de Saint-Cloud, Napoléon III vit entrer Elizabeth Ann, accompagnée de Persigny bien sûr et d'un jeune homme qu'elle présenta comme le fils qu'elle avait eu à Londres avec le major Mountjoye Martin.

L'Empereur hésita entre la colère contre Persigny et l'éclat de rire. Et puis il vit les yeux d'Elizabeth Ann, ces yeux bleu de Delft. Il vit ce sourire mi-narquois mi-timide. Il se leva, lui prit les mains et les baisa.

– Mon amie, ma fidèle et tendre amie.

On discuta, on plaisanta sur la beauté supposée de tous les enfants de l'amour… On tomba d'accord. Elizabeth Ann refusa une pension, elle était assez riche (clin d'œil rieur à Persigny), et il fallait que l'Empereur pense d'abord aux enfants. Ce seul avenir que l'humanité sache vraiment construire. Napoléon III, redevenu Louis Napoléon, y pensa, le fils d'Elizabeth Ann, Martin Constantin Haryett-Mountjoye, fut immédiatement fait comte de Béchevet. Napoléon avait le choix, sur le domaine de Beauregard s'élevaient le hameau de Béchevet et le haras de… Bel-Ebat. On rit un peu de ce dernier nom. Rires tristement attendris. Et ses deux fils nés d'Eléonore furent faits respectivement comte d'Orx pour l'aîné, comte de Labenne pour le second.

On notera que l'Empereur signa sans attendre le décret d'enregistrement du fils d'Elizabeth Ann et attendra 1870 pour ses propres enfants…

Qui saura en tirer une conclusion ?

Persigny sans doute.

L'Impératrice enceinte ignorera toujours cette entrevue et ses résultats. Qu'elle se console, il n'y eut pas de séance sur le sofa rouge, il n'y en aura plus. Ce qu'elle savait en revanche en caressant doucement son ventre qui allait s'arrondir, c'est que pour sa part, l'enfant né, et si c'était un fils, elle renoncerait à la sexualité, cette « saleté ». Mais si c'était une fille… Bien, alors elle recommencerait. Pour la France, pour l'Empire, pour l'Empereur… mais elle espérait de tout cœur que ce fût un garçon.

Elle soupira. On l'avait traitée de cocotte, de lorette, d'aventurière, on ne l'aimait pas, c'est Victoria qu'on avait acclamée, pas elle. On ne l'acclamait jamais, et d'ailleurs elle ne faisait plus sa révérence au peuple. C'en était bien fini de ces simagrées de théâtreuse ! Elle nommait elle-même cette marque d'affection des simagrées. Elle n'aimait plus le peuple français et ne respectait que la France, comme elle n'avait jamais aimé l'Empereur mais s'émouvait de ses sentiments humains. Cet homme aux pleins pouvoirs ne connaissait pas la reposante indifférence. Il aimait vraiment les gens… Grand bien lui fasse.

Ah ! la belle vie…

Scènes de la Cour et de ses divertissements

Les résidences royales furent consulaires, impériales, de nouveau royales puis nationales avant de redevenir impériales. Pour vous conter quelques historiettes, l'auteur se voit contraint de tremper un peu dans l'immobilier historique.

Après le coup d'Etat réussi du 2 Décembre, Louis Napoléon prit possession des anciennes résidences royales. Ni Napoléon Ier ni ses successeurs n'avaient habité Versailles, et le château ne s'y prêtait pas mieux depuis qu'il avait été transformé en musée par Louis-Philippe. Restaient donc Saint-Cloud, Fontainebleau et Compiègne.

Saint-Cloud était domaine de la Couronne depuis son achat par Louis XVI, en 1785, et tous les souverains l'avaient régulièrement habité depuis, à titre de résidence proche de Paris et où pouvaient, même en temps de villégiature, se traiter les affaires d'Etat. Avant la proclamation de l'Empire, Louis Napoléon manifesta son intérêt pour le domaine en achetant la propriété voisine, Villeneuve-l'Etang ; il y fit construire un nouveau château où il passera sa nuit de noces, en même temps qu'il aménageait dans le parc le pavillon de Combleval, où il invita un soir à dîner la comtesse de Montijo et sa fille Eugénie.

Le couple impérial y revint à maintes reprises et, pour abriter sa Garde, Napoléon III fit construire le pavillon où quarante ans plus tard mourra Pasteur.

C'est au château de Saint-Cloud lui-même que Napoléon III, comme son oncle, avait été proclamé empereur, et il y vint désormais chaque année. Ce n'était qu'un lieu de demi-détente, sorte d'annexe des Tuileries où l'Empereur s'occupait des affaires de l'Etat et où l'étiquette était strictement observée. Les plaisirs y étaient restreints, limités à des promenades dans le parc et les environs, avec quelquefois des départs en chars à bancs pour chasser dans les tirés de Trianon. Le dernier coup de fusil s'y accompagnait d'un rituel : le souverain s'avançait seul, au-devant de sa suite, et on lâchait alors deux mille faisans qui l'environnaient d'un nuage de plumes. Il tirait dans le tas, au hasard : c'est ce que l'on nommait « le bouquet », fleuron du tableau de chasse étalé dans la cour du Grand Trianon.

Comme il le fera dans toutes ses résidences, l'Empereur s'intéressa au village voisin. C'est lui qui fit achever l'église de Saint-Cloud, commencée sous la Restauration, et où un chapiteau du transept porte son effigie.

A Saint-Cloud, Napoléon III recevait ses hôtes de marque : la reine Victoria en 1855, plus tard l'ancien roi de Bavière, Louis Ier, qui, détrôné, pouvait donner libre cours à son originalité. A l'Empereur qui lui déclarait :

– Votre Majesté me permet-elle de lui présenter mes ministres ?

Il répondit :

– Non, cela m'ennuie.

Au dîner, placé à côté de l'Impératrice, Louis Ier s'avisa de lui parler espagnol, émettant un charabia incompréhensible et ajoutant :

– J'aime l'Espagne, j'en aime la langue et j'ai toujours admiré les Espagnoles.

Tous les convives, songeant à Lola Montès qui avait été fatale au vieux roi, baissaient le nez vers leur assiette. Mais l'intéressé de continuer :

– J'en sais quelque chose ! Il y en a une qui m'a coûté ma couronne !

Fontainebleau, célèbre pour la cérémonie des « adieux » de l'Oncle en partance pour l'île d'Elbe, évoquait les fastes de l'Ancien Régime.

Eugénie s'y sentait vraiment souveraine et y goûtait l'impression d'entrer dans l'Histoire. La Cour y séjournait de la mi-juin à la mi-juillet, avec des invités soigneusement choisis. Après le déjeuner, on allait canoter sur l'étang où croisaient des embarcations de toutes sortes, y compris une gondole conduite par un Vénitien chantant des barcarolles.

Une photographie (eh oui, encore une technique nouvelle) montre la Cour rassemblée au bord de la pièce d'eau, crinolines claires entourées de redingotes noires et gilets blancs, l'Empereur est assis au premier plan dans un canot avec le petit prince impérial. D'autres après-midi étaient consacrés à la promenade. Des chars à bancs chargés de quinze à dix-huit personnes emportaient les invités en forêt où l'on mettait pied à terre en essayant de s'amuser. Un été où les « anglaises » étaient à la mode pour les coiffures, quelques jeunes gens, constatant que celles de la belle Mme de Pourtalès étaient postiches, réussirent à s'emparer de l'une d'elles qu'ils épinglèrent au bord de l'ombrelle de sa propriétaire, laquelle se promena tout l'après-midi en cet équipage.

Mais ces randonnées ennuyaient Eugénie, qui, avec ses proches, s'échappait souvent. Un jour, ayant découvert les sables d'Arbonne, elle n'hésita pas à dévaler la dune, obligeant ses compagnes à la suivre, emplissant de sable souliers et jupons. Et les célèbres rochers s'offrant à l'escalade, excellences, chambellans, académiciens, femmes du monde, écorchant leurs bottines, se voyaient obligés de suivre l'Impératrice dans des ascensions plus fatigantes que périlleuses.

Par les après-midi maussades, il fallait rester au château et essayer de tuer le temps à coups de petits jeux. C'est par une de ces journées moroses que Prosper Mérimée, vieil ami de l'Impératrice qui le considérait un peu comme un parrain, demanda des volontaires pour prendre une dictée. Un petit groupe, comprenant l'Empereur et l'Impératrice, tenta l'épreuve. L'Empereur, pourtant de culture allemande, ne se déshonora pas.

En fin d'après-midi, après le « thé de l'Impératrice », les invités disposaient d'un répit pour l'obligatoire changement de toilette. Le dîner avait lieu à vingt heures dans la salle de bal d'Henri II, au son de la musique de la Garde jouant en sourdine. L'Empereur prenait généralement à sa droite la princesse de Metternich, « la jolie laide », spirituelle, libre de manières, volontiers méchante : « Il a l'air trop fin pour un ambassadeur », disait-elle d'un collègue de son mari.

« Elle a, écrit Viel-Castel, pris les manières et le ton des lorettes de bas étage ; elle boit, elle fume, elle joue, elle est laide à faire peur et raconte des histoires. »

Pauline de Metternich était indispensable !

Le café était généralement servi dans le musée chinois, aménagé autour du butin pris par les « marsouins » au Palais d'été de Pékin. Les armées impériales étaient allées bien loin. Et la presse satirique se moquait facilement de l'empereur, celui de Chine ! Pour son inauguration, Napoléon III avait réuni architectes et ouvriers. Un chambellan vint le trouver :

– Sire, je crois devoir informer Votre Majesté que les ouvriers ne se montrent pas satisfaits.

– Et pourquoi, monsieur, les ouvriers ne sont-ils pas contents ?

– Mon Dieu, sire, l'incident est ridicule : les ouvriers ont appris que l'on boit du champagne dans l'entourage de Votre Majesté, tandis qu'on ne leur a offert que de la bière.

Sans répondre, Napoléon III, tortillant sa moustache, s'avança vers le groupe des ouvriers, qui fit silence.

– Bonjour, mes amis.

Et sans paraître remarquer les chopes de bière, il fit apporter du champagne, demanda le plus ancien du groupe et choqua son verre contre le sien.

– A la bonne franquette, mes amis, et à votre santé !

Ils se seraient fait casser la tête pour cet empereur qui savait boire avec eux et les travaux s'accélérèrent.

Napoléon III avait le sens de ces gestes. De retour dans les salons, jeux, conversations, rafraîchissements menaient les invités jusqu'à l'heure où les souverains se retiraient. Alors, certains privilégiés gagnaient l'appartement de Pauline de Metternich, où un souper était servi pour des fins de nuit joyeuses.

– On s'embête chez l'Empereur, lâchait « le singe le mieux habillé d'Europe » (au dire de ses charmantes amies), mais chez moi on s'amuse.

On s'amusait aussi en pleine nuit, certains invités ne reculant pas devant des farces douteuses. Un soir, un groupe de jeunes femmes, soudoyant un valet de chambre, inondèrent de farine le lit du célèbre colonel de Galliffet, qui dut passer la nuit sur la carpette. Le lendemain, il reparut impavide et, n'ayant pas eu de mal à découvrir les comploteuses, les invita chez lui pour un thé, où il leur fit déguster de succulentes pâtisseries.

– Comment trouvez-vous mes gâteaux ?

– Délicieux !

– Ils ont été pétris, fit-il sardoniquement, avec la farine que vous aviez semée dans mon lit et dans laquelle j'ai pété toute la nuit.

Le repos de l'Empereur était plus paisible. Cependant, un soir, il fut réveillé dans son premier sommeil par un bruit étrange au-dessus de sa chambre. Il envoya un aide de camp s'enquérir de l'origine de cette sarabande. L'émissaire se trouva en présence d'un officier en proie à la plus vive inquiétude.

– J'essaie de la calmer mais pas possible !

– Ah, mon pauvre ami ! Il ne fallait pas l'amener au château. Vous auriez dû lui prendre une chambre à l'hôtel.

– Vous êtes bon, elle ne veut pas rester seule ! Et, tenez : vous voyez le lit s'agiter ? Elle bondit, il faut que je retourne auprès d'elle.

Et, tirant les rideaux, l'officier dévoila... une énorme carpe, pêchée dans un des bassins du château – ce qui était interdit – et immergée dans un baquet dont elle menaçait de s'échapper. Les deux hommes prirent le parti d'aller nuitamment remettre l'énorme poisson à l'eau, puis l'aide de camp alla rendre compte à l'Empereur :

– Tout va être tranquille à présent, sire. Une carpe était venue voir le commandant X...

Et Napoléon III de répondre, à moitié endormi :

– Tiens, ils les appellent des carpes, aujourd'hui.

Mais le château préféré du régime, celui où se déroulaient les séjours les plus éclatants, était Compiègne, où Napoléon III retrouvait à chaque pas l'ombre de Napoléon Ier, là où il avait décidé d'épouser Eugénie.

Pour s'y rendre, le couple impérial empruntait le train spécial créé à son intention par la Compagnie du Nord : une locomotive Crampton, construite par le célèbre industriel Cail, tirait cinq wagons bleus à rechampis noirs, timbrés aux aigles impériales – celui de l'Empereur, équipé d'une salle de bains et de toilettes. Le trajet durait une heure et quart.

Un train spécial, mais de modèle ordinaire, conduisait dans l'après-midi les invités que des chars à bancs allaient chercher à la gare. Ils étaient chaque année une centaine, répartis en « séries » où l'Impératrice – qui dressait elle-même les listes – s'efforçait de marier les classes sociales, les activités, les goûts. « C'est le problème de la chèvre, du loup et du chou », soupirait-elle.

La première série était dite « d'essai » : on y réunissait les gens sérieux, les femmes ennuyeuses, les invités par devoir. La seconde, au contraire, rassemblait l'élite : il s'agissait de la « série élégante », d'où cet échange entre deux dames de la Cour :

– Etes-vous de la série élégante ?

– Non, puisque je suis de la vôtre…

Une dizaine de wagons était nécessaire pour transporter les invités, leurs domestiques et surtout leurs bagages, les élégantes se faisant suivre d'impressionnants impedimenta, crinolines enfermées chacune dans des caisses de bois blanc. Ces dames rivalisaient de luxe et de dépense :

– Je suis invitée à Compiègne, disait l'une d'elles, j'ai vendu un moulin.

A l'arrivée au château, tandis que les huissiers en habit à la française conduisaient chaque invité à son logement, un grouillement de valets et de femmes de chambre s'agitait autour de l'amas de bagages, chacun essayant de repérer son bien dans une tempête de contestations et d'injures. Dès le début du séjour, tous les domestiques se détestaient avec entrain. De grandes dames amenaient une femme de chambre stylée, tandis que certains peintres, plutôt que de se faire suivre de leur vieille gouvernante, déguisaient en valet un de leurs amis rapins, trop heureux de profiter ainsi de l'hospitalité impériale. Les chambres étaient réparties selon le rang des invités, ce qui n'allait pas sans froissements.

A l'Impératrice lui demandant s'il se trouvait bien installé, le peintre Thomas Couture répondit :

– D'autant mieux, madame, que ma chambre me rappelle la mansarde de mes débuts.

Mais le chansonnier Martin Nadaud, au « Considérez-vous ici comme chez vous » de Napoléon III, répondit : « Ah, Sire ! c'est que j'espérais bien me trouver beaucoup mieux que chez moi ! »

On vit ici Flaubert, souffrant d'une amitié amoureuse pour la princesse Mathilde, totalement enthousiasmé bien que peu favorable au régime, Viollet-le-Duc et Edmond About, admirateurs fascinés d'Eugénie. Quant à Carpeaux, il était arrivé avec une idée fixe : ébaucher un buste de l'Impératrice. Devant la réticence de celle-ci, l'artiste n'hésita pas, lors d'un repas, à apporter sa sellette et sa terre, et, se plantant en face d'Eugénie, se mit à modeler. Courroucée, l'Impératrice lui fit dire qu'il devait céder sa chambre à un autre invité, ce qui, dans le langage de Compiègne, signifiait congé.

– Alors, fit le sculpteur, on me fout à la porte, si je comprends bien ? Il aurait été plus simple de ne pas m'inviter. Je ne demandais pas à venir.

Première épreuve : s'habiller pour le dîner. La robe décolletée était de rigueur pour les dames, et pour les hommes, l'habit noir avec culotte de soie, inhabituel pour certains. Jules Sandeau, perplexe, dut un jour envoyer chercher Mérimée afin d'apprendre à quoi servaient les rubans qui pendaient aux genoux de sa culotte. Pendant ce temps, les femmes prenaient place au centre d'amples crinolines semées de fleurs et de volants, et paraient leurs épaules de multiples joyaux, vrais ou faux, familiaux ou empruntés. Un peu avant sept heures, toute la série se rassemblait dans la galerie des Cartes, hommes d'un côté, femmes de l'autre, pour la présentation aux souverains. Ces derniers, remarquablement documentés (précieux étaient les dossiers de M. de Persigny), interrogeaient leurs hôtes sur la santé de leurs proches, sur le dernier tableau du peintre, la dernière pièce de l'auteur dramatique.

Eugénie était une admirable maîtresse de maison et Pauline de Metternich, bien que dent dure, pouvait constater : « Seule une femme du monde devenue impératrice pouvait arriver à ce résultat. »

Et l'Impératrice savait aussi attirer à Compiègne les gloires les plus sûres du pays, par exemple Pasteur, prié de commenter devant la Cour certaines de ses théories, entre autres sur la circulation sanguine. Enthousiasmée, Eugénie se piqua le bout du doigt pour fournir au microscope du savant une gouttelette. Confus, Pasteur expliqua que du sang de grenouille suffirait, et l'on envoya chercher, pour la seconde séance, quelques-unes de ces bestioles en forêt.

Après le départ de Pasteur, la jeune femme qui lui succédait dans sa chambre trouva un grand sac humide qu'elle repoussa sous son lit. Mais, réveillée en pleine nuit par un bruit étrange, elle alluma un bougeoir, se leva et, marchant avec horreur sur une masse froide et visqueuse, se vit environnée de grenouilles.

Le dîner, plus copieux que raffiné, durait une heure, rassemblant les convives autour d'une immense table ornée d'un surtout d'une vingtaine de pièces représentant une chasse à courre. L'Empereur racontait volontiers qu'il avait renoncé à faire exécuter cet ensemble en argent, optant pour le ruolz, commercialisé par la maison Christofle depuis une dizaine d'années et qui permettait d'économiser plusieurs millions :

– Voyez-vous, ajoutait-il, l'argenterie des souverains ne sert qu'à être fondue en cas de crise.

Après le repas, on dansait au son d'un piano mécanique. Les hommes se relayaient pour en tourner la manivelle, y compris l'Empereur, mais son manque de sens de la mesure incita un soir une invitée à dire au préfet de police :

– Si jamais l'Empereur vous demande la permission de jouer dans la rue, refusez-la-lui, pour l'amour de la musique !

Napoléon III avait entendu :

– Madame, si je me vois réduit à cette extrémité, je m'associerai à vous. Vous chanterez et je ramasserai les sous.

Parmi les invités se trouva un jour le grave « vice-empereur », le ministre d'Etat Rouher, accompagné de son épouse, brune au teint mat que personne ne connaissait. La comtesse de La Bédoyère (inscrite au registre des amantes de l'Empereur), passant à table avec le ministre, lui demanda :

– Quel est donc ce petit pruneau ?

– C'est ma femme, fit imperturbablement Rouher.

Après le dîner, Mme de La Bédoyère se précipita sur une de ses amies :

– Oh, ma chère, quel impair ! J'ai demandé à M. Rouher quel est donc ce petit pruneau ?

– Et je vous ai répondu : c'est ma femme, fit l'intéressé derrière elle.

Mais les soirées de Compiègne devinrent vraiment animées à partir de l'arrivée de la princesse de Metternich, affichant son intelligente laideur.

– Je ne suis pas jolie, je suis pire, souriait-elle.

C'est elle qui commandait des charades à Mérimée, des proverbes à Feuillet, c'est elle surtout qui galvanisa le théâtre de Compiègne, dont les représentations jusque-là un peu compassées avaient lieu tous les huit ou dix jours dans une salle aménagée par Louis-Philippe et prévue pour sept cents spectateurs, ramenés à cinq cents par la mode des crinolines. Soirées très élégantes, d'ailleurs, dont le mot d'ordre était « épaules ou épaulettes ». Les épaules de l'Impératrice surpassaient toutes les autres.

Pauline y monta une revue, *Les Commentaires de César*, jouant elle-même un cocher de fiacre avec fouet et chapeau de cuir bouilli, et qui chantait :

Quand tout commence à s'animer
J'ai déjà fait plus d'une course ;
A midi, je jette à la Bourse
Les pigeons qui se font plumer.
Parfois, en modeste toilette,
Je conduis d'assez grand matin
De belles dames en cachette
Dont le but paraît incertain.

Et au dernier tableau parut le petit prince impérial, en tenue de grenadier, personnifiant l'avenir et chantant au général Mollinet :

En contemplant le si noble visage
Du vieux soldat et son front sillonné,
J'aime à penser qu'à mon jeune courage
Pareil honneur un jour me sera donné.

Bouleversé et oubliant le théâtre, le général, survivant de la Grande Armée, enleva le prince dans ses bras et l'embrassa. Eugénie rayonnait : le passé conduisait au présent, l'avenir serait radieux – et éternel.

Pauline de Metternich organisa d'autres représentations, distribuant rôles et costumes. Viollet-le-Duc s'improvisait souffleur, et toute la Cour s'enthousiasmait. La très belle et très jeune comtesse Walewska, chargée du rôle de l'Amour, commanda son costume à Paris et, la livraison tardant, télégraphia : « Je fais l'Amour ce soir à Compiègne. Il me faut mon costume. »

Encore une des maîtresses de l'Empereur, maîtresses dont la liaison se terminait vite et que Viel-Castel nommait les « Sultanes réformées ».

C'est encore Pauline qui animait certaines soirées compassées en chantant les couplets légers du Palais-Royal, et même en entraînant un écuyer dans un cancan endiablé, à tel point que son mari, fils du grand Metternich, et ambassadeur pourtant rompu aux fantaisies conjugales, protestait en mélangeant les langues dans son émotion :

– Aber, Pauline, aber tout de même !

D'autres soirs étaient réservés à de petits jeux, où cette cour impériale s'amusait comme un pensionnat. L'on jouait aussi à des exercices de langage. Il fallait fabriquer une phrase cohérente avec trois mots pris au hasard, par exemple cruche, bouteille, carafe. L'Empereur s'en tira bien avec : « Il faut être cruche pour préférer la carafe à la bouteille… »

Cependant, une des grandes occupations de la cour de Compiègne était la chasse. Chasse au fusil où Pauline de Metternich, tirant impétueusement dans toutes les directions, laissait indemnes perdrix et cailles rabattues, mais terrorisait tous ses partenaires.

Chasses à courre surtout, menées par les très enviés titulaires du « bouton » et où l'on voyait parfois, à l'hallali, l'Impératrice tirer le couteau de chasse de sa ceinture et servir elle-même la bête, avec une certaine férocité. L'abandon secret de la sexualité avive la cruauté.

Napoléon III faisait les honneurs du pied à l'une des participantes, début, parfois, d'une intrigue…

Certains jours, les chars à bancs emmenaient les invités en excursion, souvent vers le château de Pierrefonds, que l'Empereur faisait restaurer par Viollet-le-Duc, qui y déployait à la fois sa science archéologique et son imagination.

Aux résidences souveraines traditionnelles, Napoléon III ajouta Biarritz, pour faire plaisir à Eugénie qui y était venue dans sa jeunesse.

L'Empereur y avait acheté, dans les environs du village, vingt hectares de terrain et y faisait construire la Villa Eugénie. Dix ans plus tard, à la demande de l'Impératrice, l'architecte Bœswillwald édifia la chapelle impériale, qui subsiste avec son abside décorée de la figure de Notre-Dame de Guadalupe, commandée par Eugénie en remerciement à la Vierge pour nos premiers succès au Mexique… Nous y reviendrons et elle en reviendra, hélas.

Les souverains se rendaient à Biarritz dans le train impérial créé par la Compagnie Paris-Orléans, encore plus somptueux que celui du Nord, et dont l'aménagement intérieur était l'œuvre de Viollet-le-Duc – chaque voiture ayant coûté la somme de cent mille francs, vingt fois le traitement annuel d'un fonctionnaire moyen. Ses sept wagons étaient peints en grenat et bleu outremer rehaussés de colonnettes et corniches de bronze doré, avec décor intérieur analogue à celui des plus brillants hôtels de la plaine Monceau. Le choix des tissus et des bois y illustrait une hiérarchie sans défaut : les cabinets de toilette du couple impérial étaient garnis d'acajou et de damas, ceux des dames d'honneur de chêne et de reps, celui des valets de chambre de velours de laine entourant des instruments d'usage courant.

A Biarritz, le couple impérial recevait sans l'apparat de Fontainebleau ou de Compiègne.

« Il n'y a pas, écrivait Mérimée, de château en France ni en Angleterre où l'on soit si libre et sans étiquette, ni de châtelaine si gracieuse et si bonne pour ses hôtes. »

Atmosphère dont la liberté favorisait les discussions animées. Un jour qu'Eugénie, toujours catholique exacerbée, défendait avec fougue la mémoire de sainte Thérèse d'Avila devant Haussmann, qui affichait un air sceptique, elle lui décocha :

– Vous ne savez peut-être pas, baron, que sainte Thérèse fut une de mes ancêtres ?

L'Empereur, tirant sur sa cigarette, prit un air étonné :

– Tiens, vous descendez vraiment de sainte Thérèse ?

– Mais oui.

– En ligne directe ?

– Absolument.

– Comme l'Histoire nous trompe, fit Napoléon III en souriant. Sainte Thérèse n'est donc pas morte vierge ?

Quelques réceptions tranchaient sur la simplicité de la vie quotidienne, mais ordinairement la vie à Biarritz était assez monotone, sans l'exubérante gaieté de Fontainebleau ou de Compiègne.

« Le temps, écrivait Mérimée, se passe comme dans toutes les résidences impériales, à ne rien faire en attendant qu'on fasse quelque chose. »

Les après-midi étaient consacrés aux bains et aux promenades en mer, au cours desquelles un mauvais temps soudain éprouvait parfois les toilettes et l'estomac des passagers. Lors d'une traversée mémorable, le bateau ne put rentrer au port qu'à deux heures du matin, et les excursionnistes en piteux état se traînèrent à la Villa Eugénie où un souper était servi.

« Aussi longtemps que je vivrai, écrit Pauline de Metternich dans son journal, je garderai le souvenir de ce repas ! On n'imagine pas l'aspect qu'offraient les convives qui ressemblaient à des cadavres et dont les vêtements en loques donnaient l'impression du banquet de l'Evangile auquel on avait appelé tous les miséreux qu'on avait pu ramasser dans les rues. C'était cependant là la fine fleur de cette cour de Napoléon III dont l'élégance était réputée dans les cinq parties du monde. »

Excursions terrestres aussi, dont raffolait l'Impératrice, cette sportive, qui redevenait le garçon manqué de son enfance : il fallait fréter des mulets équipés de cacolets, c'est-à-dire de deux petits fauteuils symétriques, et la grande affaire était de trouver un partenaire de son poids. Les dames de la Cour, rechignant devant cet inconfort, étaient de plus terrorisées par la détestable habitude des mulets de marcher le long de l'extrême lisière du sentier, surplombant les précipices.

Le goût des distractions entraînait même parfois Eugénie dans des aventures peu recommandables. Un soir, elle imagina avec sa suite d'escalader le mur de clôture de la villa pour aller dans la propriété voisine que longeait un chemin public. Et là, par-dessus la haie, elle décochait des coups de bâton aux promeneurs. L'un d'eux la poursuivit et un écuyer n'eut que le temps de lui faire la courte échelle pour qu'elle pût regagner ses pénates.

Les soirées étaient occupées par des causeries et des confections d'ouvrages, le dimanche par des danses. Aussi certains jeunes gens, las de ce rythme, partaient-ils en soirée à Bayonne pour « se dérouiller ». L'Impératrice s'en aperçut et leur demanda un jour ce qu'ils allaient faire dans la ville voisine.

– Madame, répondit l'un d'eux, nous allons chez l'évêque.

– C'est très édifiant…

Mais un jour, recevant l'évêque de Bayonne, elle attaqua :

– Je vous en veux beaucoup, monseigneur. Pourquoi nous enlevez-vous ces messieurs chaque soir ? Ils vous préfèrent à nous et ce choix nous humilie.

L'évêque avait l'esprit vif, et de l'esprit tout court.

– En effet, madame, j'avoue mon crime. J'ai réuni quelquefois ces messieurs chez moi pour l'organisation d'une bonne œuvre. Mais puisque je fais tort à ces dames, je déclare nos séances closes.

L'Empereur voyageait parfois seul, en particulier pour soigner une santé déficiente. Un témoin assure qu'il chargeait alors son chambellan de recruter à Paris ou sur les lieux de son séjour quelques vertus faciles. On parla ainsi un moment à mots couverts d'une jeune femme de Seine-et-Marne, surnommée « la rose de Provins », que l'Empereur se lassa d'ailleurs vite d'effeuiller.

Deux stations thermales étaient les favorites de Napoléon III, Vichy et Plombières, et il y menait une vie simple, facilement accessible et toujours courtois. A Vichy, il travailla avec ardeur à son histoire de Jules César et fit construire une nouvelle église : on y voit les vitraux de Lusson représentant les patrons de la famille impériale, dont un saint Napoléon aux traits du vainqueur d'Austerlitz.

Les séjours à Plombières, de 1856 à 1868, sont plus importants, d'abord parce que l'Empereur s'y intéressa à l'exploitation des eaux thermales : grâce à lui, les sources de Plombières furent concédées à une société anonyme qui procéda à des captages et construisit un établissement thermal et des hôtels.

Et c'est encore Napoléon III qui fit reconstruire l'église et tracer, aux portes de la ville, un parc dont il dessina lui-même les grandes lignes. Mais Plombières fut également un haut lieu de la diplomatie impériale. Napoléon III y a secrètement rencontré Cavour, Premier ministre du Piémont, vers le 20 juillet 1858, au château de la Chaudeau, à quelques kilomètres de la ville, et y ait jeté avec lui les bases d'un accord conclu plus officiellement à Plombières le 21 juillet : de ces entrevues naquit l'unité italienne.

L'Impératrice, qui était venue rejoindre son époux en grande cérémonie le 9 juillet, était repartie brusquement le 13 : révélation d'une liaison « vosgienne », ou désir de ne pas gêner son mari dans ses tractations ? On se le demande encore.

Ce qu'on ne se demande plus à propos de Napoléon III, cet homme qui avait érigé le secret en principe, c'est ce que révèlent ces séjours estivaux : il s'y montre généreux, attentif, courtois, utopique par moments, plus sensible à la beauté des femmes qu'à celle des monuments, excellent père et détestable mari.

L'Impératrice en a-t-elle pris son parti ? En secret oui. Mais en public elle ne craint pas de montrer son mécontentement, parfois sa colère. Elle le doit à son honneur bafoué. Elle le doit au paraître, alors qu'elle se moque bien des maîtresses de son mari. Grand bien lui fasse de courir le jupon, au moins n'a-t-elle plus à subir ces assauts qui étaient pour elle une mission politique plus qu'un plaisir.

Il lui arrive parfois de torturer sa mémoire : a-t-elle jamais aimé « ça » ? Peut-être, parfois, au tout début quand le désir de son futur mari produisait en elle une certaine excitation qu'elle refrénait au nom de la bienséance, et c'était ce frein même qui, curieusement, lui procurait une forme de jouissance.

Deux bombes italiennes

Revenons doucement en arrière… sans bruit. Après cet épisode dans les châteaux et les fêtes, retournons à leur intimité, celle d'avant. D'avant la naissance du petit prince… Quelques minces années de recul suffiront. Du temps où il est déjà mari mais pas encore père.

Il y a des choses curieuses à écrire. Ainsi : cet empereur est sympathique. Eh oui ! En cet instant, par exemple, où, il regarde la très belle impératrice encore endormie, le jour n'est point levé. Il est debout depuis une heure, en robe de chambre, a bu déjà deux cafés et il fume sa septième cigarette. Elle dort. Du linon tout simple de sa chemise de nuit sortent ses deux épaules en splendeur. Son teint de thé léger a rosi, ses paupières semblent lourdes et douces, elle est enceinte. Il sourit dans la pénombre où tremble une seule veilleuse. Il sourit sans savoir qu'il sourit et ses yeux bleus pétillent ; cet homme à cet instant volé à la nuit qui s'éternise en décembre est heureux. Le spectacle est ravissant et savoir qu'un fils ou une fille (il s'en fiche, silencieux et ému, il n'est qu'un futur père et pas un politique) va lui naître le fait fondre comme guimauve. Il effile machinalement ses moustaches et sort sans bruit.

Que cet enfant ait la beauté de sa mère !

Il est plein d'amour, de tendresse, d'émotion. Sentiments doux et mêlés à la fois de crainte et de fierté. Il va avoir un enfant et ses troupes ont gagné une guerre. Que peut demander de plus un souverain ? L'Empire est florissant. La politique reprenant le dessus, il souhaite avoir un fils. S'il savait, si l'Empereur savait que son sourire ne l'a pas quitté depuis la chambre de sa femme et qu'il a l'air aimablement niais ainsi. Cela arrive à tous les futurs pères. Niais, angoissés, aux petits soins et fiers. Pleins de bonnes résolutions aussi.

Comme : ne se consacrer qu'à l'Impératrice.

Promesse difficile à respecter, Louis Napoléon…

Surtout que ce jour-là, mais il ne peut en être déjà informé, au 10 de la rue de Castiglione, pas loin de la rue de Rivoli, s'installe un couple italien, le comte et la comtesse de Castiglione. C'est la comtesse qui a voulu habiter dans cette rue homonyme. Elle trouve déjà que pour afficher une telle adresse, Paris ne manque pas d'esprit.

Son mari, Francesco Verasis, comte de Castiglione, est attaché à la maison royale de Savoie. Il est jaloux et querelleur, très chagrin, donc cocu. Ce qui réjouit son souverain, Victor-Emmanuel II, roi de Piémont-Sardaigne, à qui la jeune femme plaisait et qui le lui avait prouvé.

La comtesse de Castiglione, née Virginia Oldoini en 1837 à Florence d'un père marquis, avait donc dix-huit ans en ce mois de décembre 1855. Elle était cousine du Premier ministre Camillo Benso, comte de Cavour. Comptant sur la vertu des liens familiaux et sur l'absence totale de vertu de sa trop belle cousine, Cavour l'avait chargée d'une mission : resserrer les liens de la France et du Piémont afin de débarrasser l'Italie du Nord de la domination autrichienne. Ces liens, il avait fait en sorte de les tisser en Crimée, en envoyant un corps expéditionnaire italien, des soldats sardes, au côté des Français et des Anglais. Troupe fort modeste et qui ne perdit que soixante-huit hommes dans les combats. L'important était de participer. Mais il comptait bien que le « débarquement » à Paris de la cousine serait plus efficace et plus remarqué.

« J'ai stimulé le patriotisme de la bellissime Castiglione pour qu'elle séduise l'Empereur », dit-il à son roi qui approuva chaudement.

La comtesse fit ses visites. Principalement à la princesse Mathilde qu'elle avait connue, tout enfant, à Florence. Mathilde la pria vite à dîner. Elle arriva, des plumes roses dans ses cheveux bouffants, le reste de la chevelure rejeté en arrière avec deux boucles pendantes. On eût dit une marquise d'Ancien Régime coiffée à l'oiseau royal.

Napoléon III, le futur père, échangea quelques mots courtois avec la ravissante créature, se moquant bien qu'on la dît « facile à émouvoir », et confia à sa cousine en quittant le dîner :

– Elle est très belle, assurément, mais elle me paraît sans esprit.

Ce qui était faux, mais comment l'aurait-il su, fasciné qu'il était par la douce courbe du ventre de sa moitié impériale ?

Elle n'en est pas moins invitée à une soirée aux Tuileries. Un des fameux lundis. Or l'Impératrice, désormais enceinte de huit mois et surveillée de près par les médecins, ne paraît pas à la fête.

En la voyant entrer, Pauline de Metternich s'écrie :

– Ciel, mais c'est Vénus descendue de l'Olympe. Jamais je n'ai vu une telle beauté !

Sa Majesté l'Empereur remarque en effet cette beauté et, ce soir-là, devise avec elle et revient sur son jugement : Virginia parle quatre langues et ne manque pas d'esprit. Escapade amoureuse ? Pourquoi pas, puisque le nouveau tsar Alexandre II a accepté les conditions françaises après la guerre de Crimée et que Napoléon III fait désormais figure d'arbitre en Europe.

Mais il en reste là. Il ne se préoccupe vraiment que de l'Impératrice. Enfin le prince impérial naît. On le baptise en juin. Louis Napoléon est totalement conquis par ce bébé qu'il appelle Loulou, et formidablement amoureux de son épouse, et éperdu de reconnaissance. De plus, il souffre de rhumatismes…

Il a tenu parole ! Nul n'aurait parié un centime sur cet exploit. Il est joyeux, heureux, gâteux, fier, attentif, quitte son bureau pour aller voir l'enfant, revient travailler, et veut inviter le monde entier. Sa cousine Stéphanie de Bade vient en visite ; en son honneur, il organise une fête de nuit à Villeneuve-l'Etang, dans le parc du château de Saint-Cloud.

Virginia apparaît.

Au centre du lac de Villeneuve est une île. L'Empereur tend la main à la comtesse, l'aide à monter dans une barque et au su de tout le monde rame vers cette île bienheureuse dans les régions obscures du domaine, d'où ils ne reviendront que fort tard, la robe de la comtesse assez chiffonnée.

Pour passer ses nerfs devant ses invités, Eugénie, qui relève de couches, n'a cessé de danser, de danser beaucoup, de danser trop, car elle s'en évanouit. C'est à Villeneuve-l'Etang qu'elle et Louis Napoléon ont passé leur lune de miel !

Revenue à elle, et dans leur privé, l'Impératrice en rage dit à son mari les paroles les plus blessantes qu'elle connaissait en français, en espagnol et en anglais.

Il jura ses grands dieux que rien ne s'était passé, et que la comtesse de Castiglione, habituée de la cour du Piémont, cousine de Cavour, lui avait donné les dernières informations sur la situation du nord de l'Italie.

Il mentait.

La liaison va durer un an. La rage passée, Eugénie ne voulut pas paraître victime d'une infortune conjugale. Elle invita donc la comtesse de Castiglione le plus souvent possible.

Et comme Dieu est taquin et se place toujours du côté des mères de famille, un jour à Compiègne, alors qu'ils visitaient les ruines du château de Pierrefonds (sur lequel Viollet-le-Duc va bientôt sévir), Virginia, sautant de pierre en pierre comme un cabri, tomba et se fractura un os du poignet. On la pansa, on la ramena en char à bancs à Compiègne et on l'oublia dans sa chambre aux bons soins du Dr Conneau, vieil ami et complice de Louis Napoléon depuis sa jeunesse suisse.

L'Empereur devenait discret dans ses amours florentines. Les amants se rencontraient dans un petit logis charmant de la rue de la Pompe, dans l'ancien village de Passy, à la nuit tombée. Louis Napoléon se faisait conduire par un cocher de toute confiance et était suivi par deux sbires – pas plus – de Persigny. Il allait aussi, quand le mari était rappelé à Turin, dans le nouvel hôtel particulier que les Castiglione occupaient avenue Montaigne.

C'est là qu'une nuit d'avril 1857, alors que l'Empereur incognito sortait de chez sa maîtresse, il fut assailli par trois hommes. Le cocher lança les chevaux sur eux, et Napoléon III put grimper dans la berline. Persigny crut devenir fou ! Une tentative d'assassinat sur l'Empereur !

Malgré le silence obligé de la presse, Persigny veillait et menaçait, bien des choses se savaient dans

Paris. Et la comtesse de Castiglione était fort liée aux nationalistes italiens... On jasa. Faussement. Elle n'y était pour rien. En revanche, les socialistes français exilés en Angleterre y étaient pour beaucoup.

Mais l'occasion était trop belle, et Napoléon III était las. Oui, lassé du narcissisme de son amante, lassé de son insistance à le rapprocher de Turin, lassé aussi de son manque de discrétion ! La beauté ne fait pas tout, et une jeune épouse bien plus rouée l'intéressait autrement, la comtesse Walewska, dont nous avons déjà parlé.

Le comte Walewski, ministre des Affaires étrangères, et le comte de Persigny à l'Intérieur, l'un innocemment, l'autre en toute connaissance de cause, invitèrent donc la comtesse de Castiglione à se rendre à Londres.

Elle préféra regagner Turin, s'installa à la Villa Giulia et refusa de reprendre la vie commune avec son mari.

L'Empereur était débarrassé de sa comtesse envahissante, mais pas de ses rhumatismes.

Le Dr Conneau lui conseilla Plombières. On ne peut jamais être totalement heureux, pourtant depuis 1856, tout va pour le mieux. 1856 est en effet l'année bénie du Second Empire. C'est, à l'intérieur, le calme enfin rétabli, le pays rassuré, le commerce et l'industrie renaissants, les grands travaux publics amorcés. Au-dehors, c'est notre prestige restauré, l'étoile française obscurcie qui reprend son éclat. A cela s'ajoute la naissance du prince impérial. L'avenir de la dynastie est assuré. C'est dans cette ambiance favorable, dans ce climat d'optimisme que l'on apprenait à la fin de mai de cette année 1856 que Napoléon III se proposait de faire une cure.

En se rendant dans la station vosgienne, l'Empereur entendait, là encore, continuer une tradition de famille. La reine Hortense, dans son exil au château d'Arenenberg, lui avait souvent parlé de ses séjours à Plombières, qu'elle plaçait parmi les meilleurs moments de sa vie.

Et son fils allait lui aussi tomber amoureux de cette ville d'eaux. Il y viendra trois années de suite et y prendra une décision capitale.

Le colonel Lepic, premier maréchal des logis de la Maison de l'Empereur, arrivait à Plombières afin d'organiser le logement de Sa Majesté et de sa suite. Il choisissait comme résidence impériale le charmant petit hôtel du XVIIIe siècle connu sous le nom de Maison des dames. Ancien pied-à-terre des chanoinesses du chapitre de Remiremont, cette demeure avait déjà accueilli dans le passé, en 1810, le comte de Flahaut, alors que Hortense logeait dans la maison d'en face. En 1811, Morny naissait…

Il est cinq heures du soir, les cloches sonnent à la volée, le canon tonne, la voiture impériale s'avance, l'Empereur en descend, le préfet fait les présentations d'usage. Le maire, Joseph Parisot, trop ému, ne peut prononcer une parole, le souverain est rayonnant et dit un mot aimable à chacun, tandis que l'immense ovation de la foule, qui crie sans cesse « Vive l'Empereur ! », retentit jusqu'au fond de la vallée.

Napoléon est accompagné des généraux Espinasse, Fleury, de Béville, du prince de La Tour d'Auvergne, officiers d'ordonnance, et de M. Mocquard, chef de son cabinet ; les cent-gardes et un bataillon du 30e de ligne forment son escorte. Lorsqu'il pénètre dans la petite ville, c'est un véritable enchantement : le long des rues s'alignent des sapins reliés entre eux par des guirlandes de feuillage piquées de fleurs ; aux balcons, aux fenêtres, ce ne sont que drapeaux et banderoles tricolores, oriflammes vertes et blanches, festons de verdure, lanternes vénitiennes.

L'Empereur se rend à sa résidence, que déjà on appelle le « Palais » ; du perron, il salue longuement la foule, puis il prend possession de ses appartements. Il sort pour faire sa première promenade qu'il consacre au souvenir. Il se rend, en effet, dans la forêt au-dessus de Plombières, au chêne de l'Impératrice, où, en 1809, Joséphine et Hortense participèrent à une charmante fête champêtre à laquelle il assista tout enfant.

Heureux de l'action bienfaisante des eaux, conquis par le charme puissant du pays, touché des marques de sympathie dont il était l'objet, Napoléon III différa plusieurs fois son départ et prolongea son séjour jusqu'au 8 août.

Il a lui-même conquis la ville, bavardant avec les commerçants ou les autres curistes, assistant aux fêtes locales, se promenant simplement accompagné d'un aide de camp.

Mais on a remarqué que pendant tout son séjour, l'Empereur n'est monté que rarement à cheval ; il se promenait dans une voiture basse, conduisant deux chevaux dont il ne voyait que les oreilles ; sa fatigue était visible ; puis, vers la fin, il a repris bon pied, il a reçu, il a donné de petites soirées intimes où sa gaieté est allée jusqu'à l'éclat, et il est parti avec un contentement manifeste d'être resté là si longtemps.

La police, déléguée par Persigny, était représentée par un commissaire fort poli, « assisté de cinquante Corses à moustaches noires, qu'on voyait partout, prêts à sauter au visage d'un suspect, ou simplement si quelqu'un se permettait de rire », écrit un journaliste. L'Empereur, plutôt bonasse, se trouvait dans l'impossibilité de rompre ce filet de protection pendant ses promenades, la cigarette à la bouche, et préférait l'ignorer, n'ayant d'escorte apparente que des officiers, et surveillé en réalité par cette brigade infatigable.

L'Empereur avait une autre escorte plus agréable, si ce n'est moins importune. Un certain nombre de jeunes demoiselles venues à Plombières avec leurs mamans, en tout bien tout honneur, et qui s'étaient laissé prendre, après quelques jours, dans le rayonnement de l'astre impérial. Les bonnes gens du pays appelaient ces poursuivantes acharnées « les demoiselles de l'Empereur » ; on les voyait partout, en effet, à sa suite, quelquefois dans sa compagnie, avec des toilettes mirobolantes, surtout, Mlle de B..., à laquelle sa mère s'était associée dans ce manège, en vue, dit-on, d'une sénatorerie fort convoitée par son mari.

Mlle de P... poursuivait, elle, un mari qui faisait partie de la maison du maître, et on dit encore que les fiançailles ont été célébrées à Plombières même, sous son patronage. Tout s'est borné, au surplus, et en dépit des commérages de Paris, à une simple pastorale, d'un effet assoupissant pour la galerie, mais d'une parfaite innocence du côté de l'Empereur... Il est connu que les rhumatismes assagissent.

A l'été 1857, Napoléon III reprit le chemin des Vosges, il expédia un télégramme à l'Impératrice du camp de Châlons : « Je pars très bien portant. Ecris-moi par le télégraphe à Nancy. Je serai vers 5 heures à Plombières, d'où je t'écrirai dès mon arrivée. Embrasse le petit pour moi. »

Le séjour est moins brillant que le précédent. Le beau monde (de province) y arrive assez lentement.

L'Empereur mène une vie retirée qui se partage entre le travail et quelques promenades dans le voisinage. Et les pluies fréquentes ne permettent guère les excursions.

Mais une grande nouvelle, tenue à demi secrète, agite Plombières : l'Impératrice va venir passer quelques jours auprès de son mari. Eugénie quitte Paris le jeudi 9 juillet dans la matinée. Elle est accompagnée de la comtesse de Montebello, de la comtesse de La Bédoyère, de la comtesse de Lourmel, dames du Palais ; du comte Tascher de la Pagerie, premier chambellan, et du baron de Pierres, premier écuyer. Le comte Walewski, ministre des Affaires étrangères, et sa femme sont du voyage. Deux maîtresses au moins dans l'escorte de l'épouse…

Sa Majesté parvient en gare d'Epinal à cinq heures et demie de l'après-midi, et, par la route, elle gagne Plombières, où elle arrive à huit heures du soir.

L'Empereur est allé l'accueillir sur la Promenade des dames, entouré des autorités locales. La foule s'est massée à proximité de la résidence impériale, elle acclame longuement les souverains.

Le lendemain, Eugénie, qu'accompagne son mari, visite la ville et les établissements thermaux. Elle conquiert habitants et baigneurs par sa beauté, son charme, sa grâce. Puis, au cours de son séjour, elle excursionne à la fontaine Stanislas, à la feuillée Dorothée, au vallon de Hérival où a lieu un déjeuner champêtre. Le samedi 11, Leurs Majestés reçoivent la visite du grand-duc de Hesse-Darmstadt accompagné de son frère, le prince Alexandre. Le dimanche, elles assistent à la messe paroissiale célébrée par Mgr Menjaud, évêque de Nancy ; on remarque leur recueillement. Le soir, il y a bal au salon public au profit des pauvres.

L'Empereur danse avec l'Impératrice, puis avec Mme de Rouvre, la femme du préfet des Vosges. L'Impératrice danse merveilleusement le quadrille des lanciers avec le prince Alexandre, ses dames d'honneur et les généraux de la suite. Le lendemain 13 juillet, Eugénie quittait Plombières et regagnait Saint-Cloud. Elle était lasse de faire bonne figure, lasse de tout si ce n'est de son fils. Elle appréciait la solitude et la conversation avec son cher vieux Mérimée.

Une promenade à proximité de la ville manquait à Plombières. Une jolie prairie s'étalait dans la sortie inférieure de la vallée, en avant de la forêt de la fontaine Stanislas. L'Empereur se rend acquéreur, pour cent dix mille francs, des terrains et crée un parc. Il surveille lui-même les travaux, indique la direction des allées et l'emplacement des massifs d'arbres. La fièvre constructrice éloigne les rhumatismes.

Cependant, le souverain estima qu'il était temps de regagner la capitale. Il quitta donc Plombières le 28 juillet, arriva le soir même au camp de Châlons ; le lendemain il était de retour à Paris, ou plutôt à Saint-Cloud. En annonçant la nouvelle, *Le Moniteur* ajoutait : « La santé de Sa Majesté est excellente. »

Il reviendra à l'été 1858. Mais en attendant, Paris le réclame. Les messages s'échangent entre la capitale et Turin, mais rien n'avance trop. Bien sûr, Napoléon III se rappelle avoir combattu pour la liberté du peuple italien dans les Romagnes, mais il n'est plus un dandy romain, il a en charge une nation ; et la Castiglione l'a passablement énervé.

La situation va se débloquer. Là où la Castiglione, sa beauté et son immoralité ont, de fait, échoué, un homme va réussir, sans le désirer.

Le soir du 14 janvier, Napoléon et Eugénie se rendent à l'Opéra, situé à l'époque rue Le Peletier. Le temps est curieusement doux et les trottoirs regorgent de passants. La voiture, précédée d'un peloton de lanciers, arrive devant le péristyle. Le général Roguet s'approche de la portière et tend la main à l'Impératrice qui s'apprête à descendre, lorsque retentit une violente explosion. Le cocher tente de lancer les chevaux mais l'un d'eux se cabre, brise le timon, la voiture se renverse contre le mur. Deux autres explosions suivent à quelques secondes d'intervalle. La verrière de la marquise du théâtre vole en éclats et en pluie de verre et de métal, les réverbères à gaz sont soufflés ou tordus, plongeant la scène dans une demi-obscurité.

Huit morts, cent cinquante-six blessés. Le sang du général Roguet a taché la robe crème de l'Impératrice. L'Empereur souhaite se rendre au chevet des victimes, Eugénie le saisit par le bras :

– Nous avons à faire, faisons-le !

Un Napoléon III impassible mais portant quelques éclats de verre et une Eugénie souriante mais ensanglantée vont s'installer dans leur loge pour entendre le baryton Massol dans un acte de *Guillaume Tell* suivi de *Marie Stuart* de Rossini.

On craint un nouveau coup de force. La police a arrêté un jeune homme, un Toscan du nom de Pierri. Et elle remonte bientôt jusqu'à un Romagnol, membre de la société secrète de Mazzini, Felice Orsini.

Immédiatement, Persigny et Walewski déploient toutes les démarches possibles auprès de tous les pays voisins pour obtenir des mesures contre les réfugiés politiques. Tous acceptent sauf l'Angleterre, qui ne peut mettre à terre ses traditions libérales.

Le procès d'Orsini a lieu fin février, et l'accusé a la surprise de voir entrer dans sa cellule le préfet Pietri, italianophile, qui rappelle au poseur de bombes que l'Empereur est un fervent partisan de la liberté des peuples italiens pour laquelle il a combattu dans sa jeunesse et que son acte stupide aurait surtout pu interdire l'acquisition de cette liberté.

Orsini est condamné à mort, l'Empereur souhaite lui accorder sa grâce, appuyé en cela par Eugénie qui déclare : « Ce qui a poussé Orsini à l'assassinat c'est l'exaltation d'un sentiment généreux. Il aime la liberté avec passion. Nous aussi. » Mais à l'unanimité, le Conseil privé s'oppose à l'Empereur. Il y a trop de victimes. Orsini et ses complices sont guillotinés le 13 mars sur le parvis de la prison de La Roquette devant une foule silencieuse.

Il avait écrit une lettre magnifique de noblesse à l'Empereur et une à ses compatriotes, leur déconseillant d'employer l'assassinat pour arriver à leurs fins.

Cette lettre émut Napoléon III. Eugénie avait raison. Le « sentiment généreux » et l'amour de la liberté avaient allumé la mèche de sa bombe. Et il fait dire à Turin que « en cas de guerre entre le Piémont et l'Autriche, la France viendra combattre à côté de l'armée de Victor-Emmanuel ».

Le télégraphe chauffa dans les deux sens, les émissaires se croisaient sur la route des Alpes. Les rhumatismes poignardèrent encore l'Empereur.

En 1858, pour la troisième fois, Napoléon III se rend à Plombières. Il quitte Paris le 29 juin, s'arrête au camp de Châlons, et arrive dans la ville d'eaux le lendemain à six heures et demie du soir. Ce voyage est identique au précédent : même suite, même escorte, même résidence, réception toujours aussi enthousiaste de la population et des curistes.

Le premier soin de l'Empereur est de visiter les travaux entrepris, soit sur son initiative, soit sous son patronage. Les fondations des Thermes Napoléon et des deux hôtels sont terminées et déjà les bâtiments s'élèvent. Le parc s'est complété par l'adjonction d'une pièce d'eau et la construction d'un kiosque rustique. Le gros œuvre souterrain de l'église est en cours, mais le bâtiment doit s'élever en travers de la vallée, en partie sur la rivière, et cette situation offre de très sérieux inconvénients. Après un examen approfondi de la question, les travaux sont suspendus, le souverain les prend à sa charge et décide que la future église sera construite dans l'axe de la vallée.

Le 11 juillet, visite du maréchal Canrobert. Puis une autre, plus secrète.

Le comte de Cavour savait que, malgré l'attentat d'Orsini, l'Empereur restait favorable à l'éviction de l'Autriche de l'Italie et à l'unité de la Péninsule. Aussi fit-il agir les ressorts les plus délicats de sa diplomatie. Il y réussit. Dans les derniers jours de mai, Napoléon III envoyait à Turin son vieil ami, le Dr Conneau, afin de proposer à Cavour une entrevue qui aurait lieu à Plombières vers la mi-juillet. Le ministre n'eut garde de manquer au rendez-vous.

Sous prétexte d'aller se reposer en Suisse, il quittait Turin le 11 juillet et se rendait chez des cousins dans la banlieue de Genève. Un beau matin, il s'évadait sournoisement et, muni d'un faux passeport, il s'acheminait par Bâle et Strasbourg vers Plombières où il arrivait le 20 juillet à neuf heures du soir. On a prétendu que Cavour était seul, mais la liste des baigneurs porte aussi les noms de M. de Villamarina, qui était également ministre de Sardaigne à Paris, et du chevalier de Veisset, sans doute attaché de cabinet.

Plombières regorgeait de monde et le ministre ne trouva pour se loger qu'une modeste chambre chez le pharmacien Gentilhomme. Il passa la nuit dans une méditation fébrile.

Le lendemain 21 juillet, à onze heures du matin, Cavour était reçu par l'Empereur. L'entrevue dura quatre heures. A trois heures de l'après-midi, Napoléon libérait son hôte et l'invitait à revenir, une heure plus tard, afin de faire une promenade.

Le souverain fit monter le ministre dans son phaéton, attelé de chevaux américains, et tous deux parcoururent le pittoresque vallon d'Hérival. Quand le jour déclina, ils rentrèrent en ville. Cavour triomphant quittait Plombières le lendemain matin et se rendait à Baden.

Là, le 24 juillet, il écrivait à son roi une très longue lettre où il lui rapportait, dans tous ses détails, l'entrevue de Plombières et les résultats que l'on pouvait en attendre pour son pays.

Quelqu'un fut très surpris à Paris, le prince de la Montagne. Plonplon apprit par son cousin qu'on l'allait marier, et cela rapidement, avec Marie-Clotilde de Savoie, fille du roi de Piémont-Sardaigne et âgée de quinze ans. Plonplon en comptait vingt de plus et menait une vie d'agréable débauche. Mais il comprit qu'épouser une gamine aux grands yeux, des yeux immenses et ronds, c'était saper à jamais l'Europe du traité de Vienne.

Que ne ferait-on pas pour son pays ? Plonplon en aurait presque ri.

L'homme qui détestait la guerre

Il n'a pas envie. Le désir manque. Cette dame a beau dire à l'Impératrice : « Une guerre contre les Autrichiens, où il aurait le commandement, a été son rêve depuis sa jeunesse. » Un rêve oui. Un rêve d'enfant. L'Impératrice commence à connaître cet étrange mari aimant et infidèle, qui fume ses cigarettes anglaises en songeant.

Parfois il en parle avec elle. Et maintenant ils se tutoient. Dans le privé mais même parfois en société. Comment se sont-ils à ce point rapprochés, oubliant leurs couronnes et le protocole ? On ne sait. L'âge peut-être. Mais ils ne sont pas si vieux. Mieux vaut se sentir deux, bien soudés, pour affronter les lourdeurs du présent, ou l'adversité lorsqu'elle arrive.

Il en parle mais peu. Et de plus en plus rarement. Il n'oserait pas lui dire qu'il n'a pas envie de faire la guerre. Qu'il n'a pas envie de la quitter pour réaliser son rêve d'enfant. Parce qu'il n'est plus enfant et parce qu'il a un enfant. Et que la guerre n'est pas un rêve.

– Tu seras régente de l'Empire.

Et il allume une autre cigarette. Elle a envie de lui prendre la main, mais elle ne le fait pas.

– Pendant mon absence, tu seras régente.

Et tout à trac, il poursuit dans le silence des volutes bleues parfumées au miel de Mr. Muratti de Londres :

– Les souverains ne se font pas tuer. Ils regardent les autres mourir, à cheval en haut d'une butte, avec une lunette. Je reviendrai.

– Tu reviendras vainqueur.

– Oui, je crois. François-Joseph est un benêt. Le grand homme de l'Autriche, c'est sa mère, l'archiduchesse Sophie. Dieu merci, elle ne va pas commander son armée.

– L'archiduchesse Sophie. Je sais, Louis chéri, qu'elle aimait beaucoup ton cousin, le duc de Reichstadt.

– On les a même dit amants. Ce serait tant mieux pour lui. Il est vrai qu'elle a adouci ses derniers moments. Mourir à vingt ans… Je prendrai l'épée des Pyramides qu'il m'a léguée.

– Tu n'es pas encore en guerre…

– Mais seul oui, je le suis. Sauf avec toi. Toute l'Europe se méfie de moi.

Il tira sur sa cigarette.

– Et en France, Morny lui-même ne veut pas de cette guerre italienne. La Bourse non plus, les catholiques encore moins. Toi qui es si catholique…

– Moi, je suis avec toi. C'est mon métier, métier que j'ai choisi.

– J'attends que François-Joseph commette une sottise. Cela ne saurait tarder. Cavour s'énerve, Victor-Emmanuel me conspue en privé, le pape s'inquiète.

Il rit nerveusement.

– Et moi je fume en attendant. Pourtant il faut bien libérer l'Italie, non ? Je me souviens… Non, rien.

Une jeune comtesse romaine en robe de faille rouge, noble et ruinée, qui faisait l'amour dans les vestiges de l'Antiquité, au forum de Trajan, ou sur un mauvais lit sous un tableau de Véronèse. Elle est devenue princesse et héroïne nationale à Milan. Ce ne sont pas des choses qu'on dit à sa femme…

Il ne l'avait pas revue depuis sa visite au fort de Ham lorsqu'il était prisonnier. Elle l'avait langoureusement embrassé.

– Il me faudrait une meilleure armée. Mieux équipée.

A Schönbrunn, le jeune empereur François-Joseph montrait à peu près autant d'enthousiasme que son « frère » français. Il lisait les dépêches en provenance de Milan l'informant chaque jour que le voisin piémontais armait, mobilisait ses troupes, les regroupait. Et, aux dernières nouvelles, à Turin, la fille du roi Victor-Emmanuel venait d'épouser en grande pompe le prince Napoléon Jérôme, cousin germain de Napoléon III. C'était agaçant. Pendant ce temps, sa maman, l'archiduchesse Sophie à qui il devait son trône, se querellait avec sa jeune épouse Elizabeth, dite Sissi.

Peut-être que la guerre les calmerait.

Mais l'armée était-elle prête ?

On ment souvent à un empereur sur de tels sujets. Mais l'Autriche reposait depuis si longtemps sur une hiérarchie toute militaire… Il regrettait d'avoir laissé choir le tsar lors de l'affaire de Crimée. Voilà comment on se fait bouder par un allié. Il voyait bien ce que mijotait ce damné Bonaparte – tiens, c'est mon cousin aussi, mais uniquement par alliance, *via* Marie-Louise, la maman de Reichstadt –, il voulait exploser l'ordre européen.

Que faire ? La Lombardie-Vénétie était rebelle, mais elle lui appartenait.

Que faire ?

Lui aussi tutoyait – en l'absence de sa mère – son épouse Sissi, mais il n'aurait jamais pensé à lui demander conseil. Au fait, aujourd'hui, a-t-elle mangé ?

Comment disent les médecins ? Ah oui, anorexie. Encore leur charabia gréco-latin. Le soleil d'Italie lui ferait du bien.

L'Italie… Depuis la grande ébullition de 1848, la péninsule est retombée dans une torpeur apparente. Seuls deux Etats, de domaine étendu, restent indépendants. La maison de Savoie règne sur le Piémont, la Savoie, Nice, Gênes et la Sardaigne ; la maison de Bourbon sur Naples et la Sicile.

Entre eux, le patrimoine de l'Eglise est « protégé » au nord par les Autrichiens, au sud, avec Rome, par les Français. Le grand-duc de Toscane, le duc de Parme, le duc de Modène, « protégés » par les uniformes blancs, sont des vassaux, des préfets de l'Autriche, qui garde en outre la main sur la plus vivante, la plus somptueuse partie de l'Italie, de Milan à Venise, sous le nom tudesque de royaume lombardo-vénitien. De là, elle intervient partout, domine tout.

Sa tutelle est devenue insupportable aux patriotes italiens qui, vaincus, châtiés, dispersés en 1830 et 1848, se sont peu à peu regroupés sous des chefs résolus et n'attendent qu'un signal pour se soulever. Leur grand espoir, bien que ses ménagements envers l'Eglise les aient déçus, se tourne toujours vers l'héritier du premier roi d'Italie, l'empereur des Français d'à présent. Il leur appartient, croient-ils, par son passé de carbonaro. Ils ne sauraient douter de sa sympathie, de son désir de leur rendre la liberté.

Il ne paraît pas possible d'agir seul. *Italia farà da se*, cette formule de Cavour, a péri à la défaite de Novare. La jeune armée sarde n'a pu tenir contre les vieilles troupes des Habsbourg.

Il lui faut aujourd'hui l'appui d'une puissance de premier rang pour arracher d'abord la Lombardo-Vénétie au joug autrichien. Cette puissance ne saurait être que la France.

La France, par l'origine de son souverain actuel comme par l'antipathie que la majorité de son opinion conserve contre l'Autriche, la France seule doit l'aider dans l'œuvre de libération. Il y a en effet, pour les Français de tout temps, mais surtout pour les Français d'alors, si près encore des campagnes de Bonaparte, une sorte de magie dans ce nom : l'Italie.

Napoléon n'a-t-il pas dit à Sainte-Hélène : « Le premier souverain qui, au milieu de la grande mêlée, embrassera de bonne foi la cause des peuples se trouvera à la tête de l'Europe et pourra tenter tout ce qu'il voudra » ?

Mais Napoléon III se montre souple et prudent. L'heure de l'action maintenant se rapproche. Il n'est pas assez aveuglé pour ne point comprendre qu'il est moins libre dans sa politique, son action extérieure, que beaucoup ne l'imaginent autour de lui. Annexer au Piémont l'Italie du Nord, c'est l'affaire d'une guerre, où il ne sera pas interdit à la France de trouver elle-même un profit. Mais ces résultats obtenus, pourra-t-il s'en tenir là et opposer une barrière stable à la poussée des patriotes italiens, qu'une telle victoire aura exaltés ?

Le comte de Cavour tente de se mettre à la place de son allié. Dans la tourmente, le pape risque de perdre ses Etats. La souveraineté temporelle du pontife n'intéresse guère Napoléon III. Il méprise l'administration romaine, qui mérite en effet les plus sévères censures. Mais peut-il se brouiller avec le Saint-Siège ? Le gouvernement impérial, privé de l'appui des catholiques, courrait à de sérieuses difficultés intérieures.

L'Impératrice, bien qu'elle n'ait encore que peu de part aux affaires, ne peut, sans colère, l'entendre faire allusion à un changement en Italie. Sa dévotion castillane, sa fidélité au Saint-Siège se sont encore accrues depuis que le pape a accepté d'être le parrain de son fils, et qu'elle a reçu de Pie IX l'hommage de la Rose d'or.

Napoléon III tiendra-t-il parole ? Telle est la question qui agite Cavour, cet homme qui se donne à son pays.

Napoléon III soutient l'espérance de Cavour, tout en rassurant l'Europe, endort les craintes de l'Impératrice et de ses ministres. Ainsi il endort aussi Cavour, qui le sait.

Pourtant les accords sont nets : Victor-Emmanuel s'accroîtra du royaume cisalpin de Napoléon, Lombardie, Vénétie, Emilie, Romagnes. La Toscane et l'Ombrie formeront un royaume qui sera offert à la duchesse de Parme. Le pape, que Napoléon veut absolument ménager, conservera Rome et le premier patrimoine de Saint-Pierre ; en outre, il recevra le titre de président de la Confédération italienne. On laissera les Bourbons à Naples, pour ne pas perdre la sympathie de la Russie qui les protège. Mais ils devront réformer leur administration vétuste.

Les mois passent et Cavour s'impatiente. Il sait que l'Empereur, qui pense toujours au Saint-Siège, les militaires, que la guerre de Crimée a essoufflés, les hommes d'affaires, inquiets des troubles apportés par les hostilités, l'animosité de la Prusse, la pression de la Russie, qui n'a promis que la neutralité, et de l'Angleterre, attachée à la paix, freinent ses élans.

Pourtant, l'Autriche, qui manque d'hommes et de canons, consent à des négociations, au désespoir de Cavour, puis, soudain, après tant de patience, tout à coup se lasse. Elle manque d'argent ; il lui faut ou démobiliser ses troupes ou s'en servir sur-le-champ. Leur repos coûte trop cher.

Cavour a réfléchi, jouant tour à tour les rôles de Napoléon III et de l'Autrichien. A son avis, c'est François-Joseph qui va craquer.

Le jeune François-Joseph, sans expérience, d'ailleurs de peu d'étoffe, borné, froid, faible et faux, cède aux conseils de violence. Le 20 avril 1859, son chancelier, Buol, adresse un ultimatum à Turin, où il somme le Piémont de désarmer dans les trois jours.

Faute suprême, qui rejette les torts sur l'Autriche, décourage ses meilleurs amis, Angleterre et Prusse, dissipe les scrupules et les craintes de Napoléon III, exaspère les populations italiennes, enivre de joie Cavour. Que Dieu bénisse ce crétin de Habsbourg !

Les événements vont jouer avec une régularité d'horloge. Cavour repousse l'ultimatum et fait appel à la France. C'est la guerre.

Napoléon, comme pour se justifier auprès du pays, surtout auprès des catholiques, fait afficher une proclamation ; il y expose ses buts :

« L'Autriche viole les traités, la justice, et menace nos frontières… Elle a amené les choses à cette extrémité, qu'il faut qu'elle domine jusqu'aux Alpes ou que l'Italie soit libre jusqu'à l'Adriatique… Nous n'allons pas fomenter le désordre ni ébranler le pouvoir du Saint-Père, mais le soustraire à la pression étrangère. »

Huit jours après, laissant la régence à l'Impératrice, il part pour l'armée, dont il assume le commandement suprême. Il part, non sans appréhensions pour sa femme, pour son fils, laissés derrière lui. Quand, en tenue de campagne, il quitte les Tuileries, parmi ses familiers, beaucoup pleurent. Le peuple l'acclame sur le trajet vers la gare de Lyon. Il en est réconforté. Lui aussi, songe-t-il, va avoir sa campagne d'Italie. Il faut s'accrocher aux traditions. N'est-il pas un Bonaparte ?

L'armée française n'est pas prête. La leçon de Crimée n'a servi à rien. Par crainte d'avertir trop tôt l'Europe, on n'a ordonné aucun préparatif. Les dernières semaines seulement on a massé quelques divisions dans le Sud-Est, rappelé des troupes d'Algérie. Oh ! elles savent combattre… mais dans les coups de main.

L'Empereur sait que les approvisionnements font défaut, et que le train des équipages et les services de santé sont misérables. Des nouveaux canons rayés, de tir plus précis et plus rapide, commandés l'année précédente, une soixantaine seulement sont en service. Ils ne disposent que de fort peu de munitions.

Il manque dix mille chevaux. Au moment de passer la frontière, Bourbaki se plaint :

– Les troupes de ma division sont sans couvertures, il fait froid. Nous n'avons ni tentes, ni bidons, ni effets de campement, ni cartouches.

Et Canrobert déclare au même moment :

– On a oublié dans mon corps d'armée les états-majors, l'intendance et la prévôté, les services d'ambulance, l'artillerie et le génie !

En face, le feld-maréchal autrichien Giulay, disposant de cent dix mille hommes à pied d'œuvre, pourrait profiter de cette impéritie et de la difficulté des communications pour tomber sur les Piémontais et les écraser avant qu'arrivent les renforts français. Qu'il marche hardiment sur Turin, il trouverait la ville à peu près sans défense. Ses officiers en sont si sûrs que beaucoup y ont déjà fait adresser leurs lettres.

Mais, lent et entêté, il est en outre trompé par une série de malentendus. Il pensait que le principal effort de l'Autriche se porterait sur le Rhin et que lui-même jouerait surtout un rôle défensif. Renseigné trop tard, il s'attarde encore, franchit le Tessin le 29 avril et marche sur Turin, à l'allure de six kilomètres par jour. A deux étapes de la capitale piémontaise, il s'arrête, pour bientôt rétrograder sur Mortara.

Chance admirable pour Napoléon. Cette faute permet à l'armée française passée par les Alpes, par Suse et par Gênes, de se concentrer à Alexandria, où les Piémontais viennent la rejoindre. En tout, cent cinquante mille hommes. Mais l'Empereur s'épouvante de leur dénuement. Par bonheur, l'esprit des troupes est au plus haut. Le soir, près des faisceaux, les feux s'allument et les hommes font la soupe. L'Empereur entend monter jusqu'à lui leurs refrains :

Il nous faut de la graine d'oignons
Pour les canons du roi de Sardaigne,
Il nous faut de la graine d'oignons
Pour les canons du roi de Piémont.

La Toscane s'est soulevée contre son grand-duc, qui est parti dignement, en plein jour, au milieu d'une foule respectueuse. Quand il est sorti de la ville, il s'est retourné et a dit :

– Au revoir !

– Au paradis ! a répondu le peuple en riant.

Un gouvernement provisoire est formé à Florence. On y envoie le prince Napoléon avec un petit corps… Plonplon sert à tout. A se marier comme à l'armée.

L'armée descend le long du Pô vers Plaisance. Giulay, obsédé par le souvenir du premier Bonaparte, croit que les Français vont traverser le fleuve pour le tourner. Il pousse une reconnaissance au sud de Pavie, éprouve un échec à Montebello.

Napoléon lance ses troupes vers le nord pour tomber sur la droite autrichienne. En chemin, Palestro est pris par les Piémontais, et conservé par les zouaves qui, par acclamations, ce soir-là, nomment Victor-Emmanuel « caporal ». Le roi, en effet, par sa bravoure gouailleuse, a été le héros de la journée.

Giulay se replie alors derrière le Tessin pour barrer la route de Milan. Les Français le suivent. Mac-Mahon traverse la rivière à Turbigo, où ses turcos font merveille, et marche en combattant sur Magenta.

Espinasse occupe le pont San Martino, mais, plus avant, il est arrêté par un profond canal, le Naviglio Grande. Tout ce pays, d'ailleurs, n'est qu'un marécage, planté d'acacias, de saules, de mûriers, de vignes, de hauts maïs, où la vue est bornée et où l'on ne peut avancer que par des chaussées étroites et perfides. Fâcheux terrain où mener une armée…

Le soir du 3 juin, les Français cantonnent sur un triangle trop étiré, de Turbigo à Trecate et à Novare. Ils ne savent pas où sont les Autrichiens. Au jour seulement, l'état-major assure qu'ils bivouaquent autour de Magenta… Napoléon, établi dans une auberge à San Martino, attend pour commencer la bataille que Mac-Mahon, suivant les ordres reçus, atteigne Magenta.

Midi sonné, il entend le canon du général vers Buffalora. Il commande alors à la Garde de passer le Naviglio. Le Ponte-Nuovo, seul accès, est défendu par un feu terrible. Les zouaves du général Cler, magnifiques d'entêtement, l'enlèvent enfin. La Garde va pouvoir marcher sur Magenta.

Mais les Autrichiens reviennent en force. C'est, contre quatre régiments déjà éprouvés, l'avalanche d'une armée. Cler est tué. Les Français reculent, mais pied à pied.

Mac-Mahon ne paraît toujours pas. Son artillerie s'est tue. Inquiet de l'éparpillement de ses troupes, dû à une bévue d'Espinasse, il perd plusieurs heures à les rassembler. L'action est ainsi bien mal engagée. L'Empereur, à qui Regnault de Saint-Jean-d'Angély, commandant la Garde, demande des renforts, répond, le regard vide :

– Je n'ai rien à vous envoyer. Maintenez-vous…

Grenadiers et zouaves tiennent comme ils peuvent face à l'assaut furieux des Autrichiens. C'est le fait d'armes de la journée. Enfin, vers trois heures et demie, l'arrivée d'une brigade de chasseurs à pied et de lignards les tire d'affaire. Il était temps. Les Autrichiens sont repoussés. Au même moment, de nouveau tonne l'artillerie de Mac-Mahon, parvenu enfin aux abords de Magenta.

Giulay, par un mouvement hardi, essaie de traverser l'armée française. Il lance Schwarzenberg avec quatre brigades entre le Tessin et le canal. Canrobert et Vinoy, avec une folle bravoure, l'arrêtent au village de Ponte-Vecchio. Combat acharné, pertes lourdes.

Mais la décision va venir d'ailleurs. De Magenta où Mac-Mahon, vers six heures du soir, a jeté les divisions d'Espinasse et de La Motterouge.

Les zouaves épuisent la résistance des Autrichiens, retranchés dans les maisons et qui se battent en enfants perdus. Espinasse est mortellement blessé. La petite ville, à la fin, est emportée à la baïonnette.

Cette péripétie fixe le sort de la rencontre. L'ennemi lâche ses positions de Ponte-Vecchio et se retire vers l'est sous le feu des canons d'Auger.

L'Empereur, demeuré à San Martino, n'apprend la victoire qu'à la nuit tombante. Sans nouvelles sûres, il a cru longtemps à la défaite.

« Ça va mal, ça va mal », murmurait-il, désemparé. Quand Frossard lui annonce le succès, il ne peut y croire. C'est seulement au reçu du rapport de Mac-Mahon qu'il se rassure, reprend parole et vie, et, fumant pour la première fois depuis des heures, écrit avec un morceau de crayon un télégramme à l'Impératrice.

Sa joie est vive, encore que cette bataille décousue, au vrai, ne termine rien et que le hasard soit pour beaucoup dans le succès. Aucune science stratégique, même tactique, des ordres sans lien, un chaos de colonnes et de convois. Les deux armées n'ont pu engager que la moitié de leurs effectifs, en raison de la difficulté du terrain.

Soit prudence, soit mécontentement de se trouver sous les ordres d'un général français, Victor-Emmanuel a gardé ses troupes l'arme au pied.

Le lendemain, 5 juin, Napoléon parcourt la plaine grasse, bouleversée par les boulets, que les morts qu'on n'a pu encore enterrer parsèment de taches rouges ou blanches. Il est triste. Tant de sang versé lui navre le cœur. Du képi, il salue le corps d'Espinasse qui arrive, enfermé dans une calèche, côte à côte avec le cadavre de son aide de camp.

Puis aux vainqueurs, avec largesse, il distribue les récompenses. Mac-Mahon est fait maréchal et duc de Magenta. Le vieux Regnault de Saint-Jean-d'Angély, qui l'a plus mérité, ne reçoit qu'après lui le bâton. Les grades, les croix pleuvent autour d'eux. Napoléon se montre d'autant plus généreux qu'il a craint davantage.

Recevant Victor-Emmanuel à son quartier général, il lui reproche sa négligence qui a rejeté tout l'effort sur les Français et a, un moment, compromis la journée :

– Sire, lorsqu'on doit opérer une jonction devant l'ennemi, on exécute strictement ses instructions et l'on tient ses engagements. Je regrette que Votre Majesté ne l'ait pas fait.

Un peu décontenancé malgré son exubérance, le roi s'excuse et promet qu'à l'avenir il saura réparer son tort :

– Sire, à la prochaine affaire, je demande que vous me placiez à l'avant-garde…

L'Empereur s'adoucit et l'invite à déjeuner. Ils parlent de femmes. Victor-Emmanuel est intarissable à ce sujet, mais quelque peu grossier.

Giulay, qui d'abord s'était cru vainqueur et avait expédié à François-Joseph une dépêche annonçant « qu'il n'y avait plus un Français sur le sol de la Lombardie », s'est replié dans la direction de l'est, abandonnant Milan.

La capitale lombarde, où les vieux se rappellent encore l'éblouissant passage de Bonaparte, se couvre de drapeaux français et italiens. Napoléon III et Victor-Emmanuel, côte à côte, y font leur entrée le 8 juin.

Milan les accueille bien. Pour chauffer son enthousiasme, de la villa Bonaparte où il a établi son quartier général, l'Empereur adresse aux Italiens une proclamation d'une rare imprudence :

« Mon armée ne s'occupera que de contenir vos ennemis et de maintenir l'ordre à l'intérieur, elle ne mettra aucun obstacle à la manifestation de vos vœux légitimes. Volez sous les drapeaux du roi Victor-Emmanuel. Ne soyez aujourd'hui que soldats, demain vous serez citoyens libres d'un grand pays. »

Langage trop propre à surexciter un peuple fiévreux ; Napoléon III ne tardera pas à en mesurer les conséquences. Déjà, la Toscane est passée sous l'administration piémontaise. A Parme, à Modène, dans les Romagnes couve l'insurrection.

Cette Italie qui se lève, Cavour, oublieux de ses promesses, la pousse à l'unification plus encore qu'à la liberté. L'Empereur prévoit que, dès que les Autrichiens auront quitté Bologne et Ravenne, le drapeau du pape y sera abattu.

Sans doute, à Plombières, a-t-il admis la mutilation des Etats de l'Eglise ; mais il constate à présent quelle inquiétude une spoliation, même partielle, du pontife soulève déjà en France. Les catholiques crient à la trahison, les gens d'affaires craignent des répercussions politiques. La Bourse chancelle.

Avec l'Impératrice-régente qui, trop neuve pour un tel emploi, s'effraie de sa responsabilité, les ministres – tenus dans une ignorance complète des actes de Napoléon – souhaitent une paix rapide. Ils voient grandir la nervosité et la malveillance de l'Europe.

La reine Victoria blâme ouvertement l'Empereur, son ami pourtant. L'Allemagne tout entière s'est dressée. Le roi de Prusse propose une médiation armée et, par avance, mobilise quatre de ses corps. La Russie s'oppose au projet de révolution hongroise que Napoléon préparait avec Kossuth, pour prendre à revers et ainsi paralyser la monarchie autrichienne.

Partout, des périls surgissent. Napoléon y est sensible, et, dégoûté de la guerre par ce que ses yeux en ont vu déjà, il commence, lui aussi, d'en désirer la fin.

Le 23 juin, au cours d'une promenade sur les bords du lac de Garde, l'Empereur annonce à Victor-Emmanuel que, si l'on ne veut pas tout compromettre, il va falloir songer à la paix.

Mais la victoire de Magenta n'est pas assez décisive pour obliger l'Autriche à déposer les armes. Les habits blancs autrichiens se sont concentrés aux confins de la Vénétie, le long du Mincio. Position formidable. Augmentée de nouveaux corps, l'armée de François-Joseph compte à présent cent quatre-vingt mille hommes dont l'empereur lui-même a pris le commandement.

Elle est beaucoup mieux ravitaillée que celle des Français, qui l'ont mollement poursuivie par Brescia, dans l'extrême chaleur et la poussière. Ils n'ont ni biscuit ni café. On leur a distribué de la farine de maïs pour faire de la polenta, mais ce mets nouveau leur répugne ; ils vident leurs marmites dans les fossés.

Les avant-postes se heurtent dans cette journée du 23 juin. On y prête peu d'attention. Les Autrichiens ont repassé le Mincio et se sont solidement établis au sud du lac de Garde, sur un groupe de collines escarpées, près du village de Solferino. Leurs adversaires, à peine à deux lieues, ne s'en doutent pas. Nul ne prévoit la bataille qui va s'engager le lendemain, par la simple rencontre des corps en marche vers des directions opposées.

Les Franco-Piémontais ont environ cent cinquante mille hommes divisés en six corps. Niel, imprudemment avancé, enlève Medole et, dès lors, se trouve en flèche. Mac-Mahon s'arrête devant le promontoire de Cavriana, solidement tenu par l'ennemi. A sa gauche, Baraguay d'Hilliers, seul chef qui ait montré quelque prévoyance, s'attaque aux collines échelonnées devant Solferino. Plus au nord, les Piémontais sont tenus en échec par la vigoureuse défense de Benedek. Ainsi, sur un front de quatre lieues, quatre batailles séparées.

Du clocher de l'église de Castiglione (soupir agacé), la lorgnette à l'œil, Napoléon III cherche à les nouer. Afin de couper en deux l'adversaire, il prescrit de porter l'effort au centre, sur la tour de Solferino qui se dresse, carrée et rouge, au sommet d'un massif rocheux, près de la blancheur d'un cimetière et d'une procession de cyprès noirs.

Très dure, pendant des heures, la lutte se prolonge sous un ciel étouffant où traîne l'orage. Aux ailes, les Autrichiens ont le dessus. Mais au centre, après des engagements acharnés, les hauteurs abruptes de Solferino sont prises.

Mac-Mahon marche alors sur Cavriana, où se trouve le quartier général de François-Joseph. Au prix de grosses pertes, il emporte le Monte Fontana, clef de la position. Une contre-attaque l'en chasse. Il y revient, est encore repoussé.

L'instant est critique. Fleury le voit. Il dit à l'Empereur, qui ne donne aucun ordre, semble absent :

– Sire, tout cela est bien long… Il ne faudrait pas la perdre, cette bataille-là. Ne faites pas comme votre oncle à la Moskowa, donnez votre Garde, il n'y a pas à hésiter.

L'Empereur, se tournant vers Regnault de Saint-Jean-d'Angély, commande alors d'engager la dernière division de la Garde, les grenadiers et les zouaves du général Mellinet. Sous leur assaut endiablé, l'ennemi doit enfin lâcher pied. Les Français couronnent peu à peu toutes les hauteurs. Bientôt après, Mac-Mahon et la Garde entrent dans Cavriana.

Ainsi se justifie la simple mais saine idée stratégique de Napoléon III. La ligne autrichienne est coupée. Pour n'être pas tourné, profitant d'un furieux ouragan qui, venu du lac, sous des flots de grêle et de pluie, arrête entièrement la bataille, François-Joseph ordonne la retraite. Napoléon voudrait le poursuivre. Il a raison : il pourrait anéantir l'armée autrichienne. Mais Mac-Mahon l'en dissuade.

Le soir même, à Cavriana où il a pris le logement de François-Joseph et mangé son dîner, Napoléon dicte le bulletin de la journée et adresse à l'Impératrice une courte dépêche : « Grande bataille, grande victoire. » Niel est fait maréchal.

Les Français ont 12 000 hommes hors de combat, les Piémontais 5 600, les Autrichiens plus de 22 000. Ils ont perdu trente canons.

Plus encore qu'à Montebello et à Magenta, l'horreur du charnier apparaît à Napoléon, le lendemain, tandis qu'il visite les environs de Solferino. Dans ce large paysage couronné par les Alpes et peuplé de villages riants, qu'ennoblit le myrte ou le cyprès, routes, ravins, collines, champs, rizières sont jonchés de morts, la plupart déjà dépouillés par des rôdeurs, de mourants qui bougent encore et se plaignent. Dans cet air, si lourd que les visages ont noirci, certains, la bouche ouverte, semblent rire. Les mouches s'abattent sur eux en nuages.

Blême, les dents serrées, il entre dans une ambulance établie dans une grange à demi effondrée par les boulets. Parmi l'odeur affreuse, les cris de souffrance, les soupirs d'agonie, les chirurgiens, dégouttant de sang, tranchent dans les chairs vives, jetant de-ci, de-là, avec indifférence, des morceaux de jambes et de bras.

Près de s'évanouir, trempé de sueur, l'Empereur prononce à grand-peine quelques mots d'encouragement, puis, les joues mouillées de larmes, il remonte à cheval avec effort et, jusqu'à Cavriana, ferme les yeux…

Il vomira en cachette.

Les Autrichiens ont poursuivi leur retraite derrière l'Adige. Au lieu de précipiter sa marche, l'armée franco-piémontaise demeure inerte une semaine. Elle a plus de malades encore que de blessés. Le quart de l'effectif encombre les bâtiments publics de Brescia et de Milan. Le typhus a éclaté, mais, pour le public, on tait son nom. Les vivres manquent tout à fait.

Quoique le succès soit plus net qu'à Magenta, l'armée marque moins de joie. Fatiguée, débraillée, sans discipline, elle maugrée contre les chefs. Rien de décisif n'a encore été emporté.

L'ennemi reste entier et, à mesure qu'il se rapproche de ses bases, il va se renforcer constamment. On pense à attaquer Venise par mer. Mais on sent bien, de l'état-major au dernier voltigeur, que la guerre entre maintenant dans une phase longue et difficile.

L'inquiétude unanime ne fait qu'orchestrer l'inquiétude personnelle de Napoléon. Non seulement le spectacle de la guerre le déchire, mais il craint de plus en plus que Cavour, passant outre au traité, ne soulève toute l'Italie pour la réunir au Piémont. Les souverains de Parme et de Modène ont dû s'enfuir. Bologne a chassé le légat du pape. Dans ces régions, des commissaires de Victor-Emmanuel exercent le pouvoir en son nom.

Il est encore un danger plus pressant, plus grave. La Prusse accélère sa mobilisation. Le tsar Alexandre a envoyé à l'impératrice Eugénie son aide de camp, Schouvalov, pour lui dire :

– Hâtez-vous de faire la paix; sinon, vous allez être attaqués sur le Rhin.

La France ne pourrait réunir que cinq divisions, surtout composées de conscrits, pour défendre sa frontière de l'est. Chaque jour apporte à Napoléon de nouvelles et plus pressantes dépêches. « Traiter, il faut traiter ! »

Pareille supplication répond à son vœu intime. Mais sa promesse de libérer l'Italie jusqu'à l'Adriatique ? Il en mesure aujourd'hui l'erreur. Par Persigny, il fait demander sa médiation à Palmerston. L'Angleterre se dérobe.

L'Empereur se résout à s'adresser directement à son adversaire François-Joseph. Il va trahir Cavour, exaspérer les patriotes italiens. Mais il doit d'abord songer à la France.

Il appelle Fleury et le charge de porter à Vérone, à l'empereur d'Autriche, une lettre proposant de suspendre les hostilités « pour laisser le temps à la diplomatie de négocier les conditions de la paix ». L'initiative peut paraître chevaleresque, elle n'est qu'insolite et ne cache pas assez le désir de traiter. Par fortune, François-Joseph n'est pas meilleur diplomate que stratège. L'empereur confie à Fleury une lettre où il accepte l'armistice.

Le 9 juillet, la suspension d'armes est signée. Rendez-vous est pris par les deux empereurs pour une entrevue à Villafranca, entre Vérone et Valeggio, le lendemain.

Sur la route poudreuse bordée de mûriers, laissant derrière lui son escorte de cavaliers, Napoléon III, galamment, se porte à la rencontre du jeune empereur en avant de Villafranca. Tous deux, s'étant serré la main, entrent dans une maison en bordure de la route, où on les laisse seuls.

Tête-à-tête très cordial ; compliments sur la bravoure réciproque des troupes, assurances de sympathie mutuelle. Napoléon se montre prévenant, délicat. Il pose moins des conditions qu'il n'exprime des vœux. François-Joseph paraît séduit. Il n'a point de rancune contre la France, n'en veut qu'au Piémont. Sa réponse est franche. Il adhère à tout ce que propose Napoléon, ou presque tout :

– J'ai perdu la Lombardie, je suis disposé à y renoncer. Mais je ne la céderai pas au Piémont, je la donnerai à la France, qui en disposera à son gré.

La Vénétie, il entend la garder. Il y accomplira de telles réformes qu'elle sera « non seulement heureuse, mais satisfaite ». Il admet que Parme soit réunie au Piémont, mais demande que Modène et Florence soient rendues à leurs princes.

L'accord se fait sans peine sur une confédération italienne, placée sous la présidence du pape. Un congrès réglera les questions en suspens. En avance sur son époque, Napoléon croit à la puissance constructive de l'Europe réunie en conseil.

Les deux souverains se séparent enchantés l'un de l'autre. Le soir même, portés à François-Joseph par le prince Napoléon, les préliminaires sont signés.

Victor-Emmanuel connaissait l'offre d'armistice. Mais l'Empereur ne l'a pas consulté sur les conditions de paix. Quand Napoléon lui en dit la teneur, le roi, profondément déçu, se laisse aller à un vif accès de colère :

– Pauvre Italie ! Quoi, nous n'aurons pas la Vénétie ! On nous refuse Mantoue, Peschiera, Modène ! Quel désastre !

Il semble près d'un éclat, puis il se reprend, par politique plus encore que par dignité, et il assure Napoléon qu'en dépit de sa tristesse, il n'oubliera pas le service rendu à la cause italienne. L'Empereur peut compter sur sa fidèle amitié…

Rentré à son quartier général de Monzambano, il informe Cavour qui ne recule pas, lui, devant la violence. Déjà, la veille, à la seule nouvelle de l'arrêt des hostilités, il est allé avec son maître jusqu'à l'injure. La convention que lui apporte Victor-Emmanuel, il voudrait la déchirer :

– Vous ne signerez pas cela ! C'est trop ignominieux… Même sans la France, vous devez continuer la lutte. Si vous êtes vaincu, eh bien ! vous abdiquerez !

Habitué pourtant à sa familiarité, souvent excessive, le roi se redresse et veut faire taire Cavour :

– Je ne vous laisserai pas répéter vos insolences.

– Alors, je prie Votre Majesté d'accepter ma démission.

– Je l'accepte, vous pouvez vous retirer.

Après avoir tenté en vain de voir l'Empereur, Cavour part pour Turin, où il attendra la désignation de son successeur. Il se répand en plaintes et en reproches contre Napoléon. L'opinion publique est avec lui. Aux fenêtres, les drapeaux sont mis en berne. Les vitrines des boutiques s'ornent – insulte délibérée – de portraits d'Orsini.

Quand Napoléon, ayant passé par Milan, traverse à son tour la capitale piémontaise pour regagner la France, il est accueilli, dans des rues presque vides, par une dramatique froideur.

Il le voit dans ce moment même, c'est en vain qu'il a laissé couler le sang français, qu'il s'est aliéné ses amis européens. L'Italie ne lui pardonnera jamais d'avoir trompé son espérance. Il fait appeler Cavour :

– Je ne veux pas que nous nous quittions brouillés. Je ne pouvais continuer la campagne. Il m'eût fallu trois cent mille hommes et je ne les avais pas.

Et il promet à Cavour de plaider la cause des régions italiennes rendues à leurs princes. Il ajoute que, puisque le Piémont n'a pu recevoir tout l'accroissement de territoire qu'on avait prévu, il renonce à l'annexion de Nice et de la Savoie. Puis il quitte Suse pour passer le Mont-Cenis, mécontent de lui-même et ne laissant point de regrets.

– Ouf ! il est parti ! dit Victor-Emmanuel.

TROISIEME PARTIE

Les derniers rêves

« C'est beaucoup d'être à la fois,
une gloire nationale,
une garantie révolutionnaire
et un principe d'autorité. »

François BONAPARTE.

Soyons résolument modernes

Il faut être seule parfois pour bien voir les choses. La vérité n'est pas une fille facile à émouvoir comme la Castiglione – l'Impératrice sourit à Loulou qui joue avec un soldat de bois, mon Dieu quelles scènes n'avait-elle pas faites à son mari –, il faut la courtiser sans relâche avant qu'elle ne livre quelques-uns de ses colifichets… Quant à la voir nue, sortant du puits… Il y faut sans doute toute une vie puis la Lumière de Dieu qui vous nimbe au jour de votre mort. Si vous l'avez méritée.

Impératrice-régente, pendant que son mari avait à faire en Italie, Eugénie était confrontée à des dossiers dont chacun enfermait un éclat de vérité. Elle avait l'esprit vif, pourtant elle n'y prêta pas tout de suite attention. Puis elle se mit à noter pour elle-même ce qu'elle découvrait à mesure qu'elle compulsait les dossiers que M. Eugène Rouher, ministre d'Etat, ouvrait pour elle et lui expliquait, non comme à une idiote mais comme un bon professeur ferait à une élève douée.

Un ministre respectant l'intelligence d'une femme, voilà qui, à cette époque, méritait décoration.

Jour après jour, le petit carnet d'Eugénie se remplissait. Et chaque soir, lorsque la nurse, miss Jane

Shaw, amenait Loulou pour le baiser maternel avant le coucher, profitant de quelques minutes de tranquillité avant le dîner, elle ouvrait son pense-bête de cuir frappé et sortait de sa lecture et relecture tout éberluée.

Elle avait ainsi entrepris de noter les inventions surgies depuis l'arrivée au pouvoir de son mari. Par des questions innocentes à cette mine de savoir et ce bourreau de travail qu'était Rouher, elle apprit tout sur ce qu'elle ignorait avant son mariage.

La liste envahissait plus de douze pages de son carnet, et encore n'avait-elle pas ajouté de commentaires personnels.

On y lisait, chronologiquement :

Institution de l'assistance judiciaire gratuite; ouverture du télégraphe au public; prise en charge des indigents dans les hôpitaux; Léon Foucault démontre à l'aide de son pendule la rotation de la Terre; construction des pavillons Baltard aux Halles.

Création du Crédit foncier de France; au Bon Marché, M. Boucicaut ouvre des rayons spécialisés et crée la pratique des soldes; Léon Foucault invente le gyroscope; les trains sont autorisés à rouler à cent kilomètres à l'heure; confection d'une toile solide, à Nîmes, pour les vêtements des chercheurs d'or de Californie, le « denim » bientôt appelé « blue jean ».

Création de vingt-cinq lignes d'omnibus dans Paris; ouverture des Grands Magasins du Louvre; mise en service des lignes Paris-Nancy, Paris-Marseille, Paris-Strasbourg; inauguration de l'hippodrome de Longchamp; création de la ville d'Arcachon; éclairage au gaz des boulevards; Charles Worth fonde, rue de la Paix, la première maison de couture et présente ses créations sur des mannequins vivants.

Invention du papier hygiénique ; creusement du tunnel du Mont-Cenis ; Nadar prend les premières photographies aériennes du haut d'un aérostat ; Félix Potin ouvre la première Grande Epicerie ; lancement de *La Gloire*, première frégate cuirassée ; Etienne Lenoir prend le brevet du premier moteur à explosion ; Gustave Eiffel construit un pont ferroviaire métallique qui franchit la Garonne à Bordeaux ; Léon Foucault calcule la vitesse de la lumière...

Pourquoi cela s'arrêterait-il ?

Cela ne s'arrêtera plus, madame, et grâce à vous dans quelques mois, à Lyon, Julie Victoire Daubie sera la première jeune femme à obtenir le baccalauréat, comme, grâce à votre futur mari, en 1851, Angélique Brulon avait été la première femme à obtenir la Légion d'honneur à titre militaire.

Eugénie est une fervente catholique. Elle sait qu'on va jusqu'à le lui reprocher. Elle est croyante, pieuse, mais pas bigote ! Son aumônier et confesseur est l'abbé Marie-Bertrand Bauer, qui deviendra monseigneur ; il est né juif hongrois, converti au catholicisme, a fait le coup de feu sur les barricades de 1848 dans les rangs républicains. Et le meilleur ami de l'Impératrice, et cela depuis l'enfance, est toujours Prosper Mérimée, athée et ironique anticlérical.

Fille d'un comte trois fois grand d'Espagne, donc en fait « légitimiste », elle se sent plus proche du peuple que de la bourgeoisie issue de la monarchie orléaniste. Elle s'enchante que le peuple dispose des Buttes-Chaumont pour s'aérer, qu'il puisse se rendre aux concerts Pasdeloup écouter la vraie musique, lui qui ne peut se rendre à l'Opéra.

Régente, elle a visité la prison de la Petite Roquette, et obtient, par acharnement, la suppression de l'enfermement cellulaire des jeunes détenus. A la prison Saint-Lazare, elle s'inquiète de la situation des prisonnières et fait adoucir leur vie.

Car elle, placée bien au-dessus du lot commun, elle se préoccupe d'une autre catégorie de déshérités : les femmes. Elle profite de sa régence pour aller au château de By remettre elle-même et en grande pompe les insignes de chevalier de la Légion d'honneur au peintre Rosa Bonheur. Elle tente, mais vainement, la société ne va pas si vite, de faire entrer George Sand, républicaine pur sang, à l'Académie. Un caprice, a-t-on dit.

Il ne s'agissait pas d'un caprice. Doña Eugenia, etc., fille de grand d'Espagne, a été élevée comme UN grand d'Espagne : escrime, chevaux, gymnastique, et même elle affronta des taureaux dans les arènes des propriétés familiales. Dans tous ces exercices elle a excellé… mieux que bien des hommes. Aussi, quand Victor Duruy, ministre de l'Instruction publique, ouvre des lycées pour jeunes filles, avant de leur ouvrir la Sorbonne, elle appuie et n'en démord pas. Les catholiques accusent le ministre d'avoir voulu toucher à la sainte ignorance qui fait le mérite des pensionnats pour demoiselles. Le pape, par l'intermédiaire de Mgr Dupanloup, y voit la diffusion « d'idées impies, de destruction de l'ordre social ». Eugénie, à qui sa sœur aînée Paca, duchesse d'Albe, a confié ses deux filles pour quelque temps, mène les deux demoiselles à la Sorbonne pour qu'elles y suivent ces cours « impies ».

Elle est ainsi, Eugénie. Depuis la naissance de Napoléon Eugène Louis, dit Loulou, elle a renoncé au sexe, « cette saleté », jamais elle ne se mêle non plus de politique, mais comme son mari, cet empereur rêveur, cigarette à la bouche, elle est férue de modernité. Pas vraiment en ce qui concerne les mœurs dissolues de Louis Napoléon, à qui elle fait des scènes par fierté bafouée (et là l'accent espagnol tonitrue) plus que par jalousie.

Mais les blessures demeurent.

Pourtant, là, son petit carnet à la main, alors que l'enfant joue avec son soldat de bois, elle pense avec tendresse à un autre soldat, de chair celui-là, son père, qui dit avoir emporté la victoire et a décidé de faire la paix.

Elle jette un œil au carnet, si, dans l'Histoire, c'était cela qui devenait les pages de gloire de Napoléon III ? Bien sûr, il n'a pas inventé le moteur à explosion ni calculé la vitesse de la lumière, mais il a promu avec fermeté et ténacité l'air du temps propice aux découvertes et aux inventions, ce cher fumeur de cigarettes anglaises.

Elle sourit, un souvenir lui traverse l'esprit.

Il fumait à son habitude, en regardant la nuit approcher du jardin des Tuileries. Il ne disait plus rien depuis plus d'un quart d'heure. Il avait joué avec Loulou à qui il passait tout. Elle demanda :

– Puis-je savoir quel sujet te tourmente à te rendre muet ?

Il l'avait regardée comme s'il découvrait sa présence, avait lancé une bouffée de fumée et déclaré sérieusement :

– Une question importante. Comment supplanter l'énergie de la vapeur par celle du magnétisme électrique ?

Ils avaient échangé un autre regard et avaient éclaté de rire. Evénement trop rare.

Il rentrait. Il était vaincu par sa conquête. Louis Napoléon Bonaparte, empereur des Français, venait de découvrir, l'épée des Pyramides à la main, qu'il n'était pas un guerrier. Jamais il n'égalerait son oncle, ce furieux militaire.

Ce regret se mua en réflexion, cette réflexion en silence et tabagie. Et la lumière se fit. Etrange lumière qui l'éblouit.

Il est venu au pouvoir sur le tard, à quarante ans, presque l'âge de l'Oncle quand il abdique. S'il se veut l'exécuteur testamentaire de son oncle, c'est parce qu'il a trouvé dans le *Mémorial de Sainte-Hélène* le repentir d'un conquérant qui énumère ce qu'il aurait pu faire. Sur le rocher où l'Angleterre le tient captif, le César vaincu joue au Messie, apôtre du principe des nationalités et défenseur des libertés. Il pose au libéral et invente un bonapartisme attrape-tout, qui ne ressemble en rien aux pratiques autoritaires du règne.

En cet instant, quittant le carnage de Solferino, Napoléon III imagine l'Empereur revenu de Sainte-Hélène. Il aurait traité de billevesées les idées qu'il défendait gravement sur son île.

Lui, Napoléon III, ne va pas tenter de devenir le maître, mais l'arbitre de l'Europe. Il se réconcilie avec Alexandre II, le vaincu de Sébastopol, s'arrange pour que le petit Piémont soit admis à la table de la conférence de Paris, profite du retrait des Britanniques, aux prises avec la révolte des cipayes, pour faire de la France la grande puissance médiatrice qui ne veut rien pour elle et se bat seulement pour un meilleur équilibre européen. Voici Napoléon III parrain de la Roumanie, garant de l'intégrité de l'Empire ottoman, protecteur des chrétiens du Liban. L'Oncle, dans la même situation, aurait vu là les moyens de préparation de nouvelles conquêtes. Le rêveur qui porte son nom ne prépare rien d'autre et ne veut rien d'autre qu'une paix durable.

L'Empire de l'Oncle aura été un système policier, où les douaniers brûlaient le sucre, le chocolat et le coton pour satisfaire aux caprices du despote qui a ruiné la France et l'Europe au nom du Blocus continental. Le Grand Empire a asservi des peuples, de l'Espagne à la Russie, qui ont fait payer cher à Napoléon Ier son mépris de l'humanité. C'était le temps de la correspondance violée, des lettres de cachet qui expédiaient, sans raison, sans procès, sans limitation de peine, n'importe quel opposant dans les geôles des prisons d'Etat : le Temple, Bicêtre, Vincennes, Ham, le château d'If, le fort de Joux, le Mont-Saint-Michel. L'Empereur divinisé installait ses mouches dans les salons, multipliait les polices parallèles, séduisait les hommes par de l'argent et des médailles. Il fut le père de la littérature dirigée. Cela nous vaut l'exaltation d'un Baour-Lormian, la mise à l'écart de Chateaubriand et l'exil de Mme de Staël.

A la fin du règne de l'Oncle, la France se trouva appauvrie par le Blocus, saignée par les guerres sans fin. Aujourd'hui, sous son règne à lui, Napoléon III, la consommation de viande de chaque Français a triplé. Le réseau des voies ferrées est passé de trois mille cinq cents kilomètres à quinze mille et, surtout, le coût du kilomètre de voie est tombé, en quelques années, de deux cent mille francs à vingt mille.

Et puis Louis Napoléon sait maintenant combien l'Oncle, cette légende, s'est trompé. La guerre, le neveu vient de la faire, vient de la voir. La guerre n'est pas un art, n'est pas une gloire, n'est pas un système de promotion pour les officiers, la guerre est avant tout et sans doute seulement le massacre !

Le spectacle des mourants et des blessés laissait Napoléon Ier indifférent (« Une nuit de Paris réparera tout cela », disait-il en riant). Napoléon III, lui, pour avoir vu le spectacle des champs de bataille, encourage un autre rêveur, un autre Suisse, Henri Dunant, dégoûté lui aussi par le massacre de Solferino, à inventer la Croix-Rouge.

Louis Napoléon a subi la pauvreté, l'emprisonnement et l'exil. Il lui en reste la capacité à comprendre que l'ordre établi est souvent fondé sur de grandes injustices.

Il rentrait. La guerre l'avait changé. Il avait quarante-sept ans, il était heureux de retrouver sa femme, son enfant. Il était rhumatisant, on dort mal aux armées, il souffrait en cet instant, mais il se sentait si léger, comme libéré.

Il ressentait en lui ce qui doit arriver aux grands et fidèles croyants, une sorte de rédemption, une illumination, comme si une grande ombre s'était dissipée, avait cessé d'assombrir son âme et son esprit. Oui, une libération.

Rentré à Paris, Napoléon III décréta l'amnistie générale de tous les proscrits et condamnés du 2 Décembre.

Seul Victor Hugo ne rentra pas. S'il n'y en a qu'un seul, il sera celui-là ! Non mais ! Il a choisi l'exil de lui-même, il rentrera quand il voudra. Et puis, Guernesey possède un climat très sain, les tempêtes sur les rochers s'accordent à son style, Hauteville House est un logis agréable et encore agrémenté de la présence de ses deux femmes, Juliette et Adèle (Sainte-Beuve est resté à Paris). Et puis, d'où mieux tirer au canon sur l'ennemi que du haut d'un promontoire ?

Il ne rentre pas ? Très bien. Napoléon III donne l'ordre de reprendre *Hernani*, contre l'avis de tous. Il aime cette pièce et a envie d'y applaudir Frédéric Lemaître. Hugo veut rester en exil ? Napoléon III le fait revenir, par l'entrée des artistes !

Et puis il va retrouver sa femme et son fils. Il sait qu'elle ne l'aime pas ou ne l'aime plus. Du moins le respecte-t-elle. Lui, il l'aime encore, toujours… Même s'il ne l'a pas toujours respectée… Liés à vie, soudés encore plus par l'adorable Loulou. La guerre l'a changé… Il va changer l'Empire… Quand ? Bientôt. Que M. Hugo profite bien de son exil, les autres proscrits vont profiter bientôt de l'Empire libéral. Il est temps que la liberté montre son nez dans ce pays. N'est-ce pas elle, cette créature, qu'il a depuis l'enfance le plus courtisée ?

Le substitut Pierre-Eugène Pinard et autres paires de ciseaux

Napoléon III en a (un temps) rêvé. Persigny l'a fait. La presse est aux ordres.

M. de Persigny a été journaliste, pas très longtemps mais assez pour savoir l'essentiel, et M. de Persigny apprend vite. La presse est devenue depuis la Révolution un des leviers de la vie politique. Trois régimes sont déjà tombés sous ses coups, une restauration, la monarchie de Juillet et la république en décembre 1851. D'où sa méfiance à son égard, même s'il s'en servit intelligemment pendant tout l'automne 1851. Or la Constitution de 1852 n'évoque pas la presse. L'idée de Persigny, dès qu'il remplace Morny à l'Intérieur en janvier 1852, est ingénieuse et simple : aucun journal ne peut être fondé sans autorisation expresse du gouvernement (autorisation renouvelable à l'occasion de tout changement, de rédacteur en chef ou de gérant); tout quotidien paie un cautionnement (seuls y échappent les journaux ou revues littéraires, scientifiques, artistiques) ; un droit de timbre de six centimes par numéro est exigé.

Les délits de presse relèvent des tribunaux correctionnels ; le montant des amendes doit être réglé dans les trois jours ; deux condamnations en moins de deux ans entraînent la suppression du journal. L'arme persignienne la plus insidieuse est l'avertissement : deux avertissements signifient la suspension du journal pour un temps (donc une diminution du tirage). En cas de récidive, le journal disparaît. Résultat : sur plus de cinq cents journaux desservant Paris, quarante seulement traitent de politique.

A Paris, la surveillance des journaux relève du ministère de l'Intérieur, où règne le « directeur général de l'Imprimerie, de la Librairie et de la Presse ». En province, cette tâche incombe aux préfets. Quant aux motifs d'avertissement, ils sont des plus variables, de l'appréciation des événements de l'histoire du Premier Empire jusqu'à la discussion des qualités d'un certain engrais recommandé par l'Administration.

Malgré cette surveillance policière, la presse connaît un essor considérable. En 1852, on compte à Paris quatorze quotidiens politiques (totalisant quelque deux cent mille abonnés). La plupart d'entre eux sont financés par le régime, à commencer par *Le Moniteur*, journal officiel de l'Empire. Gouvernemental depuis 1789, tout en restant propriété des Pancoucke, il dispose des communications officielles, ainsi que de collaborations littéraires de prestige : Gautier, Sainte-Beuve, Mérimée.

Egalement soutenus par le gouvernement, *Le Constitutionnel* du Dr Véron et *Le Pays* du vicomte de La Guéronnière, qui se font volontiers serviles à l'égard de Napoléon III. Les deux titres sont d'ailleurs rachetés par Jules-Isaac Mirès, un des grands financiers du Second Empire. Il acquiert et revend tour à tour des concessions de chemins de fer, en France, en Italie et en Espagne, des hauts fourneaux, des terrains à Marseille, des immeubles à Paris. En 1860, son groupe représente quelque trois cent cinquante millions de francs. Les journaux qu'il achète sont tenus de soutenir sa politique financière.

C'est du côté de la « petite presse », c'est-à-dire des feuilles non « cautionnées », que l'on trouve l'esprit critique et parfois même de l'irrévérence. Ainsi, *Le Figaro* de Villemessant joue habilement les impertinents. Digne pendant du *Figaro*, *La Vie parisienne* est fondée en 1862 par le caricaturiste Louis Marcelin, « un beau jeune homme, au gilet en cœur, à la chemise en échelle, au revers d'habit noir en velours, décoré d'un camélia blanc à la boutonnière et sentant des odeurs qui puent, mélange bâtard d'un jeune député de Louis-Philippe et d'un sénateur de Napoléon III », écrivent ces mauvaises langues de Goncourt. La meilleure manière d'éviter la censure est de faire un journal sans aucune couleur politique, exclusivement axé sur le fait divers, s'adressant au plus grand nombre.

C'est ce que fit Moïse Millaud en fondant *Le Petit Journal*.

– Il faut avoir le courage d'être bête, dit Millaud à son rival Villemessant.

Ce courage, il le partage avec Léo Lespès, le célèbre Timothée Trimm, qui remplit imperturbablement trois colonnes par jour. Il y traite indistinctement la chronique des tribunaux, la pêche à la baleine, les mille-pattes, les robes de l'Impératrice, les éclipses, le suicide, le marché aux fleurs, le phénol sodique, les chanteurs d'opéra. Tiré à trente mille exemplaires au départ, *Le Petit Journal* dépasse les trois cent mille trois années plus tard.

Mais M. de Villemessant est loin d'être bête et sait choisir ses plumes. Un matin de septembre, un huissier du *Figaro* frappe à son bureau et lui remet la carte d'un visiteur : Henri, marquis de Rochefort-Luçay.

« Tous les fous, les nécessiteux, ceux qui se croient malheureux, ceux qui le sont réellement, les flâneurs, les emprunteurs semblent s'y donner chaque jour rendez-vous », témoigne Villemessant. Il y a plus dangereux : les hommes d'honneur. Comme cet officier du 9e régiment de chasseurs d'Amiens venu frapper à la porte du journal, un dimanche, pour réclamer l'auteur de l'article qui avait ironisé sur les sous-lieutenants valseurs, dont les éperons accrochent les robes des danseuses : Henry de Pène. Le duel eut lieu. L'officier fut touché, mais l'un de ses témoins injuria son vainqueur. De Pène dut se battre de nouveau et fut grièvement blessé. Le journalisme est un roman de cape et d'épée.

Qu'il entre, ce damné marquis !

L'huissier introduit un homme d'une trentaine d'années dans le bureau de Villemessant qui l'observe. Masque pâle, mais avec de beaux grands yeux clairs, la bouche fine, des dents de marbre, la peau grêlée, trouée, couturée, une barbiche au menton comme un fer de toupie, une chevelure crépue et laiteuse, plantée comme la perruque d'un clown – les pointes de tout cela aiguisées, tordues, éternellement affilées par les doigts nerveux de l'homme ; cette face étrange est juchée sur des épaules en portemanteau, et vissée dans un faux col qui l'empêche de tourner.

Ce marquis est donc le simple Henri Rochefort qui a pris rendez-vous. Le titre, vrai, a trompé Villemessant, qui lui sourit :

– J'ai lu tous vos articles dans *Le Nain jaune*. Vous êtes gai, pas prétentieux. Tous les rédacteurs qui entrent chez moi ont l'air de poser leur candidature à l'Académie, et ils deviennent embêtants, à proportion. Vous n'avez pas envie d'être académicien ?

Le polémiste le rassure. Il est engagé, à cinq cents francs par mois – une somme ! – afin de faire rire tout le monde.

Bien que purement littéraire, *Figaro* déplaît souvent. Villemessant monte au créneau pour le défendre. Il le fait en joueur, pariant sur le rire pour désarmer l'adversaire. Ainsi, en 1856, lorsque l'Empereur songe à l'interdire, le journaliste adresse une supplique à l'intention du prince impérial, âgé de quatre jours :

« Nous pouvons bien causer de cela entre hommes, pendant que les petites filles sont couchées. »

Napoléon III sourit ; *Figaro* est sauvé.

Rochefort va menacer ce fragile équilibre. Le loup entre dans la bergerie. Rochefort écrit à la lame. Au quatrième article, il compte déjà deux duels : le premier pour avoir accusé la reine d'Espagne de quitter Madrid au moment où le choléra y sévissait ; le second pour s'être étendu sur les démêlés du prince Achille Murat, cousin de l'Empereur, avec une de ces Anglaises « qu'on appelle à Londres des désespérées », Cora Pearl. Le journaliste est blessé à la hanche. Une consécration.

Rochefort bâtit sa légende. Ravi de cette réclame qui rejaillit sur son journal, et bien que tout les oppose en politique, Villemessant, avec « sa grosse tête de gardien de prison enfoncée dans des épaules de portefaix » (Rochefort *dixit*), entend bien garder ce feu follet dans sa prison dorée. Il n'est pas au bout de ses peines. Un jour où il n'est pas là pour relire la copie, Rochefort éreinte une pièce mondaine, portée aux nues par un certain nombre de critiques, signée de M. de Saint-Rémy :

« Si l'un de nous osait porter à un directeur une ineptie de ce calibre, il le ferait immédiatement saisir et précipiter dans la fosse aux ouvreuses, avec ordre à celles-ci de l'exterminer à coups de petits bancs. »

Exécution capitale. Pourtant, Rochefort, pas plus que la critique, n'ignore que Saint-Rémy est le nom d'emprunt derrière lequel s'abrite le duc de Morny. Villemessant est aux cent coups :

– Vous nous avez tués ! Morny est exaspéré. Deux ou trois fois, il s'est opposé à la suppression du journal. Maintenant, c'est fini ; à la première affaire, nous disparaissons.

En bon cynique, Morny a de l'humour et passe l'éponge, Rochefort enchaîne. Prenant prétexte de la disparition d'un gentilhomme, il décrit « l'ornière de plaisirs ineptes et de paresse honteuse » dans laquelle se vautrent les nouvelles classes dirigeantes.

L'attaque, frontale dans *Figaro*, suscite une vague de désabonnements. Villemessant est convoqué chez le préfet de police. L'irrégulier va être sauvé par son goût du lucre. Millaud, du *Petit Journal*, lui offre mille cinq cents francs mensuels pour rejoindre un autre de ses titres, *Le Soleil*. Rochefort accepte. Villemessant l'avertit :

– Ici, vous avez un public qui vous aime et qui augmente tous les jours. Chez Millaud, vous n'en aurez pas.

Et Villemessant défie Millaud sur son terrain ; il lance un quotidien à deux sous, *L'Evénement*. Mais moins d'un an après sa naissance, un article, considéré comme politique, paru dans *L'Evénement* sur le droit des pauvres entraîne sa suppression brutale. La censure est comme la foudre, quand on la voit frapper, le mal est fait.

Plus fameux que les procès de presse sont les procès intentés à quelques écrivains. Parmi eux : les

Goncourt, Xavier de Montépin, Flaubert, Baudelaire, Eugène Sue ; viendront Catulle Mendès, Verlaine et d'autres. La législation qui a permis de traîner ces auteurs sur les bancs de la correctionnelle date de la Restauration. Ce sont les lois dites de Serre (d'après le ministre de la Justice de l'époque) édictées en 1819 et qui stipulent : « Tout outrage à la morale publique et religieuse, ou aux bonnes mœurs [...] sera puni d'un emprisonnement d'un mois à un an, et d'une amende de seize francs à cinq cents francs. Tout arrêt de condamnation contre les auteurs ou complices des crimes et délits commis par voie de publication ordonnera la suppression et la destruction des objets saisis, ou de tous ceux qui pourront l'être ultérieurement, en tout ou partie, suivant qu'il y aura lieu. »

La philosophie qui inspire ces conceptions est celle qui domine tout le XIXe siècle : l'idéalisme néoplatonicien où la beauté, la vérité et le bien viennent de Dieu.

Mais Diderot et Rousseau n'ont-ils pas posé le problème d'une morale laïque ? Et le rapporteur de la loi devant la Chambre des pairs, en parlant des objets que la loi doit protéger, est embarrassé et les définit comme « objets respectables uniquement parce qu'ils sont respectés ».

La tradition est ainsi appelée au secours de la religion à laquelle les encyclopédistes ont porté de sérieux coups, et que Renan doit définitivement ruiner en affirmant dans *La Vie de Jésus* (1863), un des best-sellers de la seconde moitié du siècle, que Jésus était, simplement, « un homme incomparable ». Ce livre est sorti d'un de ses cours au Collège de France en 1862, un cours très vite suspendu.

Une légitimité discutable, des fondements moraux incertains rendent le Second Empire particulièrement sourcilleux à l'égard des écrivains qui jouent les trouble-fête, contestent la mainmise de l'Etat et de l'Eglise sur les esprits et n'entonnent pas les obligatoires hymnes au Progrès.

Ainsi, les Goncourt ont maille à partir avec la justice pour un article inséré dans un quotidien littéraire, *Paris*. Il y est question d'un nu de Diaz, décrit au travers d'un poème de Tahureau :

Croisant ses beaux membres nus
Sur son Adonis qu'elle baise,
Et lui pressant le doux flanc,
Son cou douillettement blanc
Mordille de trop grand aise.

Le tableau avait été offert à Rachel, qui ne le trouvait pas assez « gazé ». Commentaires moqueurs des Goncourt : « Elle refuse un tableau libre, mais elle a de l'amour pour les réalités. » Or Rachel est la maîtresse du prince Napoléon et fut celle de l'Empereur…

Poursuivis pour outrage à la morale publique et aux bonnes mœurs, les Goncourt sont acquittés, mais « blâmés » par la 6e chambre correctionnelle. Ce que les juges n'ont pas remarqué, c'est que les vers de Tahureau figuraient déjà dans le *Tableau de la poésie française au* XVI*e siècle*, de Sainte-Beuve. Ils ne fournissent que le prétexte pour adresser un avertissement à un petit journal dont l'esprit libre dérange le gouvernement.

Trois ans plus tard, c'est au tour de Xavier de Montépin, avec *Les Filles de plâtre*, de retenir l'attention des censeurs. Premier d'une série de romans à succès, son ouvrage juxtapose les récits autobiographiques de trois théâtreuses qui ont fait carrière grâce à leurs charmes. L'une d'elles est lesbienne et, de surcroît, la maîtresse d'un ministre. Aux critiques qui lui reprochent ses tableaux licencieux, Montépin répond :

– Nier la fatale influence de la courtisane sur la société de notre époque est une chose insensée et absurde.

Voir miss Howard… Et il poursuit :

– Ce sont les mères qui vendent leurs filles qu'il faudrait brûler vives, et non pas les livres qui mettent au jour et qui flétrissent de pareilles infamies.

L'auteur est condamné à trois mois de prison et cinq cents francs d'amende, et cent francs d'amende encore à l'imprimeur et à l'éditeur. La destruction de l'ouvrage est ordonnée.

Certains des passages incriminés ne sont pas sans analogie avec ceux que la justice va relever dans *Madame Bovary*, et dans *Les Fleurs du mal*.

Pierre-Ernest Pinard, jeune substitut de trente-quatre ans, va entrer dans l'histoire de la littérature mondiale. Il rédige l'acte d'accusation contre *Les Fleurs du mal*. Il obtient la condamnation de six pièces pour outrage à la morale publique et aux bonnes mœurs. L'outrage à la morale religieuse qui visait *Le Reniement de saint Pierre*, *Abel et Caïn*, *Les Litanies de Satan* et *Le Vin de l'assassin* n'est pas retenu par le tribunal. Mais *Les Bijoux*, *Le Léthé*, *A celle qui est trop gaie*, *Lesbos*, *Les Femmes damnées* et *Les Métamorphoses du vampire* sont condamnés, car – estiment les juges – ces pièces « conduisent nécessairement à l'excitation des sens par un réalisme grossier et offensant pour la pudeur ». Réalisme, au milieu du siècle, est synonyme d'immoralité…

Baudelaire doit donc retrancher de son recueil les six pièces condamnées. La deuxième édition, augmentée de trente-cinq poèmes nouveaux, ne les contient pas. Elles seront adjointes en 1949. En Belgique…

Pinard s'est aussi attaqué à Emma. Emma Bovary. Avant de paraître en volume, *Madame Bovary* a paru dans *La Revue de Paris*. Flaubert a consenti à des coupes ; il a notamment accepté la suppression de la scène du fiacre, cette « odyssée d'un tête-à-tête avec stores baissés ». Son ami Maxime Du Camp avait insisté : « Ta scène du fiacre est impossible pour la police correctionnelle qui la condamnerait nette. »

Ce ne fut pas suffisant. D'autres passages retiennent l'attention des censeurs. Ainsi celui où Emma est pressée de se donner à son amant : « Elle se déshabillait brutalement, arrachant le lacet mince de son corset. » Ou celui où elle dit sa déception : « Elle retrouvait dans l'adultère toutes les platitudes des mariages. »

Mais Gustave Flaubert est un habitué des soirées de la princesse Mathilde et son ami. Elle montre une vraie tendresse pour lui. Et lui ? C'est plus complexe.

Un soir, à l'hôtel de la princesse, rue de Courcelles, il arrive en nage et hurlant :

– Je vous annonce que demain j'honore de ma présence le banc des escrocs, 6e chambre de police correctionnelle, dix heures du matin. Les dames sont admises, une tenue décente et de bon goût est de rigueur. Je ne compte sur aucune justice. Je serai condamné et au maximum peut-être : douce récompense de mes travaux, noble encouragement donné à la littérature. Cela risque d'être long, on peut apporter son manger.

Il ne sera pas condamné, mais acquitté. Acquittement assorti d'un « blâme sévère » ; et les attendus du jugement sont d'une longueur inattendue. La

Justice, au nom de la Morale, prétend donner des règles à la Littérature : « La mission de la littérature doit être d'orner et de recréer l'esprit en élevant l'intelligence et en épurant les mœurs plus encore que d'imprimer le dégoût du vice en offrant le tableau des désordres qui peuvent exister dans la société. »

Flaubert retourne chez son amie. Pour fêter cela, il veut lui lire les premières pages de *Salammbô*.

Elle est décolletée, dans un burnous de crêpe de Chine blanc ; au cou, un rang de grosses perles noires. Ses cheveux ondés aux reflets auburn sont partagés en deux bandeaux lisses, soigneusement abaissés sur les tempes et relevés au-dessus des oreilles par deux petits peignes d'écaille bordés de perles.

Ses doigts agiles travaillent à une bande de tapisserie verte piquée à la table par une grosse épingle : elle brode, avec des soies de toutes les couleurs, au gré de sa fantaisie, des œillets panachés.

Auprès d'elle, tout contre elle, sous son bras, blottie dans un châle de laine, grelottante, la langue dehors, une petite ratière au poil noir, malade de vieillesse ; sur ses genoux, un fox-terrier blanc – et, sous la table, ce sont les grognements sourds d'autres chiens qui se disputent la corbeille…

– Allons ! Phil et Mouche, vous êtes insupportables ! Vous avez chacun votre panier : taisez-vous, ou je vais…

Elle les gronde d'une voix qu'elle s'efforce de rendre terrible, mais où l'on sent une caresse, et malheur au courtisan trop zélé qui croirait pouvoir la prendre au mot en essayant d'exécuter la menace de la « patronne » !

Toute la petite meute déchaînée entoure en aboyant une sorte de géant qui vient de se lever de son fauteuil avec fracas en rejetant un livre sur la table... C'est un colosse gaulois aux larges épaules, à la forte carrure, au visage coloré, aux épaisses moustaches tombantes, aux bons yeux clairs à fleur de tête...

Il essuie son front, son crâne luisant, ses fins cheveux bouclés par le bout et répandus sur le col... Il semble sortir d'une lutte terrible qui l'a brisé : on songe au combat de Jacob avec un ange invisible. Cette victoire mystérieuse lui vaut les félicitations de l'auditoire et provoque les aboiements de la meute jappant à ses pieds...

Il est rouge, il est violet, « une cerise à l'eau-de-vie tombée dans le feu », disait Théophile Gautier. C'est Gustave Flaubert.

Il vient de lire à haute voix, de déclamer des fragments de *Salammbô* : la scène du serpent, l'entrevue de la fille d'Hamilcar et de Mathô.

C'est Mathô lui-même, ou plutôt c'est Frédéric Lemaître, jouant un drame romantique. Ni ce grand artiste ni un comique, en l'« imitant », ne saurait donner l'idée de Flaubert lisant, vociférant, chantant son œuvre : ses yeux vert de mer lancent des éclairs sous les sourcils noirs qui les abritent ; sa moustache se hérisse, sa poitrine se gonfle, sa main tremble et le livre qu'il tient entre ses doigts semble agité par une vague...

Jamais il n'a été plus content, sa satisfaction déborde par tous ses pores : « C'est vrai, dit-il, j'ai débité ce chapitre d'une façon qui m'a ébloui moi-même... »

Les chiens, saisis d'épouvante, redoublent leurs vociférations et leurs hurlements, comme s'ils voulaient donner la chasse à ce monstre tonitruant...

Les auditeurs vont au fumoir ; Flaubert reste seul avec la princesse.

– Allons, lui dit-elle, calmez-vous… Ne faites pas crier mes chiens… A quoi bon vous mettre dans cet état ? Vous allez vous rendre malade : il faudra vous soigner… Oh ! ces hommes ! Quels animaux ! Ne pourriez-vous pas lire comme tout le monde ? Phil ! Mouche ! Tchine ! Taisez-vous ! Vous êtes insupportables… Aussi vous hurlez : elles ont cru que vous me grondiez, les pauvres petites ! Et vous, Flaubert, ici, près de moi, soyez sage… Mon Dieu !

Et la princesse, de son fin mouchoir de dentelle, essuie le front de son vieil ami qui s'est laissé choir près d'elle.

Le bon géant, ému de ces soins maternels, essaie de prendre la jolie main compatissante pour la porter à ses lèvres.

– Soyez sage et ne recommencez plus, puisque cela vous met dans un pareil état.

– Mais je me calme pour vous, princesse, je mets une sourdine à ma voix en votre honneur : quand je suis seul, la nuit, à Croisset, dans mon *gueuloir*, je crie bien plus fort.

– Ce doit être beau !

– L'autre nuit, en essayant l'effet de mon dernier chapitre, ma voix a fait résonner mes plumes de fer dans ma coupe de bronze : j'ai cru qu'une veine avait éclaté dans ma poitrine ; je me suis arrêté ; je m'attendais à dégorger un flot de sang.

– Vous êtes fou ! Vous vous tuerez, à ce métier-là.

– C'est mon métier. Le travail, c'est encore le meilleur moyen d'escamoter la vie. Si ce n'était pour lui, pour quoi vivrais-je ?

– Vous êtes gentil : pour ceux qui vous aiment.

– Oh ? Oui, vous ! Vous êtes bonne… pour tout le monde… mais pour trop de monde !

– Autant me reprocher d'être banale….

– Non, mais vous êtes à tous... Vous régnez au milieu d'une cour. Jamais on ne peut vous avoir à soi tout seul. C'est insupportable, et j'aurais tant de choses à vous dire ! ajoute-t-il en soupirant.

– Vous ne m'avez jamais demandé un tête-à-tête.

– Je n'ai pas osé !

– Osez !

– Eh bien, j'implore de Votre Altesse Impériale une audience particulière.

– Quand il vous plaira.

– Un soir...

– Ce soir.

– Ce soir ?

– Parfaitement.

– Où donc ?

– Ici même, dans ce salon.

– Avec tout ce monde ?

– Mais non, seul... C'est très simple : à onze heures, je congédie mes invités comme d'habitude ; vous aussi, vous faites semblant de vous retirer, et, après quelques minutes, vous revenez ici, où vous me retrouvez seule et prête à vous entendre.

A dix heures et demie passées, se lèvent et défilent devant la princesse, en lui baisant la main, les habitués du mercredi : Sainte-Beuve, Renan, Taine, Lavoix, Edmond et Jules de Goncourt.

Après leur départ, la causerie languit : les hommes déplient les journaux ; les dames répriment quelques bâillements ; Flaubert, devenu silencieux, s'agite sur sa chaise...

Enfin, onze heures sonnent au cartel Louis XVI qui surmonte la porte. La princesse roule sa bande de tapisserie, qu'elle arrête avec son aiguille, la serre dans la corbeille de jonc doré et se lève.

Affable et souriante, elle congédie ses hôtes, donnant sa main à baiser aux hommes, embrassant les dames et souhaitant une bonne nuit à tout le monde.

Puis, tandis que la compagnie sort par la grande porte, Flaubert fermant la marche, la princesse, suivie de ses chiens, se dirige vers un petit escalier en colimaçon tendu de perse verte qui mène à sa chambre.

Au moment où les domestiques se disposaient à emporter les lampes du salon, la princesse reparaît sur le seuil et, au grand étonnement du maître d'hôtel, ordonne à ses gens de ne pas éteindre encore et de se retirer.

Résignée, elle reprend sa place sur son canapé, devant la grande table ronde, et se remet à travailler.

« Nous allons entendre, songe-t-elle en déroulant sa tapisserie, ce qu'il veut me dire de si intéressant ! Il m'ennuie, à la fin, avec ses grandes phrases qui n'aboutissent à rien : c'est de la littérature, et pas autre chose ! »

La porte s'entrouvre : Mathô entre sournoisement, plutôt en collégien timide qu'en guerrier conquérant. D'un regard méfiant promené autour de la pièce, il s'est assuré que tous les hôtes ont disparu… Il se glisse alors entre la table et le canapé, il se laisse tomber sur un fauteuil capitonné auprès de la princesse. Sans mot dire, il la regarde travailler : c'est en effet un charmant spectacle, digne d'inspirer un peintre et un poète, que ce profil impérial s'inclinant sur la broderie sous la lueur rose de la lampe. Il contemple la nuque polie comme un fût de colonne et la perle qui tremble au bout du lobe de l'oreille, et les épaules célèbres et célébrées qui sortent du burnous aux reflets d'argent, et les doigts de fée qui courent sur le canevas où ils font éclore des fleurs.

La princesse sent ce regard brûlant qui se promène sur son cou, sur ses épaules, sur sa main et… elle attend. Après un long moment de silence, agacée par ces yeux fixés sur elle, brusquement elle lève la tête :

– Eh bien ? Qu'avez-vous à me dire de si confidentiel, de si pressant ? Nous sommes seuls, comme vous le désiriez, et je suis prête à tout entendre…

Quelle n'est pas sa stupeur en le voyant devenir tour à tour très rouge et très pâle ! Les expressions les plus diverses passent sur ce visage décomposé : la crainte, l'angoisse, la terreur, le désespoir… Est-ce l'évocation de Mathô qui le poursuit encore ? Elle l'entend balbutier quelques sons incohérents, puis le voit se lever précipitamment, gagner la porte et s'enfuir…

Après dix minutes d'attente, elle sonne ; le maître d'hôtel revient :

– Où est M. Flaubert ?

– Il a traversé l'antichambre et a monté l'escalier en courant.

– Il n'a plus reparu ?

– Il m'avait semblé si agité que je l'ai suivi : il est allé directement à sa chambre ; il a dû s'assoupir…

– Ah ! murmure la princesse, haussant légèrement les épaules. Vous pouvez éteindre.

Elle roule une seconde fois sa tapisserie, la range dans sa corbeille, puis se lève et, de son pas de déesse, traverse le salon pour monter chez elle.

Ce soir-là, Flaubert s'était autocensuré.

Quant à M. de Persigny, il fut remercié par l'Empereur de ses bons et loyaux services, et quitta le ministère de l'Intérieur pour être sénateur. Il en faisait trop. Trop brutalement. On ne peut pas réaliser un coup d'Etat permanent. Napoléon III l'aimait bien, mais ne disait-il pas : « L'Impératrice est légitimiste, Morny est orléaniste, je suis socialiste, il n'y a que Persigny qui soit bonapartiste, mais c'est un fou. » Il le fera duc en remerciement.

Le fou était chassé, la censure ne fut plus jamais ce qu'elle était. Napoléon III s'en était aussi lassé.

Rêveries orientales

Le 17 septembre 1860 au matin, Napoléon III est le premier chef d'Etat français à débarquer à Alger. Si bref soit-il, ce premier contact avec l'Algérie produit sur lui une impression profonde. Non pas tellement le défilé de l'armée d'Afrique ou le bain de foule coloniale, mais la superbe fantasia orchestrée par Yûsuf, un aventurier drapé en mamelouk, et la réception arabe qui suit – occasion pour le souverain d'entrevoir les tréfonds de la société indigène.

C'est pourquoi, après l'hommage rituel « aux hardis colons venus implanter en Algérie le drapeau de la France », il s'attarde sur la mission civilisatrice de celle-ci : « Notre premier devoir, dit-il, est de nous occuper du bonheur des trois millions d'Arabes que le sort des armes a fait passer sous notre domination. »

Coup de cœur d'un Européen cédant au mirage de l'Orient ? Coup de tête d'un intellectuel chimérique en quête d'un grand dessein pour rehausser son règne ? Volonté d'une association avec les Algériens, mûrie par un homme inspiré et obstiné ? Rêve d'Orient : le projct d'un royaume arabe qui s'étendrait d'Alger à Bagdad, sous la protection française et où régnerait l'égalité entre indigènes et Européens.

Dans les années 1860, l'ancienne régence ottomane est un lieu à la mode où se retrouvent gens huppés et intellectuels : l'Algérie entretient le goût des Français pour l'exotisme. La haute société s'arrache Bou Maza, l'insurgé du Dahra, retenu en captivité dorée à Paris. Seuls quelques artistes échappent à cet Orient de convention : le peintre Théodore Chassériau, le peintre et écrivain Eugène Fromentin. Delacroix aussi peignit avec délices les femmes d'Alger.

Depuis juin 1848, arrivent sur le territoire algérien ouvriers et idéologues, républicains réfractaires au coup d'Etat du 2 décembre 1851 (les « transportés »), enfants trouvés et orphelins nécessiteux. Des aristocrates légitimistes dépités par la révolution de 1830 sont déjà venus y chercher fortune. Des journaliers espagnols, maltais, italiens sont hommes de peine. Une plèbe rurale issue des montagnes pauvres de Provence végète dans les deux cent onze villages lotis par l'Etat colonial.

En ville, les 6 000 « transportés » ne sont plus qu'environ 200 après l'amnistie de 1859, mais ils ont contribué à modeler durablement l'état d'esprit de la société coloniale en lui insufflant une psychologie de laissés-pour-compte, sinon de réprouvés.

L'Algérie n'est peuplée, en 1858, que de 189 000 Européens. Entre Français d'origine et Européens d'autres nationalités s'engage une course à la croissance. En 1852, le nombre des étrangers (65 000) avoisinait celui des Français (66 000), qui augmentera avec la naturalisation en bloc de 35 000 Juifs algériens à la fin de l'Empire. A partir de 1856, au sein de la communauté européenne, les naissances l'emportent durablement sur les décès.

Mais les Arabes, dans leur immense majorité, ont la conviction que tôt ou tard les Français quitteront leur pays.

– Notre présence est chez eux une catastrophe qui leur a été infligée par Dieu en punition de leurs péchés. Le Tout-Puissant satisfait, il pardonnera et les chrétiens seront, à leur tour, vaincus et humiliés, explique le général Daumas, fondateur des Bureaux arabes.

La visite de Napoléon III a lieu à un moment crucial, alors que l'équilibre entre l'Algérie des militaires et celle des colons n'est pas encore rompu, et que la disproportion entre Algériens et Européens ne paraît pas irréversible.

Napoléon sait aussi que la conjoncture internationale est favorable : depuis Solferino, l'Europe est calme, ce qui lui permet de tenter sa politique des nationalités en Afrique du Nord. Il déclare au futur chancelier prussien Bismarck qu'il veut faire de la Méditerranée « un lac presque français ».

Ce dessein s'est concrétisé lorsqu'il a soutenu la Compagnie universelle du canal de Suez, en 1859, contre l'Angleterre et la Turquie. Il envoie une expédition contre les druzes au secours des chrétiens du Mont-Liban et de Damas. Il découvre que, d'Alger à Bagdad, quinze millions d'Arabes vivent sous le joug ottoman : il y a là une nationalité potentielle dont il pourrait hâter la formation, comme il l'a fait pour l'Italie.

C'est pourquoi il envisage une entité arabe centrée sur Damas, autonome sans être indépendante de la Sublime Porte, à la façon de la vice-royauté d'Egypte.

Il placerait à sa tête l'émir Abd el-Kader, qu'il a libéré et qui s'est exilé à Damas, où il intervient pour arracher les chrétiens à la tuerie, en 1860. Mais l'émir refuse catégoriquement et préfère consacrer le reste de sa vie à la prière et au commentaire du Coran.

Dans la perspective d'une nation arabe dont Napoléon III pourrait être le protecteur, l'Algérie prend une dimension symbolique et une importance stratégique considérables.

Il n'oublie pas son passé de carbonaro et a gardé son goût du secret et des coups d'éclat.

Et à son habitude, ou plutôt comme dans sa jeunesse, il s'entoure d'idéalistes impénitents et d'aventuriers désenchantés. Au premier plan se détachent trois hommes d'influence : Frédéric Lacroix, le colonel Lapasset et Isma'il Urbain. Frédéric Lacroix est la cheville ouvrière du groupe. Ce protestant agnostique, semeur d'idées, a tâté de l'administration algérienne sous la Deuxième République et compris les vices du régime colonial.

C'est lui qui fait la navette entre Alger et Paris, entre intellectuels et hommes d'action. Mais il meurt prématurément en 1863. Le colonel Lapasset, qui a l'oreille de l'Empereur, est un spécimen de la première génération d'officiers des Bureaux arabes, celle qui mena des années durant, sous la tente, « une vie de chefs à l'orientale ». Cet intellectuel en uniforme remue les projets à la pelle.

Se profile enfin l'étonnante figure d'Isma'il Urbain, mulâtre, fils naturel d'un négociant marseillais et d'une quarteronne libre de Guyane. Son existence résume l'aventure saint-simonienne. Il rêvait de jeter, grâce à l'islam, un pont entre l'Occident et l'Afrique noire. Urbain a accompagné Prosper Enfantin en Egypte, s'y est initié à l'arabe et s'est converti à l'islam. Nommé interprète en Algérie, il y épouse une musulmane. Chef de mission au ministère de la Guerre, il s'impose comme le spécialiste des affaires algériennes. L'Empereur l'affecte en 1860 auprès du gouvernement d'Alger en qualité de conseiller-rapporteur. C'est là qu'il écrit deux brochures que Napoléon III avouera avoir pillées dans ses lettres-directives.

A l'arrière-plan œuvrent trois décideurs haut placés : le maréchal Randon, le général Fleury et le baron David. Après une longue carrière algérienne, le maréchal Randon est ministre de la Guerre de 1860 à 1867. Il est, à Paris, l'intraitable défenseur de l'armée d'Afrique, de son rang, de ses prérogatives ; c'est un « indigénophile » par ricochet plutôt que par enthousiasme. Aide de camp de l'Empereur, puis sénateur, le général Fleury, ancien spahi, s'était engagé pour fuir ses créanciers. Ce sabreur mêlé de dandy aspire à tenir les rênes de l'Algérie. Fils adultérin du roi Jérôme, murmure-t-on, encore un cousin, encore un bâtard, le baron David a fait son apprentissage de l'Algérie dans les Bureaux arabes. Au Corps législatif, il joue le rôle de chef de la droite conservatrice, entre les autoritaires et les libéraux.

L'Empereur est choqué par l'ostracisme dont est frappé le délégué algérien de la part de ses collègues coloniaux à l'Exposition universelle de Londres en 1862.

Il constate que « l'Algérie a dévié de sa voie naturelle du jour où on l'a appelée une colonie ». Il assure que « notre possession d'Afrique n'est pas une colonie ordinaire, mais un royaume arabe ». Et Napoléon III multiplie les égards vis-à-vis des chefs indigènes et reçoit en grande pompe, à Compiègne, Moqrani, *agha* (gouverneur) de la Medjana, traité comme un prince européen.

Il témoignc ainsi qu'il est bien l'empereur des Français et des Arabes : « Egalité parfaite entre indigènes et Européens, il n'y a que cela de juste, d'honorable et de vrai. » C'est par coups d'éclat qu'il procède, envers et contre tous, à coups de sénatus-consultes, et il publie une lettre-manifeste dans *Le Moniteur* :

« Convaincre les Arabes que nous ne sommes pas venus en Algérie pour les opprimer et les spolier, mais pour leur apporter la civilisation. »

Il y réfute de façon cinglante l'argumentation coloniale. Il rappelle que les quatre cent vingt mille hectares livrés par l'Etat à la colonisation sont sous-exploités. Il dénonce les intellectuels colonialistes qui veulent s'approprier les « droits despotiques du Grand Turc » et invoquent le droit de conquête pour « refouler toute la population arabe dans le désert et lui infliger le sort des Indiens de l'Amérique du Nord, chose impossible et inhumaine ».

Au printemps 1865, Napoléon III, escorté par Isma'il Urbain, effectue un long séjour d'étude en Algérie. Il découvre les fléaux qui accablent l'Algérien : impôts arabes, justice expéditive, usure, etc., et mesure les privilèges des colons : exonération de l'impôt foncier et exemption du service militaire. A la suite de sa tournée d'inspection, l'Empereur promulgue un deuxième sénatus-consulte (14 juillet 1865) pour fixer le statut des personnes : « L'indigène musulman est français », mais régi par la « loi musulmane ».

Ce faisant, il confère aux Algériens, musulmans ou juifs, des droits civils (accès aux fonctions administratives et aux grades militaires) et politiques (droit de vote et éligibilité aux élections locales en territoire civil). Pour jouir non seulement de la nationalité, mais aussi de la citoyenneté, les sujets indigènes sont toutefois tenus de renoncer à leur statut personnel fixé par la loi religieuse : ils doivent abandonner la polygamie, le divorce (encore interdit en France) et les prescriptions de leur droit successoral.

Cette politique du « royaume arabe » est complétée par des « gages irrécusables de tolérance, de justice et d'égards pour les différences de mœurs, de cultes et de races ». La colonisation est limitée au littoral : « Il faut cantonner les Européens et non les indigènes. »

Notre rêveur envisage la partition de l'Algérie en deux, avec une large façade maritime réservée aux colons, qui devraient évacuer la partie méridionale des hauts plateaux et les abords du Sahara. La garde de cette frontière serait confiée à des spahis répartis dans des bordjs (forteresses) érigés en fermes-écoles. Au-delà, il conçoit une politique de protectorat, fondée sur les grands commandements indigènes, quasi autonomes.

L'armée, attirée par le Sud, s'oppose à ce qu'elle considère comme une marotte du souverain. Mais le message de l'Empereur est bien accueilli par les indigènes : « Il y a consternation dans les bureaux, mais joie dans les tribus. » Napoléon III fait un peu figure de sultan succédant au dey d'Alger défaillant.

Cependant, la réserve des Algériens, musulmans et juifs, vis-à-vis de tout ce qui ressemble à l'assimilation ne faiblit pas. D'où le refus massif de la naturalisation : en dix ans, trois cent soixante et onze indigènes seulement y consentiront. Dans le Sud profond, une nouvelle flambée de révoltes, allumée par la grande confédération maraboutique des Oulad Sidi Cheik, embrase le Sud-Ouest oranais. De là, elle se propage le long des hauts plateaux jusqu'au Hodna, s'insinue dans le Tell jusqu'à Tlemcen, contourne le Djurdjura et vient lécher la basse Kabylie orientale.

Mais l'Empereur est usé et malade. Son rêve ne verra pas le jour. Extravagance d'un illusionniste ou anticipation d'un réaliste visionnaire ? Napoléon III n'a pas été compris par son entourage ni servi par son administration. Il n'est plus l'homme du 2 Décembre. Il atermoie, il navigue à contre-courant de l'irrésistible débordement de l'Europe en Afrique.

Il n'en reste que cette proclamation quasi lyrique « Au peuple arabe ». Il y rappelle que les Gaulois vaincus se sont assimilés aux Romains vainqueurs sans rien abdiquer de leur personnalité. Et il se hasarde à ce pronostic futuriste :

« Qui sait si un jour ne viendra pas où la race arabe, régénérée et confondue avec la race française, ne retrouvera pas une puissante individualité semblable à celle qui pendant des siècles l'a rendue maîtresse des rivages méridionaux de la Méditerranée ? »

Les rêveurs ne gagnent pas toujours. Il n'a pas fini de l'apprendre.

Ecoutez, bonnes gens, la triste complainte de Charlotte et de Maximilien

Il arrive un temps dans la vie où le destin présente l'addition. Vous pouvez avoir eu une enfance heureuse, une jeunesse plaisante, les succès qu'il faut pour vous bâtir en homme ou en femme ayant réussi, et tout à coup vient l'âge des échecs. Il se situe ordinairement vers trente-cinq ans. Passé l'orage, le soleil peut luire à nouveau.

Mais si vous êtes né au pied d'un trône impérial, que vous avez passé votre enfance et votre jeunesse en exil, si vous avez tenté de forcer le destin par des coups de force aux limites du ridicule, qui vous firent tâter de la prison, si vous n'avez connu que les joies charnelles sans l'inquiétude de l'amour avant un âge fait, alors la réussite met plus longtemps à vous advenir et attend votre quarantaine. On est tenté dans ce cas de penser qu'elle va continuer. Non. Simplement cette période faste dure-t-elle moins longtemps. Nul n'y peut rien, il faut seulement en profiter.

L'apogée de l'Empire de Napoléon III peut être daté de 1856 à 1861. Et encore, nous voyons large. C'est une colline, on est heureux de la gravir, heureux d'atteindre son sommet ensoleillé, mais de l'autre côté, il va falloir descendre.

L'Empereur était malade, ses rhumatismes, plus la « pierre », qui provoquait d'infernales douleurs. Oh ! bien sûr, la fête impériale continuait avec ses bals aux Tuileries, à Saint-Cloud, ses « séries » à Compiègne, ses redoutes aussi, nom bien militaire pour des soirées costumées. A la dernière, la comtesse Walewska était parue vêtue en Salammbô, autant dire plutôt dévêtue. Pauline de Metternich avait avoué un trouble qui lui fit regretter de ne pas être en Mathô. Elle était pourtant insoupçonnable de saphisme, « maladie » honnie par l'Empereur, on ne sait trop pourquoi, qui au Salon cravacha les chairs roses des deux amantes du *Sommeil* de Courbet.

Il n'empêche qu'il avait fort apprécié cette Salammbô-là. Sa cousine Mathilde avait conté à son vieil ami-amoureux Gustave combien son héroïne avait eu de succès. Mais Gustave Flaubert était triste, il venait de donner tout son bien à sa nièce, qu'il avait élevée comme sa fille, car son mari avait fait de bien mauvaises affaires. La belle Walewska fut un sourire de ses derniers jours.

Il arrive aussi que nos échecs soient contagieux en ce sens qu'ils provoquent le malheur de personnes qui nous sont chères.

Aujourd'hui, le visage de Napoléon III est ravagé, et l'Impératrice respecte cette douleur interne qui se tait et qu'il tait ; même le petit prince Napoléon Eugène Louis, son Loulou, ne parvient pas à le dérider. Ils sont à Saint-Cloud pourtant, cette résidence bénie, lieu des joies anciennes, profondes, et qui se perpétuent. Mais théâtre d'un drame, d'une tragédie, il n'y a pas deux jours.

Une jeune femme qu'ils aiment, dont ils voulurent le bonheur, avait devant l'Empereur explosé de fureur :

– Comment ai-je pu oublier qui je suis, qui vous êtes ! J'aurais dû me souvenir que le sang des Bourbons coule dans mes veines, et ne pas le déshonorer en implorant un Bonaparte, en traitant avec un aventurier !

Elle haletait, chancela, tomba à terre. Napoléon la fit relever, on lui apporta une orangeade glacée. Elle repoussa le verre en hurlant :

– Assassins ! Laissez-moi ! Emportez votre boisson empoisonnée !

Charlotte de Belgique, impératrice du Mexique, venait de sombrer dans la folie. Pour les soixante années qui lui restaient à vivre.

Cela avait commencé comme un conte de fées.

Au mois de mai 1856, la cour de Belgique était en émoi : le frère de l'empereur d'Autriche, l'archiduc Maximilien, qui entreprenait un tour d'Europe, passait par Bruxelles. Léopold Ier était agité – intérieurement cela s'entend, car le glacial roi des Belges ne perdait jamais sa gravité. Il avait une fille, Charlotte, qui allait avoir seize ans le mois suivant et se trouvait par conséquent en âge d'être mariée. Or le bruit courait que Maximilien, âgé de vingt-quatre ans – il était né à Schönbrunn le mois même où mourait l'Aiglon – , n'avait entrepris son périple à travers les cours européennes que dans le but de prendre femme.

En arrivant à Bruxelles, Maxl – pour les intimes – semblait infiniment plus intéressé par les fleurs des serres de Laeken et par les superbes voitures de la Cour que par la princesse Charlotte. Il n'avait même pas remarqué que la jeune fille était tombée éperdument amoureuse de lui. Coup de foudre instantané. L'admiration qu'il avait déclenchée était passée si inaperçue aux yeux de Maxl qu'en écrivant à sa mère il ne souffla pas un mot de Charlotte.

A sa décharge, disons qu'il se remettait mal d'un coup de foudre qui l'avait saisi, lui, à Vienne, devant la comtesse Linden, fille de l'ambassadeur du Wurtemberg. Il lui avait offert des fleurs. Geste impensable pour un archiduc à la cour des Habsbourg, qui se vantaient que leur protocole remontait à Charles Quint. L'empereur François-Joseph et leur mère, Sophie, envoyèrent ce trublion prendre l'air de la flotte à Trieste.

Mais il revint. Nouveau bouquet. Le récidiviste fut expédié en Asie mineure. Quand il revint à Vienne, la comtesse Linden et son papa avaient regagné le Wurtemberg. Sophie et François-Joseph décidèrent de le marier. On choisit une princesse portugaise pas trop laide. Mais elle mourut avant les fiançailles. Maxl se consola de la disparition de son amour de comtesse en galopant avec sa belle-sœur Sissi, qui se moquait bien du protocole et à qui il pouvait se confier sans crainte. Mais on lui ordonna de visiter les cours d'Europe et de ne revenir qu'après avoir choisi une fiancée.

Ce devait être facile, il était grand, blond, bouclé, avait de magnifiques yeux bleus et une barbe unique, coupée comme nulle autre, avec une raie au milieu du menton. Charlotte l'avait trouvé irrésistible.

Maximilien s'apprêtait à quitter la Belgique mais fut cependant ému par le regard désolé de Charlotte lorsqu'elle lui dit adieu. Charlotte l'aimait et elle n'était pas laide, loin de là ! Pourquoi chercher ailleurs ? Le mariage fut décidé. La fille du roi Léopold nageait en plein bonheur. Un mariage de raison qui était pour elle un mariage d'amour !

« Comme tout ce qui me concerne s'est bien arrangé, écrivait-elle. Je ne saurais trop remercier

Dieu de tant de bienfaits... Sans doute Dieu demandera-t-il beaucoup de moi après m'avoir tant donné ; je serais presque tentée de m'effrayer de ce fardeau de grâces... »

Dans la corbeille de mariage, François-Joseph donnait à son frère la vice-royauté de la Vénétie et de la Lombardie. Aussi, dès le mariage célébré à Bruxelles le 27 juillet 1857, Maximilien emmena-t-il sa jeune femme à Milan. Ce fut un éblouissement. Après la diluvienne et sempiternelle drache bruxelloise, le chaud soleil d'Italie ! Après les brumes, la brise parfumée ! Charlotte, devenue Carlotta, était heureuse. Elle adorait et admirait son bel archiduc... Et, ô miracle, Maxl était tombé amoureux de sa petite princesse de dix-sept ans.

Lorsqu'ils perdirent leur vice-royauté – au lendemain de la guerre menée par Napoléon III pour la libération de l'Italie –, Maxl et Carlotta allèrent s'installer dans leur château de Miramar, près de Trieste. Dans ce cadre enchanteur, au cœur de la débauche de fleurs des célèbres jardins, ils vécurent une existence d'amoureux, l'un pour l'autre.

Une étonnante nouvelle vint réveiller cette vie quotidienne : un trône était offert à Maximilien et à Charlotte, celui du Mexique. L'Europe, en l'occurrence la France, l'Angleterre et l'Espagne, était intervenue militairement au Mexique, alors une république, pour sauver d'insauvables créances et venir mettre de l'ordre dans un pays qui, en trente-cinq années, n'avait pas subi moins de deux cent quarante pronunciamientos.

Poussé par des réfugiés mexicains, Napoléon III voulait principalement affirmer au Mexique la force et le prestige de la race latine afin de battre en brèche l'influence américaine en pleine guerre de Sécession. Ses projets consistaient à renverser ce mauvais payeur de président Juarez et à le remplacer par un empereur. Morny poussait l'Empereur, il y avait quelques millions en jeu.

Les troupes françaises se lancèrent à l'assaut de Mexico et s'y installèrent aux acclamations du parti conservateur, tandis que Juarez se retirait avec ses partisans dans le nord du pays. A la demande de Napoléon III, une junte composée de notables se réunit à Mexico et proclama l'Empire. Il ne fut plus alors question d'« influence latine » puisque l'on offrit la couronne à un prince allemand, c'est-à-dire à Maximilien d'Autriche.

Napoléon III envoya alors à Miramar un Mexicain, Guttierez Estrada, avec mission de convaincre l'archiduc d'aller s'asseoir sur ce trône, guère plus solide qu'un nuage de fumée...

– Monseigneur, ne daignerez-vous pas devenir le sauveur du Mexique? Apportez-lui le secours de votre grande patrie dont mon pauvre pays ruiné faisait autrefois partie, comme un des plus beaux joyaux de la couronne de Charles Quint.

Carlotta fut éblouie; cependant, Maxl, plus raisonnable, répondit avec sagesse qu'il ne partirait régner à Mexico que si le vœu de la nation tout entière venait ratifier le vote des notables de la capitale. Mais un plébiscite ne pouvait être organisé dans un pays composé d'une majorité d'Indiens ignorants et illettrés. On se contenta donc de recueillir à nouveau les votes des notables tout en indiquant en marge le chiffre de la population de la localité, laissant ainsi croire que tous les habitants avaient voté...

Carlotta, enthousiaste, heureuse de devenir impératrice, ne pensant qu'aux jolies Mexicaines grignotant du chocolat, aux cacatoès multicolores et aux ânes chargés de vanille, grisée par le parfum d'aventure, poussait son cher Maxl à accepter. Que pouvait-il craindre ? La France fournirait de l'argent et une armée ! Vingt-cinq mille soldats français demeureraient près de lui afin d'affermir sa puissance !

Napoléon III l'aiderait de toutes ses forces, acceptant même de laisser encore durant six années la Légion étrangère, forte de huit mille hommes, après le départ du corps expéditionnaire.

Et puis, n'était-elle pas là, elle, Carlotta ? A eux deux, grâce à la force de leur amour, ils surmonteraient toutes les difficultés et régneraient heureux sur un empire de rêve peuplé d'Indiens coiffés de chapeaux pointus et drapés dans des couvertures rouges… Vaincu, Maxl accepta. L'empire du Mexique était né !

Le Mexique n'était pas le Pérou de *La Périchole* et des opérettes de M. Offenbach. La première déception les trouva à Vera Cruz. L'accueil des habitants fut glacial. Les Mexicains cloîtrés chez eux, les rues n'étaient peuplées que par les atroces zopilotes, ces vautours mangeurs de charogne qui croassaient lugubrement sur le passage du cortège. Après un voyage interminable sur des pistes effroyables, l'entrée à Mexico fut quelque peu réconfortante, en dépit de l'inconfort du palais impérial fourmillant de vermine. Quant au reste, ainsi que le disait un Mexicain avec franchise : « Chez nous, rien n'est organisé que le vol ! »

Maximilien, de plus en plus adulé par l'impératrice Charlotte, se mit courageusement au travail.

Tandis que la guerre se poursuivait contre les troupes républicaines de Juarez, l'empereur commit l'erreur de gouverner non en s'appuyant sur le parti conservateur qui l'avait appelé au trône, mais, poussé par sa femme, en faisant des avances aux libéraux.

– Je suis libéral, disait-il en riant, mais ce n'est rien auprès de l'impératrice, qui est rouge !

Cependant, Carlotta, dans une lettre adressée à sa grand-mère, Marie-Amélie, la veuve de Louis-Philippe, se défendait. Elle n'avait donné aucun conseil à son mari : « Maxl m'étant de beaucoup supérieur en tout, je ne sais comment je ferais pour lui inspirer quoi que ce soit… »

La situation s'aggravait d'heure en heure. Il n'y avait plus un peso en caisse, la dette vis-à-vis de la France augmentait chaque jour et le pays, saigné à blanc, ne pouvait être davantage pressuré.

La résistance républicaine se raidissait et, pour tout arranger, Napoléon III, poussé par l'opinion française et dans l'impossibilité d'obtenir des Chambres de nouveaux crédits pour l'impopulaire aventure mexicaine, décida de retirer ses troupes.

Fallait-il abdiquer ? « Mon pauvre Maxl… Mon pauvre Maxl », répétait Carlotta. Assurément, la cause mexicaine se trouvait mal défendue à Paris. Telle était l'opinion des malheureux souverains qui ne pouvaient comprendre les raisons – pourtant valables – des dérobades impériales.

« Les choses ne vont jamais bien tant qu'on ne s'en occupe pas soi-même ! » dit Charlotte, qui proposa alors à son mari de traverser l'Atlantique et d'aller obliger Napoléon III à tenir ses engagements.

– J'irai chercher en Europe un corps d'armée ! s'écriait-elle devant Maximilien, abasourdi par cette ardeur. Je forcerai les appartements des empereurs et des papes. Je frapperai de porte en porte comme une mendiante et je serai la Justice foudroyante !

Emerveillé, entraîné par cette exaltation, Maximilien accepta de laisser partir sa femme.

A Paris, la malheureuse impératrice fut reçue plus que fraîchement. La délégation chargée d'aller l'accueillir se trompa et se rendit à la gare d'Orléans au lieu de la gare Montparnasse. Charlotte et sa suite s'entassèrent dans des fiacres. Aucun appartement n'avait été réservé aux Tuileries et la cour mexicaine fut contrainte de se rendre au Grand Hôtel.

Non sans mal, Charlotte parvint à être reçue par Napoléon III :

– Sire, commença-t-elle, je représente une cause qui est la vôtre aussi bien que la nôtre.

L'Empereur répondit en comptable. Ses ministres, appelés à l'aide, parlèrent chiffres et étalèrent leurs comptes.

– Avant que nous ne reprenions la question mexicaine, déclara l'un d'eux, la France doit être indemnisée des trois cents millions qu'elle perd dans cette aventure.

Charlotte rougit. Ni elle ni Maxl n'avait demandé ce trône et cette « aventure » avait été conçue et voulue par Napoléon III.

– Il est possible, murmura-t-elle accablée, que vos banquiers aient soutiré cette somme au peuple français, mais où est l'équilibre entre ces chiffres et la somme qui nous a été prêtée ?

La malheureuse combattait pour Maxl. Cette pensée lui donna du courage pour ramener la question sur son vrai terrain : la France accepterait-elle d'aider le Mexique ? Il y eut un silence. Elle insista :

– Sire, vous n'avez pas répondu.

– Madame, je crains de ne pas le pouvoir.

Charlotte ne se considéra pas comme battue. Le surlendemain, elle reprenait le chemin de Saint-Cloud. N'étant pas attendue, on la fit entrer dans le hall du rez-de-chaussée, où les chambellans essayèrent de la décourager. L'Empereur était souffrant. Elle haussa les épaules, gravit l'escalier et, de ses petits poings, alla tambouriner à la porte de Napoléon III. L'Empereur et Eugénie durent se résigner à recevoir la visiteuse. Carlotta avait apporté avec elle les lettres que l'Empereur avait signées autrefois pour engager Maximilien à accepter le trône. Il ne dit mot.

– Et le traité de Miramar, sire, reprit Charlotte. Le traité par lequel Votre Majesté nous garantit que la Légion étrangère restera au Mexique six années après le rappel de toutes les autres troupes ?

L'Empereur effila ses moustaches, hésita, puis, après avoir pris un peu de courage en regardant Eugénie, déclara :

– Madame, je suis dans une situation très difficile. L'Amérique me menace et mes sujets me refuseront leur appui si je ne reste pas en paix avec Washington.

– Votre Majesté songe-t-elle qu'elle s'est gravement compromise dans cette affaire ?

La vérité, cela blesse. La voix de Napoléon III s'éleva, sèche et dure :

– Une dernière fois, Madame, permettez-moi de vous dire que vous ne pouvez plus espérer.

Maximilien était perdu !

– Donc, nous abdiquerons, dit-elle d'une pauvre voix sans timbre.

– Abdiquez, soit !

Ce soir, dans la fumée de sa cigarette, dans le silence que respecte Eugénie, dans le regard étonné de son fils, inquiet peut-être de voir papa changé en statue, Napoléon III se souvient, et s'en souviendra souvent, d'avoir vu dans les yeux de cette jeune femme venue demander secours pour son mari, dans ces yeux tout à coup étrécis, yeux de fauve, de chimère, l'éclat de la folie.

C'est une pauvre démente, atteinte de la folie de la persécution, que le pape devait recevoir quelques jours plus tard, une pauvre démente qui ne voulait boire que de l'eau prise par elle aux fontaines romaines et manger de la nourriture confectionnée devant elle, dans sa chambre, une pauvre démente à qui on dressera, sur sa demande, un lit au Vatican, puis que l'on enfermera dans sa chambre à Miramar. C'est là que son frère, le comte de Flandre, viendra la chercher pour la ramener à Bruxelles.

On cacha d'abord à Maximilien la gravité de l'état de la malade. On se contenta de lui parler d'une « grave congestion cérébrale ». Mais, en apprenant que sa femme était soignée par le fameux aliéniste Riedel, il comprit et fut consterné. Ainsi sa chère Carlotta, en essayant de le sauver, avait sombré dans la nuit…

Au lieu d'abdiquer au départ de l'armée française, Maxl s'accrocha à son trône. Il se mit à la tête de sa petite armée et, durant soixante-douze jours, tint héroïquement tête, à Queretaro, aux troupes de Juarez.

Finalement, il dut se rendre, et, après un procès hâtif, fut condamné à mort. Avant d'être fusillé, il écrivit, de sa cellule, à celle qu'il aimait de toute son âme :

« Ma chère Carla bien-aimée, si Dieu permet que tu recouvres la santé et que tu puisses lire ces lignes, tu apprendras comment la fatalité cruelle a frappé sur moi coup sur coup, sans répit, depuis le jour de ton départ. J'irai devant la mort comme un soldat et un souverain vaincu, mais non pas déshonoré. Plus tard, si ton chagrin devient trop grand pour que tu puisses le supporter et si Dieu t'appelle et nous fasse nous rejoindre, je bénirai la main qui s'est appesantie si lourdement sur nous. Adieu, Charlotte… »

Le 19 juin 1867, l'empereur du Mexique tombait devant le peloton d'exécution en murmurant : « Pauvre Charlotte. »

Pauvre Charlotte, pensait lui aussi l'empereur des Français sous le regard devenu anxieux de son épouse. Charlotte devenue folle, Maximilien fusillé…

– Mon ami ?

Il ne dit rien.

– Louis, tu m'entends ? dit plus fort Eugénie.

Il tourna lentement la tête vers elle ; il alluma une cigarette alors qu'il venait d'en abandonner une à peine allumée dans le cendrier :

– Oui.

– Sors de ces pensées morbides, car elles sont morbides, je le sais.

– Mon passé…

– Qu'a donc ce passé qui t'a mené sur un trône ?

– Les morts, ma chérie. Les morts. Maximilien, que je n'ai pas sauvé, les soldats de Solferino que j'ai fait tuer, les fusillés des boulevards du 2 Décembre. Le crime a commencé là.

– Tu as trop lu Victor Hugo, mon chéri.

Eugénie lui adressa le sourire le plus éblouissant de sa quarantaine…

Le « Passage des princes » ou les dernières fêtes de l'Empire

M. de Morny est mort, il est mort dedans Paris, un quart d'heure avant sa mort, il faisait encore envie.

Il laissait une veuve ravissante, Sophie, princesse Troubetzkoï, duchesse de Morny. L'Empereur avait accordé au demi-frère né lui de l'amour, ce qui n'était pas son cas, le titre de duc, après ce mariage en pompes et en fêtes alors que son élégant, intelligent, mondain et cynique ambassadeur à Saint-Pétersbourg, où il montra une belle efficacité, tombait sans doute pour la première fois amoureux. Le premier amour venu sur le tard est le plus solide, mais Morny n'eut pas le temps d'en tester l'acier trempé.

Il laissait une autre « veuve », Mme Le Hon, maîtresse abandonnée en vue de ce mariage et qui ne manqua pas de réclamer – tout le monde n'est pas Elizabeth Ann – les quatre millions qu'elle avait mis dans leur « fonds commun de placement » et que Morny avait fait fructifier dans les mines, les chemins de fer et quelques aventures étrangères. Mais Morny n'avait pas de liquidités, ou du moins les cachait, et l'Empereur, bon frère, bon ami, les fit payer par la nation grâce à un « arrangement » de l'inventif ministre d'Etat, M. Rouher, qu'on ne tardera pas à surnommer le « vice-empereur ».

De Mme Le Hon, à qui il devait sa carrière et sans doute les fondations de l'Empire de son demi-frère, Morny dit en la quittant pour un mariage d'amour (et de raison) : « Quand je l'ai connue j'étais sous-lieutenant, c'est-à-dire insolent, famélique et pauvre ; quand je la quitte, je suis ambassadeur. » Que sa cassette repose en paix.

L'Empereur décréta des funérailles nationales et, sur les conseils de Prosper Mérimée, désormais installé comme ami de la famille, commanda son tombeau à Viollet-le-Duc. Si vous visitez le Père-Lachaise, vous verrez qu'il est encore là, avec ses flèches d'angles en présentoir à petits fours sur une sorte de temple grec mâtiné de basilique médiévale. Mais souvenez-vous alors, à ce spectacle étonnant, qu'il n'est pas de bon ton de rire dans les cimetières.

Va-t-on encore rire « dedans » Paris, comme dit cette chanson qui pastiche celle de « Monsieur de La Palice » ? Un quart d'heure avant sa mort, le duc de Morny était sans doute en vie mais ne faisait en rien envie, car il souffrait épouvantablement et opium et son succédané laudanum n'y purent mais. A l'époque, une pancréatite (non décelée car mal connue) ne pardonnait pas et offrait à sa victime un avant-goût des Enfers durant toute l'agonie.

On riait depuis longtemps aux Enfers, à Paris.

Depuis le 21 octobre 1858, et *Orphée aux Enfers* de Jacques Offenbach. Un chef-d'œuvre de malice qui détourne la mythologie pour la couler dans l'air du temps. L'air du temps sera sa marque de fabrique comme la satire, celle qui est interdite à la presse politique, mais de la satire d'Offenbach tout le pouvoir rira. De quoi ? De cet Olympe au grand complet qui n'est que l'incarnation parodique de la Cour !

Il a réussi à mettre dans sa poche et Morny et la princesse Mathilde, et même le vieux roi Jérôme si féru des jambes des danseuses et des corsages des chanteuses. Les Bouffes-Parisiens, son théâtre que ces personnalités princières et hautement politiques l'ont aidé à acquérir (et à l'époque Mme Le Hon a tiré quelques poignées de napoléons de sa cassette), les Bouffes-Parisiens donc ne désemplissent pas. *Orphée* est un chef-d'œuvre de drôlerie, d'ironie et de musique affolante qui ne laisse pas respirer. Et quand surgit le « cancan », c'est un délire sur scène et dans la salle.

Offenbach, de plus, a trouvé l'interprète idéale de ses nouvelles œuvres : Hortense Schneider. Par son talent et sa beauté, l'irrésistible divette met à genoux Paris, la France et l'Europe : ne l'a-t-on pas surnommée « le Passage des princes » en raison de ses bontés pour toutes les têtes couronnées en visite officielle ou galante dans la capitale ?

Elle peut tout se permettre, y compris d'entrer en calèche dans l'enceinte de l'Exposition universelle de 1867. Nul ne songe à lui refuser ce privilège réservé aux souverains : elle est déjà « la grande-duchesse de Gerolstein ».

Depuis le triomphe des *Enfers*, Offenbach est grisé. Admis à l'Opéra, à l'Opéra-Comique, le maestro capricieux se brouille avec le théâtre des Bouffes et, comme il venait d'écrire une opérette nouvelle qu'il destinait à Hortense Schneider, il propose sa pièce au Palais-Royal. Malheureusement, Hortense, désormais pensionnaire du Palais-Royal, vient de se brouiller avec la direction et décide de renoncer au théâtre et de retourner à

Bordeaux, sa ville natale. Offenbach arrive à la hâte et trouve Hortense au milieu de ses malles et de ses valises, prête à partir. Il implore, il supplie !

– Trop tard, mon cher, j'abandonne la scène…

Mais le diable se met au piano et fredonne…

– Un mari sage… est en voyage…

Hortense chantonne. Oui, la mélodie est jolie, le texte amusant. Oui, le rôle proposé est séduisant, mais elle a décidé de partir, elle partira.

A Bordeaux, quelques jours plus tard, elle recevra un télégramme qui lui indique que le théâtre des Variétés est prêt à l'accueillir. Elle répond en exigeant un chiffre exorbitant qu'elle est bien certaine de se voir refuser, deux mille francs par mois.

Le lendemain, le directeur, Cogniard, lui envoie une dépêche : « Affaire conclue, venez vite ! »

La semaine suivante on répétait *La Belle Hélène* aux Variétés.

Aussitôt Paris s'enflamme. Napoléon III fait jouer la pièce aux Tuileries et l'ex-roi Jérôme en fait autant. Les deux personnages Patachon et Girafier deviennent si populaires qu'ils sont parodiés dans la rue. Ce fut un immense succès. La critique se déchaîna pour et contre. « Merveilleuse Hortense ! », « Misérable Offenbach ! », nul ne reste indifférent. Les uns s'indignent, accusant Meilhac et Halévy de ridiculiser Homère, les autres rient et chantent aux accents de *La Marche des rois* : « Quel est ce roi barbu qui s'avance, bu qui s'avance, c'est Agamemnon, aga, aga, memnon… » Qu'importe, l'Empereur a ri, siffloté l'air, le « divin trio » triomphe et Offenbach peut s'écrier : « En la Trinité que je forme avec Meilhac et Halévy, je suis sans doute le Père, mais chacun des deux est mon Fils et plein d'Esprit ! »

La Belle Hélène est une pièce importante à plus d'un titre. D'abord, c'est une véritable opérette, autre grande invention du siècle, c'est-à-dire une œuvre musicale bâtie comme un opéra, mais sur un ton léger, joyeux, allègre, et non pas une comédie seulement mêlée de couplets, comme des illustrations « hors-texte » dans un livre. D'autre part, pour la première fois avec *La Belle Hélène* on inaugure sur la scène un spectacle qui demeurera plusieurs mois sans quitter l'affiche, alors qu'auparavant, chaque quinzaine voyait surgir un nouveau titre.

En mai 1865, Paris souffre d'une terrible canicule restée célèbre, qui porte un coup mortel aux théâtres désertés, sauf à *La Belle Hélène*, qui se moque non seulement des dieux, mais des rigueurs du climat. On dut cependant arrêter les représentations, non par manque de succès, mais parce que les acteurs tombaient de fatigue et certains s'évanouissaient en scène.

Pour les reposer, on fait venir une troupe de danseurs espagnols en juin, tandis qu'Offenbach s'en va diriger sa Belle à Vienne et Berlin. A la rentrée, on reprend *La Belle Hélène* aux Variétés avec le même succès.

Désormais, Paris attendra avec fièvre toute nouvelle opérette d'Offenbach.

De son côté, l'Empereur tient parole à ce qu'il s'est promis en secret après le carnage de Solferino : l'Empire se libéralise. Emile Ollivier arrive au ministère (dernier cadeau, cadeau d'adieu de Morny à son demi-frère), l'Empereur admet les syndicats et le droit de grève « pacifique », c'est parfait, mais dans le genre promesse électorale, Offenbach promet mieux, il annonce *Barbe Bleue* !

Succès complet, immédiat, unanime, incontestable. Le livret est jugé charmant, la musique spirituelle, les comédiens incomparables. Schneider et

Dupuis triomphent. *Barbe Bleue* restera à l'affiche sept mois.

Quelques semaines après *Barbe Bleue*, en janvier 1867, on annonçait déjà un « nouvel Offenbach » qui allait faire courir non plus Paris et la province, non plus les souverains voisins, mais le monde entier et qui devait éclipser tous les autres spectacles de l'époque, bien qu'il ne s'agisse que d'une simple bouffonnerie bien troussée : *La Grande-Duchesse de Gérolstein*, dont la première eut lieu le 12 avril 1867. Une soirée mémorable. La salle refaite à neuf brille de tout ce que Paris compte de jolies femmes et de grands noms. Pourtant, si les deux premiers actes sont un triomphe, le dernier tombe à plat. *Le Figaro* du 14 avril est fort sévère et trouve la pièce trop longue.

Offenbach s'arrache-t-il ses derniers cheveux ? Non, il prend ses ciseaux, il coupe, il rogne et, en dépit de la critique grincheuse, le succès est complet. Le 24 avril, Napoléon III assiste à la représentation. Il y reviendra quelques jours plus tard en compagnie de l'Impératrice.

Elle rit beaucoup alors que le matin même devant la psyché, elle avait pleuré en découvrant la nudité de son corps vieilli. En grande d'Espagne, elle avait affronté cette dernière offense : vieillir et s'enlaidir. Elle avait tout examiné, les rides, les premiers fanons au cou, les seins qui tombaient en paupiettes, seules les épaules gardaient leur hautaine splendeur. C'en était fini… Elle avait écrasé deux larmes, seule, et ensuite avait embrassé son mari, heureusement surpris. Il ne semblait pas la trouver si laide. Et ce soir il riait à la *Grande-Duchesse* avec une impératrice qui ne craignait pas de s'esclaffer.

Début mai et après les nouvelles élections, on vit M. Thiers, nouvellement élu dans l'opposition, dans une baignoire. Le 15, le prince de Galles, fils de la reine Victoria, occupait le fauteuil n° 18 de la loge gauche du balcon. Le 1er juin, c'est le tsar de toutes les Russies et le grand-duc Wladimir qui applaudissaient *La Grande-Duchesse de Gérolstein*.

– Les jambes de Mlle Schneider paraissent avoir produit beaucoup d'effet sur le prince Wladimir, confia Prosper Mérimée à l'Impératrice.

Plus tard, on put voir Bismarck dans une avant-scène, avec son stratège le feld-maréchal von Moltke, pas très loin de Mac-Mahon. Et encore Ismaïl Pacha, vice-roi d'Egypte, qui vint presque chaque soir durant son séjour parisien, tant il était épris de la belle Hortense. Il la préférait, et de loin, au canal de Suez, autre merveilleuse invention française qui lui rapportait de quoi offrir des parures de diamants à la nouvelle « Reine Hortense ».

Puis vinrent le vieux roi de Bavière, Louis Ier, le roi du Portugal, celui de Suède et l'empereur François-Joseph… sans Sissi évadée au soleil de Madère.

1868 sera une grande année Offenbach, celle de *La Périchole*, le nouveau chef-d'œuvre du « divin trio ». On renâcle au début, mais on se presse ensuite. « *La Périchole* n'est pas le Pérou ! » s'écrie la critique, et Sarcey pense que la verve d'Offenbach touche à sa fin. Pourtant, tout Paris vient aux Variétés honorer l'impératrice Eugénie en reprenant en chœur : « Il grandira, il grandira, car il est espagnol, gnol, gnol… »

Cependant, Offenbach n'était pas très satisfait de sa *Périchole* qu'il trouvait boiteuse, mal équilibrée et finissant en queue de poisson. La faute venait de « la paresse de Meilhac ». Contrairement à ce qui s'était passé pour la *Grande-Duchesse*, largement amputée, Offenbach remania complètement *La*

Périchole et lui ajouta un acte, de sorte qu'à la reprise de l'œuvre en 1874, ce sera une nouvelle opérette, bien supérieure à la première, que pourra applaudir le public… républicain.

En 1868, Offenbach était malade et surmené. En deux ans, il avait écrit *La Vie parisienne*, la *Grande-Duchesse*, *Robinson Crusoé*, *Le Château à Toto*, *Le Fifre enchanté* et *L'Ile de Tulipatan* ; il finissait *Vert-Vert* pour l'Opéra-Comique et préparait *Les Brigands* pour les Variétés.

Petit intermède : celui qui fait rire, danser, chanter, de l'Empereur à l'ouvrier, de la bourgeoise à la cocotte, est allemand. Long, maigre, traînant après lui l'étui ventru d'un violoncelle… il a l'air plutôt minable, ce garçon dégingandé – presque encore un enfant – qui débarque dans la capitale un beau jour de 1833.

– Tu réussiras certainement mieux à Paris qu'ici, lui avait dit son père, cantor juif de Cologne où le petit Jakob était né quatorze ans plus tôt et dont il gardera l'accent toute sa vie. Comme l'Empereur…

Jakob doit gagner sa vie. On le trouvera donc musicien d'orchestre à l'Ambigu-Comique puis à l'Opéra-Comique. Mais pas seulement ! Car, doté d'une incroyable énergie, il compose des valses pour les bals, des musiques légères pour les concerts de plein air, des romances pour les jeunes filles en fleur et des pièces de virtuosité pour violoncelle qu'il interprète avec succès dans les salons élégants. Il devient la coqueluche du Tout-Paris et se retrouve bientôt chef d'orchestre du Théâtre-Français. Il compte à peine trente ans. Wagner le surnomme le « petit Mozart des Champs-Elysées ».

Marié (il s'est converti au catholicisme pour épouser Herminie d'Alcain, de la bonne société espagnole, comme l'Empereur encore), heureux père de quatre demoiselles, installé dans le monde et fort à l'aise financièrement, va-t-il se calmer un peu ? Que nenni ! La musique lui coule de la plume : on le voit, chez lui, avec ses amis, devant son piano, levant sa coupe de champagne d'une main et de l'autre écrivant une nouvelle mélodie, un couplet coquin, une chansonnette, un refrain…

Les planches lui brûlent les semelles : on le retrouve bientôt à la tête du petit théâtre de Marigny, qu'il a loué et rebaptisé « théâtre des Bouffes-Parisiens », au coin de « la plus belle avenue du monde ». Voilà ce qu'est Jakob, fils de cantor, devenu Jacques et français par décret impérial, soufflé par Morny, dernier cadeau à son pays. Reprenons.

La première des *Brigands* eut lieu le 10 décembre 1869. Ce n'était pas une bonne année pour la France et il n'y avait qu'Offenbach pour maintenir une certaine gaieté. L'Empire est malade. Les familiers de l'Empereur s'éteignent un à un comme des chandelles. La nouvelle œuvre d'Offenbach, Meilhac et Halévy est saluée comme étant « un mariage de raison entre l'opérette-bouffe et l'opéra-comique », une grande partition, et comme tous les chefs-d'œuvre, prémonitoire.

Le refrain : « Le bruit des bottes, des bottes, des bottes… » en annonçait d'autres, celles de Bismarck.

La fête était finie, on soufflait les lampions, d'autres feux s'allumaient à l'horizon.

Terminus Sedan

Napoléon III passait l'été à Saint-Cloud avec l'Impératrice; son état de santé s'était dégradé; l'infection urinaire qui le tourmentait depuis plus de cinq ans s'était réveillée; les crises l'épuisaient et il calmait ses souffrances avec des médicaments opiacés qui émoussaient son énergie et sa capacité de décision. Il avait soixante-deux ans, en paraissait dix de plus. Eugénie, elle, ayant accepté de vieillir, le regardait se délabrer avec un pincement au cœur, doublé d'une certaine fierté maligne et qu'elle se reprochait. Mais elle sentait en lui une sorte de fierté aussi.

En effet, en cette belle journée d'été tirant à sa fin, alors qu'il fumait sur la terrasse, il était assez fier de lui. L'Empire était devenu libéral. Il avait été fidèle au processus par lui décidé bien avant : d'abord installer le régime par l'autorité, et, lorsque tout irait bien, accorder le bien suprême, la liberté. Ce que son oncle n'avait jamais fait mais qu'il préconise dans son *Mémorial*. Son oncle avait menti, comme il s'en était aperçu, dégoûté et fourbu, au soir de Solferino.

L'Empereur avait changé le code électoral, supprimé les candidatures officielles (beau tumulte dans son entourage) ! Les oppositions avaient relevé la tête et, aux élections législatives de 1869, elles avaient emporté tous les sièges à Paris où avaient été élus des jeunes gens qui se firent bientôt un nom dans l'Histoire, Jules Ferry et Léon Gambetta.

Adolphe Thiers, un septuagénaire alerte et combatif, avait dressé la liste des fautes à ne pas commettre et, dans son salon de la place Saint-Georges, on se pressait pour entendre l'oracle. Au Corps législatif, les bonapartistes autoritaires, que l'on appelait les Mamelouks, avaient perdu la majorité. Entre eux et les républicains irréconciliables flottait une masse fluide de députés, le « tiers parti », parmi lesquels se distinguait Emile Ollivier.

Cet ancien opposant républicain s'était rapproché du régime, il pensait avoir converti Napoléon III au libéralisme parlementaire et croyait que son heure était venue.

Après plusieurs mois d'hésitations, Napoléon III, contre l'avis de la plupart de ses proches, décida de tenter l'expérience. Il accepta la démission du vice-empereur, le fidèle ministre d'Etat Eugène Rouher, et appela Emile Ollivier aux affaires.

Le député du Var forma un ministère appuyé sur le centre droit et le centre gauche ; il demanda et obtint un vote de confiance du Corps législatif. L'Empire était parlementaire. Napoléon III ne s'était pas pour autant dessaisi du pouvoir, car les ministères militaires et les Affaires étrangères restaient son domaine réservé. L'Empereur avait abandonné à Emile Ollivier le soin d'affronter les représentants et de répondre à l'opposition. Celle-ci se sentait le vent en poupe ; la presse, qui avait retrouvé une liberté presque totale, multipliait les critiques et les attaques.

Un journaliste républicain, Victor Noir, avait été abattu par un cousin de l'Empereur, le prince Pierre Bonaparte, assassin maladif ; ses obsèques s'étaient achevées par des manifestations tumultueuses, et le procès du meurtrier était devenu celui de la famille et du régime. Mais dans ses profondeurs, le pays restait paisible et les paysans continuaient de soutenir l'Empereur ; dans les élites bourgeoises, qui étaient politiquement divisées, il en allait autrement et républicains et royalistes libéraux donnaient le ton. Le prince Pierre avait été acquitté.

Louis Napoléon rougit sur sa terrasse. Un Bonaparte assassin et acquitté… Passe-droit ? Oui. Illégalité ? Oui. Sens de la famille aussi… On ne choisit pas ses parents, seulement ses amis et ses amours.

Devant les résultats des législatives, il avait jugé indispensable de se retremper dans le suffrage universel. Pour déjouer les calculs ou les espérances de ses adversaires, il décida d'utiliser l'arme absolue du régime, la consultation directe de la population par plébiscite. Il n'en avait pas abusé, car le dernier plébiscite, celui qui avait rétabli l'Empire, avait eu lieu en novembre 1852 ! Malgré les réserves d'Ollivier, il lança l'opération en demandant l'approbation d'un sénatus-consulte ainsi rédigé :

« Le peuple français approuve-t-il les réformes libérales accomplies par l'Empereur depuis 1860 ? »

Cette habile question prenait en compte l'évolution du régime et semblait rompre définitivement avec son orientation autoritaire. Seuls les républicains et les royalistes de conviction invitèrent à voter non. La réponse du pays, conforme à l'intuition de Napoléon III, fut massivement positive. L'Empereur avait repris confiance.

« J'ai mon chiffre », s'était-il exclamé, comparant les 7 350 000 de oui obtenus le 8 mai 1870 aux

7 824 000 des 21-22 novembre 1852. L'Empire était relégitimé par le suffrage universel. Napoléon III pouvait espérer une vieillesse heureuse et assurer l'avenir de son fils, le prince impérial, qui n'avait que quatorze ans.

Certes, le total des non était passé de 253 000 en 1852 à 1 538 000 en 1870 et plusieurs grandes villes, dont Paris, qui n'avait jamais aimé Napoléon III, avaient donné la majorité au non. Les oppositions affaiblies étaient si découragées qu'un républicain se serait écrié : « Voilà l'Empire fondé une nouvelle fois pour vingt ans ! »

Aujourd'hui, pourtant, ce n'était pas à ses succès qu'il pensait mais à ceux d'un autre homme, Otto von Bismarck, chancelier du roi de Prusse. Il avait écrasé l'Autriche à Sadowa. Cela n'allait pas lui faire une grande peine de voir ce benêt de François-Joseph une fois de plus humilié, mais Napoléon III était inquiet.

Cette inquiétude lui avait donné un besoin d'air, et il avait quitté son bureau, emporté quelques dossiers, et réfléchissait au soleil sous un panama emprunté au Dr Conneau.

L'Allemagne ? Ses opinions étaient mitigées. S'affrontaient dans son esprit endolori sa haine du congrès de Vienne, son désir de voir les peuples européens disposer d'eux-mêmes… et la situation de la France au milieu de cela.

Lorsqu'en 1815, à Vienne, s'était posé le problème des territoires germaniques libérés de la domination napoléonienne, l'Autriche – qui savait ne pouvoir unifier ces Etats à son profit – comme la France – qui refusait la perspective de leur réunion dans un Etat-nation – avaient considéré, avec la Russie, que s'il n'était pas possible de maintenir le morcellement de 1648, qui offrait un puzzle de plus de trois cents souverains, il convenait cependant de conserver un émiettement minimum.

Face à l'hypothèse d'une unité allemande, tous partageaient à Vienne les craintes de Talleyrand :

« Qui peut prévoir si une masse comme celle des Allemands, rassemblés en un tout, devenait agressive ? Qui peut dire où s'arrêterait un tel mouvement ? »

Lorsque celui-ci prend corps, cinquante ans plus tard, Napoléon III est donc partagé entre les intérêts de la France (maintenir une Allemagne divisée) et sa passion des nationalités. Il se souvient avoir écrit :

« La Prusse incarne la nationalité allemande, la réforme religieuse, le progrès du commerce, le constitutionnalisme libéral. Elle est la plus grande des véritables monarchies allemandes, elle a plus de liberté de conscience, est plus éclairée, accorde plus de droits politiques que la plupart des autres Etats allemands. »

Cela l'a conduit à une neutralité bienveillante quand se prépare l'affrontement décisif entre ce pays et l'Autriche. A l'ambassadeur de Prusse à Paris, il déclare en 1866 :

– Je vous demande de dire au roi de Prusse qu'il peut toujours compter sur mon amitié. En cas de conflit entre la Prusse et l'Autriche, j'observerai la neutralité la plus absolue. Si le conflit devait prendre des dimensions qu'on ne peut encore prévoir, je suis convaincu que je pourrais toujours parvenir à un accord avec la Prusse dont les intérêts dans un grand nombre de questions sont identiques à ceux de la France, alors que je ne vois aucun terrain sur lequel je puisse m'entendre avec l'Autriche.

Mais aujourd'hui ?

Ce message a incité Bismarck à entreprendre la guerre contre son voisin en sachant que personne ne volerait au secours des Habsbourg. Bien sûr, il y avait de la part de Napoléon III des arrière-pensées : si la Prusse est défaite, la France peut intervenir pour la sauver et en retirer les bénéfices; à l'inverse, si l'Autriche est vaincue, l'Empereur espère obtenir des « pourboires » pour prix de sa neutralité.

On le met en garde journellement. Il a entendu la « prophétie » de Thiers, prononcée à l'Assemblée :

« Si la Prusse bat l'Autriche, on verra refaire un nouvel Empire germanique, cet empire de Charles Quint qui serait bien près de notre frontière, qui la presserait. Vous avez le droit de résister à cette politique au nom de l'intérêt de la France, car la France est trop considérable dans le monde pour qu'une révolution pareille ne la menace pas gravement. Et lorsqu'elle a lutté pendant deux siècles pour détruire ce colosse, elle se refuse à le voir se réédifier sous ses yeux. »

Il lui répondit sèchement : « Je déteste les traités de 1815. »

Et le 3 juillet, à Sadowa, la Prusse de Guillaume Ier écrase l'empire des Habsbourg. Certes, l'Italie obtient la Vénétie comme le voulait Napoléon III, mais surtout l'Autriche est chassée d'Allemagne, son vainqueur annexant le Holstein, le Hanovre, le Hesse-Cassel, le Nassau et Francfort, soit quatre millions d'habitants; il forme avec la Saxe et vingt et un petits Etats une puissante « Confédération d'Allemagne du Nord ».

Enfin, si les Etats du Sud restent indépendants, ils nouent des accords de défense avec la Prusse et entrent dans l'association douanière des Etats allemands, le Zollverein. L'ordre de Vienne est détruit, l'Autriche refoulée vers les Balkans où elle va affronter la Russie et l'Angleterre, ce qui l'obligera à s'allier avec son vainqueur prussien.

Napoléon constate son isolement. Tandis que la Prusse s'étoffe, l'Autriche et la Russie – qui reproche à la France le soutien apporté à la révolte polonaise contre le tsar en 1863 – lui tournent le dos. Quant à l'Angleterre, elle se méfie de Louis Napoléon Bonaparte, craignant qu'il ne veuille annexer le Luxembourg et la Belgique. Il y songe, justement.

Inquiet de la puissance prussienne, l'Empereur tente alors de réformer l'armée, mais il est trop tard. Il cherche des alliances en Europe – en vain ; il se trouve pris entre l'intransigeance de Bismarck et la prussophobie qu'elle suscite en France. Enfin, lorsqu'un prince Hohenzollern, Léopold, fils du cousin de Guillaume Ier, se porte candidat au trône d'Espagne vacant, Napoléon III ne peut que réagir contre ce qui serait un encerclement du pays (comparable à celui qui prévalait au temps de Charles Quint). Les autres souverains d'Europe ayant également manifesté leur inquiétude, le discours martial qu'il prononce au Corps législatif le 6 juillet 1870 par l'intermédiaire de son ministre des Affaires étrangères, le duc de Gramont, provoque le retrait de la candidature Hohenzollern.

Mais cela ne suffit ni à Louis Napoléon Bonaparte ni à son entourage, qui demandent un engagement écrit de renonciation définitive à toute candidature. Le roi de Prusse élude courtoisement cette exigence mais confirme la renonciation de son cousin. Bismarck, persuadé qu'une guerre contre la France est le meilleur moyen d'achever l'unité allemande, tronque le récit des événements dans un communiqué à la presse et lui donne le ton d'un soufflet diplomatique répondant à une violence française. C'est la fameuse « dépêche d'Ems » que Bismarck fait aussi diffuser à toutes les chancelleries.

Le piège est grossier. Mais la passion antifrançaise enflamme l'Allemagne, tandis que la presse et la foule parisiennes réclament la guerre.

Que faire ? Il déteste la guerre.

Depuis 1866, il rencontrait à chaque pas la Prusse et Bismarck sur son chemin. Fallait-il à cette occasion vider l'abcès une fois pour toutes en remportant un succès incontestable sur la Prusse ? Si la victoire diplomatique échappait à la France, fallait-il aller jusqu'à la guerre ? En juillet 1866, il avait refusé d'en prendre le risque ; la Prusse avait gagné sur toute la ligne et Napoléon III avait laissé faire. Il en avait tiré les conséquences en essayant de renforcer l'armée ; il s'était alors heurté à l'opposition résolue des parlementaires, soutenus par les élites du pays, et avait dû largement renoncer.

Dans l'hypothèse d'une nouvelle provocation de la Prusse, l'opinion publique française, opposition républicaine comprise, suivrait l'Empereur s'il faisait preuve de fermeté.

Plusieurs Conseils des ministres se réunirent à Saint-Cloud ou aux Tuileries les 13, 14 et 15 juillet. Le 14, on tira les conséquences du refus de Guillaume Ier. Napoléon III, hésitant et conscient des risques, se laissa forcer la main par Gramont et les bonapartistes autoritaires, et permit aux ministres de demander les crédits de guerre au Corps législatif. Il avait penché dans le camp de la guerre.

Chauffée par la presse, l'opinion parisienne, très antiprussienne, était préparée aux solutions les plus extrêmes. A l'annonce du vote, on cria sur les boulevards : « A Berlin ! A bas Bismarck ! »

Même si la province était en retrait par rapport à cette poussée passionnelle, Napoléon III était en phase avec les sentiments du pays. Etait-ce pour cette raison qu'il s'était laissé engager dans la voie de la guerre, permettant à Bismarck de rétablir miraculeusement la situation à son profit ?

D'autres éléments entrèrent aussi en ligne de compte : conviction que la guerre serait courte et victorieuse ; conviction que l'Autriche et l'Italie se rangeraient aux côtés de la France ; espoir que les Etats allemands du Sud ne prendraient pas le parti de la Prusse. Peut-être faut-il aussi faire une part à la lassitude, au coup de dé, au côté joueur de l'Empereur, à l'abandon au destin ?

Oui, ce côté-là est prépondérant dans les souffrances qu'endure son corps.

Mais cette fameuse dépêche d'Ems fabriquée par Bismarck et qui fit l'effet, comme celui-ci l'espérait, « du chiffon rouge sur le taureau gaulois » ne fut pas la cause de la guerre, car elle fut connue à Paris alors que la décision fatale était déjà prise. Elle servit à la justifier ; elle apportait la preuve irréfutable que Bismarck avait « provoqué » la France et que la guerre était la seule réponse digne à une telle provocation.

Dans les jours qui suivirent, la guerre fut déclarée officiellement, le 19 juillet.

Napoléon III resta prostré à Saint-Cloud alors qu'aux frontières du Nord-Est se préparait la mobilisation des armées françaises.

Une à une ses illusions s'envolèrent : les Etats allemands du Sud se joignirent immédiatement à la Prusse, car c'était la nation allemande qui était attaquée par la France ; l'Empire austro-hongrois gardait une neutralité prudente ; l'Italie, la sœur latine que Napoléon III avait tant aidée, se dérobait aussi… Non seulement Napoléon III se lançait sans allié dans une guerre, mais encore en Grande-Bretagne, en Belgique, en Russie, on le rendait responsable de cette guerre ; il avait troublé la paix de l'Europe ; il avait laissé percer des visées annexionnistes sur la Belgique et la Rhénanie.

Dans les journaux anglais, auxquels Bismarck fournissait des documents, on disait qu'il chaussait les bottes conquérantes de la Grande Nation et de Napoléon Ier. C'était donc un homme dangereux.

Napoléon III réfléchissait en fumant : malgré son état de santé et des capacités militaires dont la guerre d'Italie avait déjà prouvé la médiocrité, il décida de prendre lui-même le commandement en chef des armées. Un Bonaparte pouvait-il se dérober à ce devoir ? Ce serait un adieu à l'Oncle dont il s'était détaché après Solferino.

Accompagné du prince impérial, il quitta Saint-Cloud au matin du 28 juillet après avoir confié la régence à l'impératrice Eugénie. Leurs adieux furent silencieux de peur de dire une sottise ou, pis, une banalité sur le malheur, car ils savaient l'un et l'autre, soudés plus qu'on ne le croyait, que le malheur désormais allait guider leur vie, la leur enlever peut-être ; aussi ce furent leurs mains qui délicatement suivirent les traits amollis du visage de l'autre, leurs lèvres qui, pudiquement, goûtèrent la peau de l'autre, leurs nez qui reniflèrent les relents de parfum ou de tabac anglais, pour qu'aucun sens n'oublie jamais l'autre si d'aventure…

En cet instant, Eugénie se força à aimer son mari et y réussit.

Le soir, il arriva morose et fatigué dans la place de Metz où s'effectuait la concentration des armées françaises. Il se rendit à la préfecture où il établit son quartier général. Il souffrait beaucoup, pouvait à peine se tenir à cheval. Il se montra à peine en public. Le lendemain de son arrivée, il réunit les principaux généraux et, après avoir constaté les retards dans la concentration et l'approvisionnement de ses armées, il décida d'ajourner l'offensive initialement prévue en direction du Rhin et du Main.

Une petite opération d'un jour sur Sarrebruck – une simple canonnade au cours de laquelle le prince impérial reçut le baptême du feu – fut montée en épingle par les journaux de Paris qui parlèrent de la « victoire de Sarrebruck ».

Ne voyant pas venir l'ennemi, l'état-major prussien (Moltke, Guillaume Ier attendaient à Mayence) décida d'avancer prudemment ses armées vers la frontière. En position offensive, celles-ci accrochèrent les Français le 6 août en Lorraine à Forbach-Spicheren, en Alsace à Woerth-Froeschviller. Le premier combat, un revers sérieux bien que de portée limitée, obligea l'armée du Rhin à se replier, le second combat fut une grave défaite qui entraîna l'abandon de l'Alsace et l'invasion du nord de la Lorraine.

Dans la soirée, le télégraphe apporta à la préfecture de Metz une succession de mauvaises nouvelles. L'Empereur était atterré ; au début de la nuit, il alla jusqu'à Faulquemont puis revint prostré. Il donna à Mac-Mahon l'ordre de ramener les débris de l'armée d'Alsace au camp de Châlons. De son côté, l'armée du Rhin refluait sur Metz.

La France était ouverte à l'invasion, la place de Metz était menacée, l'Empereur était hors d'état d'exercer le commandement militaire. En quelques jours, tout avait tourné à la catastrophe. Emile Ollivier et l'Empire parlementaire étaient balayés.

A Paris, Eugénie, régente une fois encore, formait de sa propre autorité un nouveau gouvernement avec les bonapartistes autoritaires et pressait son époux de se démettre de son commandement.

Le 12 août, il finit par céder et transmit au maréchal Bazaine – « le glorieux Bazaine » – le commandement en chef de l'armée du Rhin ; il lui donna alors un dernier ordre : replier cette armée intacte de cent soixante-dix mille hommes sur Châlons par la seule route encore libre, celle de Verdun. Pour sa part, Napoléon III décida de le précéder. En passant vers Gravelotte, son escorte essuya quelques coups de feu d'éclaireurs prussiens. De Verdun, il monta dans un wagon de troisième classe pour gagner Mourmelon où il retrouva Mac-Mahon, le prince Napoléon et le général Trochu, ces deux derniers arrivés de Paris. Pendant ce temps se déroulaient les batailles autour de Metz à la suite desquelles l'armée de Bazaine se trouva encerclée dans la place.

A Mourmelon, Napoléon III prit conscience qu'il n'était plus rien. Il avait perdu tout pouvoir militaire et politique. L'Impératrice lui interdisait de rentrer à Paris. Un Bonaparte pouvait-il revenir dans sa capitale autrement que victorieux ? La chance l'avait abandonné et on le rendait responsable des défaites et de l'invasion du pays. Il était dépouillé de tout. C'était déjà la déchéance. Inutile pour inutile, il décida de rester avec Mac-Mahon, qui tolérait sa présence. Avec les débris de l'armée d'Alsace et quelques autres unités, celui-ci avait reformé une armée dite de Châlons.

Destinée initialement à protéger Paris, cette armée fut envoyée par le gouvernement vers le nord avec mission de retrouver Bazaine. En effet, on croyait que Bazaine, dont on était sans nouvelles, avait quitté Metz et se dirigeait vers Montmédy. Dans les bagages de Mac-Mahon, Napoléon III quitta le 21 août le camp de Châlons. Les cahots de la voiture accentuaient ses souffrances.

Ceux qui l'aperçurent furent frappés par son teint blafard, son regard cireux et son air absent. Il avait le pressentiment qu'on allait vers une catastrophe, il donnait son avis ; on ne l'écoutait plus. Avant qu'il fût trop tard, il prit soin d'éloigner son fils. Le 31 août, l'armée de Mac-Mahon, talonnée par les Prussiens, arriva à Sedan. Napoléon III passa la nuit à la sous-préfecture.

Au petit matin du 1er septembre, alors que les combats s'engageaient au nord-est de Sedan, il se rendit sur le champ de bataille, bravant le danger, cherchant la mort. Mais aucune balle perdue ne voulut de lui et il entra épuisé vers midi dans la ville ; il avait compris que la défaite était inéluctable et que toute résistance serait vaine et inutilement sanglante.

Assez de morts ! Un sursaut le redressa : je prends sur moi la défaite de la France. Ses yeux bleus lançaient des éclairs.

Malgré le refus du nouveau commandant en chef, le général Wimpffen, qui avait succédé à Mac-Mahon blessé le matin, il fit hisser le drapeau blanc pour demander aux Prussiens un cessez-le-feu.

En fin de soirée, un officier prussien de haut rang, Bronsart von Schellendorff, vint à Sedan préparer la rencontre des commandants en chef.

Avec étonnement, il apprit la présence de Napoléon III dans la place, présence que les dirigeants prussiens ignoraient. Ceux-ci furent stupéfaits d'apprendre que l'Empereur remettait son épée entre leurs mains. A la négociation nocturne entre Français et Prussiens, Napoléon III ne participa pas. Il était sans illusions et ordonna que, malgré la dureté des conditions, la convention de capitulation fût signée.

Le 2 septembre au petit matin, il quitta Sedan à la rencontre de Bismarck ; il l'attendit tassé, voûté et songeur, en fumant cigarette sur cigarette, devant la maison d'un tisserand de Dugny. Rencontre étrange et dépourvue de protocole entre l'Empereur vaincu et le futur chancelier de l'Empire allemand. Ils parlèrent dans une pièce modeste du premier étage.

Napoléon III n'avait aucun mandat pour négocier au nom de la France ; il remettait seulement sa propre épée. Il attendait avec résignation et courage les ordres des vainqueurs. Puis il fut conduit auprès de Guillaume Ier qui le reçut brièvement au château de Bellevue.

Il lui assigna comme lieu de captivité le château de Wilhelmshöhe, près de Cassel en Westphalie, où avait vécu jadis son oncle, le roi Jérôme.

Pendant qu'avec quelques familiers Napoléon III gagnait par la Belgique la terre d'exil, les soldats de Sedan désarmés furent parqués dans une presqu'île marécageuse de la Meuse où ils croupirent deux ou trois semaines dans la boue, affamés ; puis ils furent dirigés jusqu'à Pont-à-Mousson où les attendaient des wagons de marchandises qui les conduisirent vers les camps ouverts à la hâte en Allemagne.

A Paris, la nouvelle du désastre de Sedan fut connue confidentiellement le 2.

L'Impératrice, prenant à cœur sa charge de régente, fit preuve d'un grand courage. Toutefois, la cabale qui voulait la fin du régime la convainquit que sa présence empêchait l'organisation d'une défense nationale. Eugénie quitta les Tuileries le 4 septembre, accompagnée par sa lectrice Mme Lebreton seulement, et prit la route de l'exil. Plus tard, elle servit de bouc émissaire facile. Pour les adversaires du régime, républicains ou orléanistes, elle représentait la femme frivole et légère dont l'irresponsabilité politique avait amené la catastrophe. Pour nombre de bonapartistes qui voulurent blanchir l'Empereur, elle fut, par la force de sa néfaste influence sur lui, la cause de tous ses malheurs. En blâmant Eugénie, tout le monde se retrouva.

Après bien des péripéties et grâce à l'aide de son dentiste, l'Américain Evans, l'Impératrice atteignit Deauville, d'où elle embarqua sur le petit yacht de sir John Burgoyne, militaire anglais. Malgré une affreuse tempête, on parvint à l'île de Wight où Eugénie ne s'attarda pas ; ayant appris que le prince impérial était à Hastings, elle se hâta de le rejoindre.

De là, elle envoya des amis chercher une maison à louer à proximité de Londres. On lui trouva Camden Place, à Chislehurst dans le Kent. Elle s'y installa pour attendre le retour de l'Empereur qui était prisonnier en Allemagne.

Elle reçut un message agréable de la reine Victoria qui lui souhaitait la bienvenue, ajoutait quelques paroles amicalement consolantes et lui promettait de tout faire pour qu'elle se sente heureuse dans un « *sweet english home* ».

L'ultime victoire d'Eugénie

Une fois établi à Wilhelmshöhe, malade, vieilli, humilié et souverain déchu, il aurait fallu un optimisme incroyable à Napoléon III pour être convaincu qu'il avait toujours un rôle à jouer. Il restait à la merci des actions des autres sur lesquels il n'avait plus d'influence. A partir de ce mois de septembre, les journaux européens parlèrent du souverain comme faisant partie d'un moment de l'Histoire déjà révolu. Il l'était.

Il écrivit à sa chère Eugénie, réfugiée chez leurs amis anglais :

« Je pense aux dangers que tu cours et je suis bien inquiet des nouvelles que je recevrai de Paris. » Quant à la débâcle, il ajouta : « La catastrophe qui est arrivée devait avoir lieu. Notre marche était le comble de l'imprudence et, par-dessus le marché, elle a été très mal dirigée. Mais je ne croyais jamais que la catastrophe fût aussi épouvantable. »

Bismarck pensa à utiliser l'Empereur, mais comme celui-ci refusait catégoriquement de traiter, le ministre se désintéressa de son sort, surtout après la capitulation de Metz, survenue le 29 octobre.

Le 29 janvier suivant, le gouvernement français conclut un armistice avec les Allemands et le

8 février, Napoléon III, dans une proclamation, s'adressa directement au peuple :

« Quant à moi, meurtri par tant d'injustices et d'amères déceptions, je ne viens pas réclamer les droits que quatre fois en vingt ans vous m'avez conférés... En présence des calamités qui vous entourent, il n'y a pas de place pour l'ambition personnelle... Mais mon devoir est de m'adresser à la nation comme son véritable représentant et de lui dire : "Tout se qui se fait sans votre participation est illégitime." Il n'y a qu'un gouvernement issu de la souveraineté nationale qui, s'élevant au-dessus de l'égoïsme des partis, ait la force de cicatriser vos blessures, de rouvrir vos cœurs à l'espérance. »

Le 1er mars 1871, l'Assemblée nationale siégeant à Bordeaux répondit par une motion :

« L'assemblée [...] confirme la déchéance de Napoléon III et de sa dynastie [...] et le déclare responsable de la ruine, de l'invasion et du démembrement de la France. »

De Wilhelmshöhe, l'Empereur écrivit à l'Impératrice, exprimant son désir « d'aller en Angleterre vivre avec toi et Louis dans un petit cottage avec des bow-windows et des plantes grimpantes ».

Et dans l'après-midi du 20 mars 1871, un homme débarqua à Douvres, très étonné d'être salué par une foule qui l'attendait sur le quai et qui l'acclamait aux cris de « Vive l'*emperor* ! ».

Doux accent anglais si chantant. Jeunesse, amours, dandysme... Elizabeth Ann, Rachel, la Taglionni, les courses de chevaux, les clubs. Alors, Napoléon III, impassible depuis soixante ans, perdit son sang-froid et l'Angleterre vit des larmes couler sur ses joues.

Puis il découvrit son refuge. Au bout d'une avenue bordée de grands ormes, la maison, une construction du XVIIe siècle, rouge de briques, blanche de pierres, cernée par des cèdres magnifiques. Ainsi lui apparut Camden Place, à Chislehurst, dans sa chère Angleterre.

L'impératrice Eugénie l'avait louée pour cinq cents livres lorsqu'elle était arrivée. Heureux choix. Napoléon III retrouvait là une maison qu'il avait connue dans sa jeunesse tissée d'espoirs. Là, jadis, il avait courtisé Emily, fille de ses amis Rowles.

Il vit, ce 20 avril 1871, tourner pour lui la grille majestueuse de l'entrée. Elle avait été acquise par le propriétaire, Mr. Strode, parmi les matériaux de l'Exposition universelle de Paris de 1867 mis à l'encan après la fermeture. Cette grille avait marqué les fastes éclatants de son règne. Maintenant, elle s'ouvrait pour un exilé. Ainsi avait-il commencé sa vie, ainsi allait-il la terminer.

Sur la façade, une devise, *Malo mori quam feodari.* Quand l'Impératrice l'avait vue, elle avait dit doucement :

– « Plutôt la mort que la désertion. » Voilà une devise faite pour moi.

Ils s'embrassèrent. Longuement, sans un mot. Comme au moment des adieux pour la guerre. Elle le prit par la main, désireuse de lui montrer son *english home*.

L'Empereur traversa la petite antichambre circulaire, gravit le grand escalier à la rampe de cuivre. Dans son appartement, un lit de chêne sculpté surmonté d'un dais, le couvre-pied en satin blanc brodé d'abeilles d'or, marqué de l'aigle impériale.

Le bureau est une pièce si étroite que c'est à peine si peuvent y prendre place une armoire, une table et deux fauteuils. Il s'y assoit.

Il ressemble toujours à ses innombrables effigies, avec sa moustache aux extrémités effilées et cette courte barbe que l'on a appelée « impériale ». Mais barbe et moustache sont grises, comme les cheveux. Ceux-ci se dénudent sur le front devenu large et vaste. Voici le nez busqué. Et puis, sous l'arc des sourcils, un regard embué, lointain, presque vide. Et il allume sa première cigarette de l'exil. Eugénie lui sourit : *« Welcome, Darling ! »*

Une vie paisible se déroula, interrompue seulement par les allées et venues de personnages qui ne figurent pas normalement parmi les invités d'un couple bourgeois ! Ainsi, la reine Victoria et le prince de Galles. D'autres personnalités politiques se présentèrent, tels Rouher, le prince Napoléon et divers représentants du régime impérial. Va-et-vient qui préoccupa le gouvernement français, lequel surveillait de près les activités des exilés. Y avait-il vraiment quelque chose à craindre ? Médita-t-on un retour de l'île d'Elbe ?

Qui pouvait savoir qu'un soir, après la tuerie de Solferino, il avait renié tout exemple de l'Oncle ? Même Eugénie l'ignorait. La révélation de la tyrannie insensible de cet homme dont il voulut être l'héritier était restée enfouie en lui. Cadenassée par le silence.

Et puis sa santé ne cessait de s'aggraver et il aurait été incapable de se tenir à cheval ou même en carrosse des heures durant. Quant au prince impérial, il n'était pas question qu'il reprenne le flambeau, compte tenu de son jeune âge. Il poursuivait ses études au collège militaire de Woolwich et, excepté ses vacances passées en compagnie de son père, il n'était plus à Camden Place.

Ce fut alors la vraie solitude de l'exil qui s'annonça. Cela aussi, il connaissait. Mais il n'y aurait plus une lady veuve à portée, les filles des auberges d'Abron… Simplement une vie douce, familiale, et l'ennui.

Il admira Victoria de leur montrer tant d'amitié. Il avait toujours apprécié les femmes et leur sens particulier de l'honneur dans le pardon.

En juillet 1872, l'Empereur consulta sir Henry Thompson, chirurgien anglais qui avait opéré avec succès Léopold, roi des Belges, souffrant lui aussi d'un calcul rénal. Thompson ausculta l'Empereur à deux reprises. Il conclut que sa santé générale paraissait fragile, ce qui ne le rassura pas.

Pourtant, le 25 décembre, il prit la décision de procéder à un sondage profond, non seulement parce que Napoléon III souffrait beaucoup, mais parce qu'il estimait la « lithotritie » possible quoique la pierre fût très grosse.

L'opération intervint le 2 janvier et parut satisfaisante, mais, le 5 et le 6, l'Empereur souffrit encore plus et, le 6, on essaya d'enlever les fragments de la pierre.

Le 7, nouvelle intervention mais Thompson s'inquiéta, car, par intervalles, le malade délirait et paraissait très affaibli. La nuit du 8, veille de la quatrième opération, jugée nécessaire, l'Empereur dormit paisiblement, grâce à une dose de chloral hydraté.

Ayant passé une nuit moins agitée, on considéra que l'on pouvait réitérer l'intervention vers midi. Vers dix heures, avant de prendre une décision définitive, Thompson s'informa de l'état de son impérial patient et, consterné, constata que sa condition se détériorait rapidement.

Il fit appeler l'Impératrice et son confesseur le père Goddard. On souffla au patient : « Sire, c'est l'Impératrice », et elle lui baisa la main. Mais il ne la voyait pas. Pourtant, il tenta de prononcer un mot en remuant les lèvres. On ne le comprit pas.

Elle crut entendre « Pardon ». Ou bien souhaitait-elle entendre ce mot-là. Bien sûr qu'elle pardonnait, n'était-elle pas catholique ? Elle lui pardonnait et elle l'admirait aussi de s'être rendu pour qu'il n'y ait plus de morts… La seule ennemie.

Un membre de l'entourage partit sur-le-champ pour Woolwich afin d'avertir le prince. Il arriva trop tard. L'Empereur mourut à dix heures quarante-cinq.

La légende noire, comme disait Eugénie, allait tout balayer.

Dès son mariage, l'Impératrice avait souffert des ragots : on l'accusait d'être étrangère, intrigante, ambitieuse et bigote, et aujourd'hui, elle continue à être condamnée. Ainsi, on la tient pour responsable de ce qui s'est passé en 1870. On prétend indûment qu'elle se serait écriée : « C'est ma guerre ! » Calomnie odieuse.

En exil, sa conduite fut exemplaire. Jamais elle n'émit d'avis sur quoi que ce fût, bien qu'elle essayât parfois de pousser l'Empereur à protester contre les calomnies qu'on colportait autour d'eux. Mais le mot d'ordre de Napoléon III resta formel : « Un monarque, un empereur surtout, se dégraderait en cherchant à se disculper car il plaiderait sa cause contre son peuple », et Eugénie respecta cette conduite jusqu'à sa mort et même au-delà. Dans son testament, elle déclarera ne jamais avoir écrit de Mémoires et priera ses exécuteurs testamentaires « de poursuivre les auteurs si on en fait publier en mon nom après ma mort ».

Après la disparition de Napoléon III en 1873, Eugénie s'occupa de l'éducation de son fils tout en tâchant de maintenir en éveil la flamme du bonapartisme. Elle correspondit avec des partisans en

France, s'entretint avec Rouher et d'autres personnalités du régime déchu qui fréquentaient Chislehurst. Le prince impérial y célébra ses dix-huit ans, devenant ainsi le prétendant officiel, mais continua néanmoins à étudier au collège militaire de Woolwich.

Une fois ses cours terminés, il dut faire face à son avenir princier pour lequel Eugénie avait tenté de le préparer. Tous deux voyagèrent, à Rome, à Vienne et aussi à Arenenberg, qui devint une résidence secondaire, et le temple de la jeunesse du disparu.

Mais le prince cherchait autre chose et, en dépit de sa mère, prit en 1879 la résolution d'aller en Afrique du Sud avec un corps de l'armée britannique. Il mourut sous la sagaie des Zoulous.

D'abord, cela la terrassa, et elle ne fut sauvée que par son propre courage et les soins attentionnés de la reine Victoria. Ensuite, elle lutta pour se remettre, comme elle s'en expliqua à son amie, la souveraine : « Ou bien la douleur m'usera, ou je l'userai. »

Le premier pas dans cette nouvelle épreuve fut son départ en mars 1880 pour l'Afrique du Sud. Rongée par le désir de visiter les lieux où était tombé son fils, le voyage l'éreinta mais contribua à atténuer sa douleur. Une fois rentrée, Eugénie prit conscience de la nécessité de déménager.

Camden Place rappelait trop de souvenirs ; en outre, la petite église catholique de Chislehurst ne pouvait pas abriter les deux sarcophages, celui de l'Empereur et celui du prince impérial. Eugénie trouva une maison à Farnborough, situé dans le Hampshire, non loin de Londres et à peu de distance de Windsor. Surtout, le terrain apparut suffisamment étendu pour la construction d'une église chargée de recevoir les cendres de ceux qu'elle appela désormais « les miens ».

Elle souhaita un emplacement digne d'eux et voulut fonder une abbaye dans laquelle serait établie une communauté religieuse chargée de chanter les offices. En raison du retard pris par les travaux de construction, ce ne fut que le 9 janvier 1888 que le transfert des cercueils se produisit.

Victoria ordonna que les honneurs dus à leur rang soient rendus. Le dernier empereur Bonaparte fut porté à son dernier exil au son des fifres anglais et des coups de canon britanniques.

Eugénie avait accompli sa tâche. Des fenêtres de sa maison, elle pouvait apercevoir le dôme de l'église abritant les siens. Pour lui rappeler sa vie d'autrefois, ne subsistèrent que ses liens intimes et affectueux avec la reine Victoria.

Au fil du temps, Farnborough, par la disparition progressive des amis d'Eugénie, cessa d'être le lieu de rencontres et d'échanges qu'il était naguère. Dernier vestige de la Cour, l'étiquette, par laquelle le titre de « Majesté » et l'usage de la troisième personne demeurèrent intacts quand on s'adressait à l'Impératrice, subsista. Elle accepta cela, pensant que la dignité impériale devait être maintenue. Pour la même raison, elle ne supporta pas qu'on parlât d'elle en disant « l'ex-Impératrice ».

Imprégnée d'idées féministes (elle avait décerné la Légion d'honneur à Rosa Bonheur et elle avait secondé le programme de Victor Duruy pour l'éducation des filles), l'Impératrice donna, forte de son entourage féminin, son appui aux suffragettes. Ce qui amusa beaucoup Victoria, pourtant bien éloignée de cela. Grâce à ses efforts, les femmes furent admises au même titre que les hommes aux cours de médecine.

Quoiqu'elle se montrât peu encline à se mêler des affaires dynastiques, le testament du prince impérial et la scission qui s'ensuivit au sein du parti bonapartiste l'obligèrent à sortir de sa neutralité.

Bon gré mal gré, elle prit le parti du prince Victor, fils de Plonplon, selon les vœux de son fils. De ce soutien resurgirent les vieilles querelles entre Eugénie et le prince Napoléon. La mort de ce dernier, survenue en 1891, la délivra de toute action politique.

Par la suite, le gouvernement français, rassuré sur ses intentions, ne formula aucune objection à son désir d'acquérir un terrain en France. Elle fit construire une villa au Cap-Martin, qu'elle occupa en 1895.

Elle traversa la frontière du siècle en voyageant car, durant toute sa vie, elle trouva là un remède souverain à tous ses maux. Pour elle, le mouvement fut la vie.

Victoria mourut. Eugénie la pleura comme on pleure une parente chère.

Elle passa la Première Guerre mondiale à Farnborough, qu'elle transforma en hôpital. A l'issue du conflit, elle se manifesta politiquement pour la dernière fois.

Clemenceau craignait, voyant les hésitations des Alliés à l'idée de restituer l'Alsace-Lorraine à la France, que les revendications françaises ne fussent contestées.

Déjà en 1917, sous l'influence des Etats-Unis, les Alliés avaient fait savoir qu'il n'était pas question de lui restituer de façon inconditionnelle l'Alsace-Lorraine qu'ils considéraient comme un territoire allemand. Même les socialistes français partageaient ce point de vue.

C'est alors que l'ex-Impératrice écrivit à Georges Clemenceau pour lui apprendre l'existence d'une lettre de l'empereur Guillaume à elle adressée. Elle la lui céda et il put ainsi la lire au cours d'une réunion interalliée.

Les termes – « C'est cette considération seule, et non le désir d'agrandir une patrie dont le territoire est assez grand, qui me force à insister sur des cessions de territoires, qui n'ont d'autre but que de reculer le point de départ des armées françaises qui, à l'avenir, viendront nous attaquer » – prouvaient à l'évidence que le roi de Prusse ne réclamait pas l'Alsace en tant que territoire allemand, mais comme un glacis pour protéger l'Allemagne. Le retour de l'Alsace-Lorraine fut alors inscrit parmi les buts de guerre.

Impératrice des Français, et grande d'Espagne, « légitimiste » dans l'âme, épouse de celui que la France désormais haïssait, Eugénie rendait à sa patrie épousée, devenue une république, ce que l'Empire avait perdu, l'Alsace-Lorraine. Cela se nomme fidélité.

Quant à la légende noire, rien ne pouvait l'empêcher de continuer. Elle était plus tonitruante que l'Histoire.

REMERCIEMENTS

L'auteur tient à remercier tout particulièrement :

– M. Olivier Orban qui a eu l'idée de voir en Napoléon III un héros de roman.

– Mme Muriel Beyer qui n'a été avare ni de patience ni d'encouragements.

– MM. André Castelot, Alain Decaux, Alexandre Dumas (fils), Philip Mansel, Pierre Milza, Philippe Séguin, pour les plaisirs de lectures offerts et les « petits faits vrais » chers à Stendhal, fournis au fil des pages.

– Enfin MM. François René de Chateaubriand, Alexandre Dumas (père) et Victor Hugo, pour leur collaboration certifiée strictement involontaire.

– Les auteurs de *L'Histoire contemporaine et populaire de la France*, dirigée par Charles Lehure (1865), les revues *L'Histoire, Historia*, les Amis du patrimoine napoléonien, et toutes les archives des associations et clubs férus de Bonaparte, pour leurs découvertes.

Ainsi, bien sûr, que tout le personnel de la maison Plon, sise rue Bonaparte, comme il convient, pour l'accueil qui est toujours réservé à un auteur.

TABLE

Troisieme Partie

LES DERNIERS RÊVES

C'était à moi d'assumer la France

(Pocket n° 10641)

4 tomes disponibles chez Pocket

De l'adolescent qui, en 1905, rêve de sauver son pays au vénérable général qui s'éteint en novembre 1970, il y a l'histoire de toute une nation. Jusque dans les heures les plus sombres du XXe siècle, de Gaulle a voulu incarner le destin de son pays. Découvrir cette personnalité exceptionnelle, souvent déconcertante, qu'inspirait « une certaine idée de la France », fait entrer dans la mémoire du monde contemporain.

Il y a toujours un Pocket à découvr[ir]

POCKET - 12, avenue d'Italie - 75627 Paris cedex 13

Achevé d'imprimer par LITOGRAFIA ROSÉS

Dépôt légal : novembre 2009